早期中国

社会与文化史

李峰 著
刘晓霞 译

生活·读书·新知 三联书店

Simplified Chinese Copyright © 2022 by SDX Joint Publishing Company.
All Rights Reserved.

本作品简体中文版权由生活・读书・新知三联书店所有。
未经许可，不得翻印。

图书在版编目（CIP）数据

早期中国：社会与文化史 / 李峰著；刘晓霞译 . —北京：
生活・读书・新知三联书店，2022.2 （2022.10 重印）
ISBN 978 – 7 – 108 – 07198 – 9

Ⅰ . ①早… Ⅱ . ①李… ②刘… Ⅲ . ①中国历史 – 古代史
Ⅳ . ① K220.7

中国版本图书馆 CIP 数据核字（2021）第 125901 号

特约编辑	孙晓林
责任编辑	王晨晨
装帧设计	薛　宇
责任校对	陈　明
责任印制	李思佳
出版发行	生活・讀書・新知 三联书店
	（北京市东城区美术馆东街 22 号 100010）
网　　址	www.sdxjpc.com
经　　销	新华书店
制　　作	北京金舵手世纪图文设计有限公司
印　　刷	天津图文方嘉印刷有限公司
版　　次	2022 年 2 月北京第 1 版
	2022 年 10 月北京第 2 次印刷
开　　本	720 毫米 × 1020 毫米　1/16　印张 20
字　　数	286 千字　图 109 幅
印　　数	08,001 – 11,000 册
定　　价	128.00 元

（印装查询：01064002715；邮购查询：01084010542）

EARLY CHINA
A Social and Cultural History

目 录

前　言　i

早期中国重要考古遗址　vi

早期中国年代表　viii

第一章　**绪论：早期中国及其自然与文化界定**　1

第二章　**中国复杂社会的发展**　13

第三章　**二里头与二里冈：早期国家的建立与扩张**　39

第四章　**安阳与远方：商和同时代的青铜文化**　63

第五章　**灼裂神秘之骨：商晚期的书写与社会**　85

第六章　**铸造下来的历史：西周国家及其青铜器**　103

第七章　**创造典范：西周的官僚体系和社会制度**　127

第八章　**霸主与武士：春秋时代的社会转型**　145

第九章　**领土国家的时代：战国时期的政治与制度**　163

第十章　作为政治家的哲学家：新近出土文献的启示　183

第十一章　秦统一与秦帝国：兵马俑是谁？　203

第十二章　汉帝国的扩张与政治转变　227

第十三章　国家与社会：汉帝国的官僚体系和社会秩序　249

第十四章　意识形态的变化及其在汉代文化和艺术中的反映　267

地图目录　287

插图目录及来源　289

索　引　297

前　言

　　2006年春天，当剑桥大学出版社的组稿编辑玛丽戈尔德·阿克兰（Marigold Acland）出现在我办公室的时候，我很清楚我们的共同目标就是要出版一本能供那些高年级大学生、研究生以及非专业人士阅读的关于早期中国研究的入门书。这随即会让我们想到《剑桥中国上古史：从文明的起源到公元前221年》（鲁惟一和夏含夷主编；剑桥大学出版社，1999年）这本巨著，它是一本关于早期中国的内容丰富的介绍性书籍。但是，我们认为，这部著作让人却步的体积和它实质上深具汉学特点的专业性表述立刻引发了另外一种需要，那就是要出版一本能更好满足初步接触中国文明这一关键时期的学生们所需要的书。

　　当然，本书并不是《剑桥中国上古史》的缩减版，也不想有意表现出与其相似之处。相反，以过去十年来许多重要考古发现及其为这个领域所带来的新进步为基础，本书对从农业生活开始至公元220年汉代结束这一期间的中国文明形成过程提供了一个新的诠释。对于任何一位试图写作如此长时期概论的人来说（相对于一个学者自己擅长研究的较短的历史时期），这种做法都是一种冒险，因为他可能会把自己暴露在对本书所覆盖的某些时期或领域具有较长研究经历的学者们的潜在批评面前。这看起来是不可避免的，因为没有一位作者能够是所有历史时期的专家。然而，这仍旧是一次值得去尝试的冒险，因为由一位作者独自撰写的著作有利于对文明发展的大趋势实现更高层次的理解。这种趋势只有基于作者自身对历史逻辑的深刻认识,并且只有在长时期的历史发展中才能看到。这是由具有不同理论框架并且相互之间观点往往相反的多位作者编写的合著很难达成的目标。因此,本书意欲成为一本对早期中国文明进行一种贯通性(至少在本书中)解释的著作,尽管它不可能,也不应该成为对早期中国的唯一解释。

作为一个研究中国历史的学者,我一直坚信理解中国历史最好的方法就是把它放在一个比较的框架中,把中国的历史作为人类共同经验的一部分来研究。在早期人类几千年历史发展的长河中有若干个关键性时刻,每一个时刻都是一个社会和文化发展过程的结果,而且每一个这样的时刻都对人类历史的进程有着重要的影响:农业生活的开始,基于地域的社会组织——即酋邦的形成,城市文化的出现,国家的产生,官僚制度和官僚机构的萌芽,以及帝国的形成。这些进程已经在全球被广泛地证实,同时也被全世界的人类学家和历史学家深入讨论过。本书以早期中国走向更大规模和更复杂组织的社会发展过程作为论述的主线,并探索支持这一社会发展的政治制度和文化传统。这样做不是为了把中国的资料装进全球性的社会发展理论中去,而是用这些社会理论去帮助理解那些在早期中国发展过程中出现的重大变化的意义,从而对早期中国文明发展轨迹有一个深入的认识。

我希望这本书将会符合"亚洲历史的新研究"(New Approaches to Asian History)这一剑桥新丛书系列的要求。[1] 这个新的丛书系列冀望在最新研究的基础上,给学生介绍一些发生在从欧亚边界至远东太平洋海岸这一广阔的亚洲地域内的具有划时代意义的历史事件及发展过程。本书涵盖一些基本的史实和历史事件,这对非专业的读者了解早期中国历史发展的总脉络很有必要。那些持极端怀疑观点的学者认为历史的真实(特别是在早期中国

[1] 本书英文版于2013年收入剑桥大学出版社"亚洲历史的新研究"丛书出版,并于2014年出版修订版。见 Li Feng, *Early China: A Social and Cultural History* (Cambridge, UK: Cambridge University Press, 2013; reprinted with corrections, 2014)。

是不可知的,本书难免会让他们感到失望。但是作者认为,尽管围绕我们研究的许多问题争论还将继续下去,关于早期中国的基本历史进程,大部分有客观判断力的学者意见还是一致的,这些达成共识的史实可以作为未来学术研究的基础。另外,这本书不是对王朝和帝国兴衰的简单叙述。实际上由于缺乏可靠的详细书写记录,对早期中国很长一段时期的历史进行这样的叙述也是不可能的。相反,此书在一般性的介绍和对当前早期中国现有证据的评价之间求取平衡。因此,本书不仅讲述历史实际是怎样的,而且更加注重历史应该怎样被看待。基于这个原因,每一章的论述都是围绕若干主题来组织安排的,而不是按统一的模式对各时期面面俱到。这对凸显每一时期的特点及其主要问题很有意义,也可以使我们有空间来充分考虑不同的学术观点。在对早期中国历史的大趋势进行讨论的同时,笔者还希望本书能够充当一本综览当前早期中国学术研究状况的一部概论性著作。

本书中议题的选择受到"汉末以前的古代中国"这门课程的影响,这是我在哥伦比亚大学多次教授的课程。因此,我首先要对参与这门课程的学生表示感谢,他们提出的问题很值得思考,当然也帮助我丰富了本书的内容。特别是在过去两年,当这本书的手稿在课堂上传阅的时候,学生们经过仔细阅读,帮助我估定作为一本教科书其叙述的难度水平。这些学生中我尤为感谢罗伯特·亚历山大·伍登德(Robert Alexander Woodend),在定稿之前,他帮忙完成了此书部分手稿的校订工作。在很大程度上,这本书无疑是以一种更为微妙的方式受益于哥伦比亚大学举办的"早期中国讲座"的演讲和讨论。在此,我对"早期中国讲座"的所有成员表示感谢,他们的贡献极大地拓展了这本书的视野。对于玛丽戈尔德·阿克兰,我欠她一个特殊的感谢,而且这种感觉由于在她退休之前本书未能出版而加深，但至少我现在完成了对她的承诺。我也要感谢剑桥大学出版社选任的那些匿名审稿人，他们仔细审阅了本书，并为本书的改进提出了建设性的建议。我还要进一步感谢包括曹玮、焦南峰、张建林、周亚、黄晓芬、方辉、刘莉、陈星灿、风仪诚（Olivier Venture）、陈昭容、梁中合、杨军、刘斌、井中伟、凡国栋、何毓灵、王炜林和孙周勇在内的许多朋友，他们为本书提供了新的图像照片，或者帮助取得了图像资料授权。以下是本书所用版权材料的来源，笔者和出版社在此对提供这些版权许可的机构表示感谢。其中，中国社会科学院考古研究所慷慨惠允我使用他们出版的大量图片资料，这是要特别感谢的。其他机构包括台湾"中央研究院"历史语言研究所（图1.3和图9.3）、波士顿艺术博物馆（图6.5）、伦敦布鲁姆斯伯里出版社（Bloomsbury Publishing）（图3.1和图3.6）、耶鲁大学出版社（图2.1、图4.2、图12.1和图12.5）和中国国家博物馆（图3.3和图4.4）。尽管我们做出了最大努力，还是无法对使用的所有资料一一注明来源，或不能联系到所有的版权所有者。如果有任何遗漏，请告知我们，我们将在此书再版时对此做出适当的说明。我还要感谢露西·让莫（Lucy Rhymer），她愿意担负起对此书的责任直至出版。

本书中文版的出版，我要特别感谢吉林大学考古学院的刘晓霞博士，她在过去一年多的时间里完成了一个出色的中译本，贡献至大。需要特别说明的是，本书英文版写作的对象是西方的读者群，因此书中引用的文献和推荐阅读书目基本都是以英文发表的研究著作。但是，这绝不是忽视中国学者的研究成就；相反，西方学者的很多研究实际上都是以中国学者的研究为基础或先导来进行的，这在古文字和出土文献研究等领域表现得最为突出。而书中引用的许多英文著述也出自中国学者之手。作为一本入门书，本书旨在引导西方读者进一步学习有关中国早期文明的知识和研究现状,并且由于他们大多数只能阅读西方文字,因此引用英文发表的研究成果就是一个自然的选择。也正是因为这样,对于希望了解西方有关中国早期文明研究现状的中国读者来说,本书可以提供一个便捷的途径。因此,这个中文译本基本上保留英文版原书的引述习惯,这一点是需要中文版读者予以谅解的。另外,书中所用地图,按照出版社的要求,凡涉及中国国界的,均根据中国国家测绘地理信息局通过标准地图网站发布的标准地图,进行了修改或重新绘制。在这一过程中,得到了首都经济贸易大学李青淼先生的很多帮助,谨此表示感谢。在内容方面,由于英文版的出版距今已有六年,故笔者就这期间的个别重要发现在书中有所补充。对本书的全面修改则要等到将来早期中国领域的研究取得更多和更重要的进步的时候了。

最后,我要感谢生活·读书·新知三联书店接受并以现在的面目把本书带给广大读者。感谢西北师范大学马军霞女士帮助校对此书。本书中的疏误之处,诚望读者诸君批评指正。

李 峰

2019 年 11 月于纽约森林小丘家中

早期中国重要考古遗址

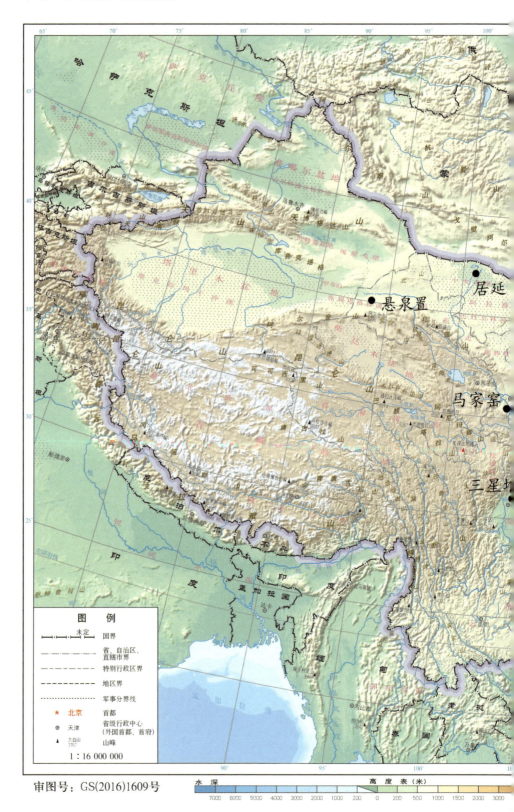

早期中国年代表 *

早期农业社会
前仰韶时期　　　　　　公元前 6500—前 5000 年
仰韶时期　　　　　　　公元前 5000—前 3000 年

早期复杂社会
龙山时期　　　　　　　公元前 3000—前 2000 年

早期邑制国家
二里头国家（夏代？）　公元前 1900—前 1555 年
商　代　　　　　　　　公元前 1554—前 1046 年
周　代　　　　　　　　公元前 1045—前 256 年
　西　周　　　　　　　公元前 1045—前 771 年
　东　周　　　　　　　公元前 770—前 256 年
　　春秋时期　　　　　公元前 770—前 481 年

领土国家
　战国时期　　　　　　公元前 480—前 221 年

早期帝国
秦　代　　　　　　　　公元前 221—前 207 年
汉　代　　　　　　　　公元前 206—公元 220 年
　西　汉　　　　　　　公元前 206—公元 8 年
　（新朝）　　　　　　　　　　公元 9—24 年
　东　汉　　　　　　　　　　公元 25—220 年

早期帝国崩溃

---

* 本书的历史分期由作者拟定，与国内通行历史年表略有不同，敬希读者留意。——编者

第一章

绪论：
早期中国及其自然与文化界定

"早期中国"指的是从人类历史在东亚地区开始之时（大约200万年前），[1]到公元220年东汉结束这样一个漫长的时期。而公元220年也经常被不准确地看作中国进入佛教时代的标志。作为一个为中华文明打下如此重要基础的初期阶段，早期中国经常被视为了解中国的一个窗口，它在政府、社会实践、艺术、信仰和哲学思想方面为学习各阶段中国历史的学生提供了一系列必要的基础课程。但是，就一般意义而言，文化是决定我们现代人类生活和行为方式的潜在指挥系统，人们生活于其中，而历史是教授文化的最好一种方式。那么很自然地，对早期中国的了解可以为现代中国社会生活的各个方面及其与之相关的价值观念提供一个最基本的解释。这就是我们研究历史，或具体说研究早期中国历史的重要意义。作为一个研究领域，早期中国研究是受益于现代学术进步最明显的领域之一，特别是考古学科的发展每天都更新着我们对古代中国的理解。但是，它也是一个政治和学问有时会相互影响，并由不同民族或国际的学术传统所共同塑造的领域。

在开始我们这段古代历史的旅程之前，我首先介绍早期中国的自然环境和时代界定，这对理解本书中将要讨论的社会和文化的发展是很有必要的。出于同样的目的，这一章还将对早期中国研究作为现代学术领域的发展过程做一个简短的讨论，这将会使读者意识到不仅要看到过去，同样重要的是还要了解看待和解释过去的不同方式。

[1] 这个年代大致代表中国旧石器时代文化的开始。关于中国境内最早的人类化石遗存，目前还存在争议。

地缘中国：自然环境

地理学家常常把中国的地势分为四大阶梯：平均海拔在 4000 米以上的青藏高原被称为"世界屋脊"。它横跨现今青海省境内以及西藏自治区的全境，占据中国领土总面积的四分之一（见早期中国重要考古遗址图，pp. vi - vii）。第二阶梯从青藏高原的边缘向北、向东延伸，由许多山脉和高原组成，比如黄土高原和内蒙古高原，平均海拔在 1000—2000 米。第三阶梯由华北平原、位于东北部的东北平原、南部的长江三角洲以及交错分布的丘陵组成，平均海拔在 500—1000 米。第四阶梯是大陆架，它从中国东部和南部海岸延伸进入海洋。

虽然我们讨论的只是那些被认为属于早期中国部分的地区，然而回到"中国"作为一个国家仍处在其幼年期的时候，我们会发现更多的文化发展发生在由第二阶梯上的山脉和高原所环绕的那些山谷和带状平原地区，或是沿主要山脉分布的过渡地带，而不是位于东部冲积平原的中心地区。[2] 简单地讲，这种发展的原因是生态学方面的。在公元前 2000 年，中国东部平原的大部分地区仍旧被沼泽和湖泊覆盖，[3] 部分海岸线位于现今海岸线向内陆缩进至少 150 公里的位置。先秦文献中记录的华北平原上有四十多个沼泽或湖泊，大部分沼泽或湖泊在公元 3 世纪以后已经干涸。实际上，几千年以来，华北平原一直处于黄河流经第二阶梯带来的大量泥沙所形成的沉积过程中。自然环境，特别是地形和气候变化无疑对人类社会和文化的早期发展有重要的影响。另一方面，人类生存活动也改变了地表结构，使环境发生重要的变化，就像近代工业社会的扩张给地球带来的显著变化那样。

过去三十年来，中国古生物气象学家在认识中国多种生态区的长期气候变化方面取得了重大的进步（图1.1）。[4] 根据不同地点的相关数据，研究者可以界定约 11,000 年以来在温度波动方面发生重要变化的时期。大约在距今 11,700 年（11,700 BP）的更新世末期[5]，当地球在迈出最后一个冰川期的时候，华北地区的温度攀升，平均温度高于现在 3—4 摄氏度，降水量（每年 150 mm）比今天多 40%。这意味着在华北平原大部分地区直到青藏高原边缘

---

[2] 我们在世界其他地区也可以看到类似的情况。例如，美索不达米亚的早期定居文化开始于今伊拉克北部，然后向东南发展，在公元前 5500—前 4800 年萨马拉文化时期就已经占据了临近波斯湾的底格里斯河和幼发拉底河的下游地区。

[3] 历史有记录的黄河改道就有 26 次。

[4] 最基本的方法就是从河床和湖底钻取数百个土壤标本，通过对其所含孢粉和其所属的各种类型的古植物进行分析，可以构建出一个地区长期的温度波动变化。

[5] BP（距今年代）用于地质学中，表示长时间跨度；而 BC（公元前）被历史学家和考古学家所使用，表示近几千年内的时间；更新世在地球史上是个地质年代，开始于距今 2,588,000 年，结束于距今 11,700 年，随之而来的是全新世（最新阶段）。

第一章 绪论：早期中国及其自然与文化界定　　3

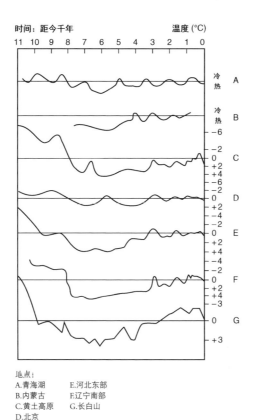

地点：
A.青海湖　　E.河北东部
B.内蒙古　　F.辽宁南部
C.黄土高原　G.长白山
D.北京

图1.1
11,000年以前至今日中国的温度波动变化

地带有着丰富的降水量以及众多的湖泊和沼泽。就中国总体而言，在农业生活开始之前，气候温暖湿润，并且被厚厚的植被所覆盖。这种高温（图1.1中的长的低弯曲线）从距今8000年持续到距今5000年，并在其较晚时期有大幅度波动，直到距今3000年的时期，温度骤降，低于现今气温。[6]这次降温期在历史年表中恰好是在商代（公元前1554—前1046年）结束，西周（公元前1045—前771年）开始这一时期。但是在商代的大部分时期，华北地区的气温仍旧比现今气温高出约2摄氏度。在距今3000年初温度骤降之后，曾经有一个时期，温度又再次攀升。但是在最近的1500年间，华北地区的温度比今天寒冷得多，当然这已经不在早期中国范围内了。

相对来说，上面所讨论的气候变化对南方地区的影响较小。但是比起北方地区，南方地区多山，并且被山脉划分为沿长江的三大独立地区，分别是：四川盆地、长江中游的湖泊和沼泽地区

[6]
参见 Shi Yafeng and Kong Zhaozheng, *et al.*, "Mid-Holocene Climates and Environments in China," *Global and Planetary Change* 7 (1993): 222。

以及下游的长江三角洲地区。最近的一次降温发生在约公元第一个千年的中期，导致了南方地区的一些重要湖泊萎缩，甚至干涸。例如，先秦时期，从今天的武汉向西 120 公里以内的长江中游平原的大片地区都在著名的云梦泽水面以下，在历史记载中也被称作"大泽"。但是在公元 3 世纪之后，大多数沼泽渐渐干涸，并且形成了现今环绕中心城市的耕地。

中国东部沿海的航海业在早期中国当然是可能存在的。这一点可以从跨越北方和南方沿海地区的早期文化的广泛接触中看出。同时，考古学上东南大陆和台湾岛之间的文化联系也证明了这一点。并且，居住在台湾岛上的各种南岛语系族群又与太平洋岛民有着进一步的联系。[7] 在西南地区，穿过现今云南的热带雨林，同南亚次大陆的文化联系在青铜器时代晚期就已经建立了，并且这一联系在秦汉帝国时期又得到进一步扩展。在西北地区，许多绿洲一路向西越过中国边境。尽管通过这些绿洲或者广泛跨越北方大草原的物质产品和思想的交换可能始于青铜时代早期，甚至更早，但是中国与亚洲大陆内部的地缘隔绝直到公元前 1 世纪才被完全打破。甚至在公元前 2 世纪，早期中国的探险者发现通往中亚的道路之后，沿这条新兴的"丝绸之路"的旅行也是非常困难的。

早期中国和大的历史趋势

何为"早期中国"？我们有足够的理由把早期中国作为中国历史上一个大的、独立的阶段吗？上文提到早期中国止于公元 220 年东汉灭亡。[8] 有三个原因可以说明为何我们把这一段长的历史时期作为研究和教学的一个完整领域。首先，尽管早期阶段的中国文明也会不可避免受到其他地区的影响而有所改变，然而它的演化基本上是基于东亚本土的传统思想、社会和政治制度的一系列发展，也可以在很大程度上被看作这个次大陆的内在成长过程。然而，汉帝国在公元前 1 世纪扩张至中亚地区，这种扩张使中国开始同世界其他地区的重要文明有了持续的接触。最为重要的是中东和印度，随之而来的佛教的传入把中国文明带入一个完全不同的维

[7]
"南岛语系"是一个语系，广泛分布于太平洋及东南亚岛屿和半岛，甚至向西远达马达加斯加岛。有关早期中国语言区域划分，参见 E. G. Pulleyblank（蒲立本），"The Chinese and Their Neighbors in Prehistoric and Early Historic Times," in David N. Keightley (ed.), *The Origins of Chinese Civilization* (Berkeley: University of California Press, 1983), pp. 411-466。

[8]
对于"早期中国"明确的时间划分见吉德炜（David N. Keightley）写的《早期中国》杂志创刊词；他把这份杂志的目标解释为："《早期中国》杂志是一个研究通讯，它致力于中国史前及商、周、汉时期研究领域的新理念的传播和验证。"

度——一个新纪元的戏剧性开端（在西方学术界称为"佛教时代"）。在世界历史上，与这种转折并行的是西方由古典时代到基督教时代的过渡。第二，这个时期的研究有一个考古学提供的共同的资料基础。尽管在早期中国晚期，大量的信息可以通过传世文献资料获得，然而出土文献（尤其是地下出土的法律文书）仍然是我们研究中最重要的根据。第三，由于这些资料很多形成于约公元前221年中国的书写系统统一之前，因此，早期中国的研究极大地受惠于古文字学的支持——古文字学研究的对象是形式多样的古代汉字书写和铭文。

尽管东汉灭亡以前发生的所有事件都在早期中国的时间范围以内，然而，按照惯例，我们以公元前7000年左右中国早期农耕社会的出现作为开始，[9]特别是在黄河和长江流经的陆地上。在接下来的两千年里，中国东部地区较大范围的原始农业社会发展成为大规模的具有地域特色的文化综合体。公元前4000年后期，许多地区开始出现由不同等级聚落组织的早期复杂社会体系，通常由一个大的夯土城墙所环绕的政治中心来领导。[10]紧随其后，首先在中国北方和南方的有限区域内，经过高度的社会发展，出现了早期国家或国家水平的社会。从考古和历史的研究中我们充分了解到，在华北地区，这些早期国家被一个像商（公元前1554—前1046年）和西周（公元前1045—前771年）这样的王朝统治。它们因此被称为早期"王国"（royal states）。公元前771年，西周国家崩溃，缺失一个真正的中央权力，这随即开启了一条王国间激烈的战争之路。直到公元前221年秦统一中国，出现中国历史上第一个统一的帝国，这一持续了500年的混战局面才得以终结。在西汉（公元前206—公元8年）统治之下，这个帝国官僚系统得到巩固和加强，最终，这一早期中国时期随着东汉帝国（公元25—220年）的灭亡而结束。

因此，在早期中国，我们观察到不同级别和规模的社会组织的兴衰；并且本书的重点就是追溯和解释早期农业村落发展为国家直至帝国的社会发展过程。如果我们把中国历史看作一个整体，那么早期中国是整个历史长河中跨度最长的时期，并且也是社会变化和政治发展最激烈的时期。这是一个长期的过程，在这个过

---

[9] 在此之前的旧石器时代，人类社会特别是人类体质的发展是一个自然的过程，不是文化进步的结果。这种发展可以在以全球为研究范围的现代科学领域得到有效的分析。因此，它的研究不受我们所说的所谓文化和地理板块的"早期中国"的限制。

[10] 在人类学的定义中，"复杂社会体系"一词指的是，在一个社会中至少有两个或者更多的阶层和一个以酋长权力为中心的中央决策过程。

程中，区域范围内的原始文化特质被逐步改变，并且融合成为有特色的中国文明。

重新发现中国古代

尽管"早期中国"概念的形成相对来说是近来的事情，然而，无论是在中国还是西方，对这一时期的研究已经有一个非常长的历史了。一般认为，19世纪末20世纪初的三个重要发现为中国古代历史的研究打开新的天地，并且直接促成了中国现代史学的崛起：首先是1899年河南北部安阳地区商代甲骨文的发现；其次，1900年在位于甘肃省西部沙漠边缘的敦煌佛教石窟内，发现了多达50,000卷的中古时期的文书；再次，是1909年保存在北京故宫的明清两朝档案文件的丢弃和随后的重新获得。无论是对现代中国历史还是整个世界的历史，这些重要的文化事件都具有多重意义。

尽管上述后两个重要发现在时间段上不属于早期中国的范围，然而英国探险家奥雷尔·斯坦因（Aurel Stein）在去敦煌的路上，在一个沙漠的边塞遗址（近来被重新发掘）中挖掘出了大约700片写有文字的竹简，由此引发了该地区及该地区以外一系列西汉帝国时期行政文书的发现。由于斯坦因没有能力做这样的研究，这些敦煌出土的竹简随后被一位在北京的法国学者，也就是西方汉学研究之父沙畹（Édouard Chavannes，1865—1918）（图1.2a）研究并出版。此时沙畹刚出版了古代中国最重要的历史文献的译本，即公元前1世纪由司马迁撰著的《史记》。沙畹关于敦煌汉简的研究著作被带到中国后，便被中国著名的学者们复印并加以注释，作为新版本出版。

敦煌汉简连同沙畹所熟知的历史文献一起提供了这样一个重要的背景：其中，早一代的法国汉学家受到了以语文学和历史语言学为重点的训练；考虑到敦煌文献包含近十种语言的资料，他们的这种兴趣当然并不限于汉语言。不过，法国学者的兴趣逐渐由语言学扩展到历史和宗教研究的各个领域，并且在瑞典汉学家高本汉（Bernhard Karlgren）那里，早期汉学的研究范围进一步扩

图 1.2
早期汉学研究的先驱：(a) 沙畹；(b) 王国维

(a)　　　　　　　　　(b)

大到对实物的研究，特别是对青铜器和铜器上铭文的研究。[11]

在中国本土，甲骨文的发现虽然在很大程度上和古董商有关，但是这些发现逐渐带来了学者们对甲骨的收藏及研究和出版，而这些学者也对宋代（960—1279）以来金石学传统中著录的商代和西周青铜器铭文有所研究。王国维（1877—1927）(图 1.2b) 在这些学者中贡献尤著，他因忠于清朝而在清朝灭亡后流亡日本多年，后回国任清华国学院教授。王国维完成了一系列有关中国早期王国——商和西周的宗教和文化制度研究的文章。王国维的研究奠定了现代早期中国历史研究中主要以发掘出土的古文字学材料为基础进行研究的基调。甲骨文是商朝晚期宫廷中的占卜记录，对甲骨文的识读直接促成了 1928 年河南北部商朝都城安阳的发掘。这使得安阳殷墟成为中国考古学的摇篮。直到 1937 年 7 月日本全面入侵华北地区以前，位于南京的中央研究院在安阳共进行了 15 次大规模发掘，对商王的宫殿与墓地都进行了发掘，发现大批材料，当然也包括更大数目的甲骨 (图 1.3)。抗战结束之后对安阳的发掘工作随即恢复，并一直持续到今天。安阳考古对我们理解商代和早期中国文明起了至关重要的作用。

现代中国史学有许多不同的来源，从不是一个单一的学术传统。当王国维致力于以考古挖掘资料和传世历史文献的互证为基础重建中国古史系统的研究时，另外一种基本上属于文献研究的

[11] 关于西方汉学的早期历史，参见 David Honey, *Incense at the Altar: Pioneering Sinologists and the Development of Classical Chinese Philology* (New Haven: American Oriental Society, 2001), pp. 1-40; H. Franke, "In Search of China: Some General Remarks on the History of European Sinology," in *Europe Studies China: Papers from an International Conference on the History of European Sinology* (London: Han-Shan Tang Books, 1995), pp. 11-23。

图1.3
安阳发掘者——头戴刚从1004号商王墓中出土的青铜头盔。照片摄于1935年第11次发掘。图的正中扮演商王的是中央研究院历史语言研究所的资深考古学家石璋如,他手持一件青铜长刀。石璋如的左边(后面)是夏鼐,他于1962—1982年担任中国科学院考古研究所(1977年后改属中国社会科学院)的所长。最左边站立的是尹焕章。石璋如右边是李光宇;最右边怀中抱着一只猫的男子是王湘。

新趋势主张完全摒弃有关中国历史的传统观点。19世纪晚期以来对中国政治现实日渐加深的挫败感在1919年五四运动时达到最高峰。这种政治文化趋势在历史研究中的反映被称作"疑古"运动,由顾颉刚(1893—1980)领导。他是北京大学一位年轻的毕业生,早在1921年就形成了自己有关中国历史的理论。对于顾颉刚来说,传世文献中的中国古史是一代代后人创作的虚假史实的层层堆砌,因为很明显,那些属于后代的文献资料,特别是汉代的文献,经常比那些与古史同时代的早期文献讲得更多。尽管我们可以用这些材料来研究战国至汉代这一时期的人文思想,但是把这些文献当作更为早期的历史的材料来看是站不住脚的。[12] 用顾颉刚的精神导师胡适的话说,中国历史必须被缩短至少两千年,应该从东周时期(公元前770—前256年)开始。

顾颉刚和他的同事们在打破传统中国古史观权威上的革命性作用是不应该被低估的——通过这样做,他们使传统的中国史学

[12] 顾颉刚在1927年出版的《古史辨》创刊号中就宣传了这个理论。《古史辨》七册书于1941年之前出版完毕,它是"疑古"运动的核心著作。关于顾颉刚的英文研究,请看 L. A. Schneider, *Ku Chieh-kang and China's New History: Nationalism and the Quest for Alternative Traditions* (Berkeley: University of California Press, 1971)。

迈出了史学现代化的第一步。然而，作为一门严肃的学问，"疑古"运动被其自身逻辑中的众多缺陷所削弱。顾颉刚和他的追随者们不仅在做研究时几乎无视由王国维等学者所取得的很有希望的坚实进展，而且在大多数情况下，他们在论证后世捏造某一传统时，其观点所具有的说服力完全基于早期"不存在"相关记录，这本来就是不能被证明的。在很多情况下，某些文献虽然被顾颉刚和他的追随者们判定为后世的伪作，但当考古发现提供了它们在早期存在的证据时，他们注定是失败的一方。[13] 但是更一般地来讲，"疑古"派把历史研究简化成了对文献年代的考察，这将历史学带入了一个极其狭窄的视野中。"疑古"派研究只是一门研究文献的学问，作为这样一种学问，它并未对早期中国研究领域整体上越来越多依赖同时期古文字和考古学材料的这一变化做出及时反应。由于这些问题的存在，在 20 世纪 50 年代以后的中国大陆和台湾，"疑古"运动基本上被边缘化，而主流历史学则是采用一种更积极的态度来对待传世文献。

在日本，"疑古"的观点在白鸟库吉（1865—1942）等学者的著作中已经有了预示。白鸟库吉在一个完全不同的人文背景下，花费毕生的精力试图否定从黄帝到所谓夏朝的建立者禹的历史存在。然而，特别是在甲骨文和青铜器研究领域，一种并行的新发展趋势产生了。当这样的学问在中国仍处于形成期的时候，日本也培养出了它的第一代学者，如最早研究中国青铜器的贝塚茂树（1904—1987）和专门研究甲骨文的岛邦男（1908—1977）。基于日本在中国文献学研究方面长期的传统，加之 20 世纪早期中国著名学者访日的促进，日本遂成为中国之外现代汉学的诞生地之一。特别应该提到的是郭沫若（1892—1978），他是近代最有创见的青铜器铭文学家和马克思主义史学派在早期中国研究领域的代表；郭沫若在 1928 年国共合作破裂之后流亡日本期间完成了他大部分的研究工作。

的确，20 世纪 30 年代以后，中国和日本的史学传统都深受马克思主义社会发展理论的影响。由于战后马克思主义在日本的非官方性，尽管日本学者在社会分析中也运用了某些马克思主义的基本概念，但最终还是摆脱了当时在中国盛行的历史唯物主义和

---

[13] 顾颉刚和其追随者的论证逻辑也受到另一个逻辑的破坏，即时代越早，能够流传到现代的资料也越少。因此，当说某一记载在先秦时期不存在时，其实很难判断它究竟是不曾存在，还是曾存在过，但没有流传下来。鉴于过去三十年间在战国墓葬中出土了大量新的文献材料，我们不禁要问，在公元前 221 年秦统一中国之前究竟有多少文献在历史上销声匿迹？

马克思历史分期理论的束缚。这使得日本学者能够创立新的研究模式，并能在早期中国领域探索新的论题。也正是因为这样，在20世纪50年代到70年代早期，当中国的学术研究受到连续不断的政治运动的严重干扰时，日本在汉学研究领域能够始终维持着较高的水平，譬如说增渊龍夫（1916—1983）、西嶋定生（1919—1998）等战后学者的中国古代社会和经济史研究。总之，可以说，日本的学问有着能够平衡具体的实证研究和较为宽广的理论视野的优势。这种优势使日本学者特别在早期中国社会经济史领域贡献出一批优秀的研究成果。

北美早期中国研究的新进展

顾立雅（Herrlee G. Creel，1905—1994）生于芝加哥，获中国哲学博士学位，曾跟从芝加哥菲尔德自然历史博物馆（Field Museum of Natural History）的贝特霍尔德·劳费尔（Berthold Laufer，1874—1934）学习中文。为了对早期中国历史有更深入的理解，顾立雅于1931年来到中国。那时，在北美只有极少数的知识分子对早期中国历史抱有真正的兴趣。在中国期间，顾立雅同中央研究院的前沿学者们保持着紧密的联系，并多次前往安阳参观正在进行的发掘工作。他1936年返美后执教于芝加哥大学，不久即出版《中国之诞生》[14]。此书为长期以来只阅读法国学者著作以了解早期中国文明的西方读者提供了一个新的入门书。此时的芝加哥也成为中国学者访学的重点，他们的学术兴趣对芝加哥大学教师的研究起着辅助性的作用。[15] 到20世纪50年代末期，随着更多关注汉末之前历史的学者在北美的主要高校任教，一个基本的早期中国课程体系在北美建立起来了。然而，早期中国研究发展成为一个拥有独立学术组织的健全的学术领域，并于1975年开始出版《早期中国》（Early China）杂志，是到了这些早期学者的学生们这一辈才实现的。在此引用该杂志广受尊重的创办者，也是美国第一位真正的商代甲骨文研究专家吉德炜（David N. Keightley）的一句话："如果我们要带着一种同情心去深入理解现代中国的话，

14
见 H. G. Creel, *The Birth of China: A Survey of the Formative Period of Chinese Civilization* (New York: Frederick Ungar, 1937)。

15
这些访问者中最著名的有商代甲骨文研究的著名学者董作宾（1895—1963），以及从事青铜器和金文研究的青年学者陈梦家（1911—1966）。

那么我们就不能忽视它的古代历史。早期中国研究在我们现代的课程设置中有其合理的位置；我们必须保证它的价值被大家所认识。"[16]

然而，同欧洲和日本相比，除了源自欧洲汉学的艺术史和文献学之外，美国的早期中国研究在过去的学术根基相对薄弱。正是因为这样，北美的早期中国学者受到了在中国兴起的"疑古"运动的强烈影响。顾颉刚的自传在中国出版之后很快就被译成英文，而劳伦斯·施耐德（Laurence A. Schneider）所做的关于顾氏生平和学术成就的专著在《早期中国》杂志创办前几年就已经出版，这使得顾颉刚成为在美国最著名的现代中国历史学家。[17] 在这种特殊的背景下，北美的早期中国研究不仅在几乎与中国相隔绝的情况下度过了它的成长期——1950年以后中国同西方国家的联系就中断了，也走上了一条同中国的辩论之路，尤其是过去二十年间就一些重要的问题与中国学者多有争论，比如夏朝存在的真实性问题，或者可以广义地理解为中国文明形成过程和中国变成一个统一民族的进程问题。

争论的真正原因是对于中国古代传世文献的价值在认识上存在着严重分歧。一方面，"疑古"运动继续影响着北美早期中国研究领域中的很多学者，并塑造了他们的基本学术态度；另一方面，中国大陆和台湾地区的学术传统已经日渐远离这一个派系。尽管在许多情况下，批判精神使北美学者免于陷入传统史学的泥潭——这是他们的幸运，然而只有很少的学者意识到"疑古"运动自身逻辑上的缺陷和因此而丧失的很多研究机会。可以公平地说，那些彻底否定传世文献对理解早期中国历史之价值的持极端怀疑论的学者虽然存在，但人数还是很少的，大多数北美的早期中国学者在研究中依旧继续使用传世的文献资料。在更理想的情况下，传世文献资料会同考古挖掘材料或者古文字材料相结合，从而形成一种更加平衡且较少片面性的古史解读方法。

然而，这里始终存在这么一个问题，那就是：上述中国、日本和西方（欧洲和美国）的汉学研究传统是否属于三个相互区分的不同的学术领域？或者，它们是否应该被看作一个整体的人文事业？这是一个很难回答的问题。但是，也许随着新千年的到来，

16
Early China 2 (1976): i.

17
见 Schneider，*Ku Chieh-kang and China's New History*。

当全球化的趋势影响到人类生活各个方面的时候，这个问题及其可能的答案便显得不那么重要了。文献和铭文资源的数字化及其新资料以电子形式发表使得中国以外的学者同中国本土学者一样能够对新发现做出快速的反应。中国财富的日渐增长还可以给更多中西方学者提供学习交流的机会，因此，年轻一代的学者将会更加通晓不同的学术传统，更善于接受不同的观点。早期中国研究从一开始就是国际合作的产物，在未来还会产生更高层次的国际合作。

建议阅读

- Honey, David, *Incense at the Altar: Pioneering Sinologists and the Development of Classical Chinese Philology,* New Haven: American Oriental Society, 2001.
- Franke, Herbert, "In Search of China: Some General Remarks on the History of European Sinology," in *Europe Studies China: Papers from an International Conference on the History of European Sinology,* pp. 11-23, London: Han-Shan Tang Books, 1995.
- Schneider, Laurence A., *Ku Chieh-kang and China's New History: Nationalism and the Quest for Alternative Traditions,* Berkeley, CA: University of California Press, 1971.
- Dirlik, Arif, *Revolution and History: The Origins of Marxist Historiography in China, 1919–1937,* Berkeley, CA: University of California Press, 1978.
- Creel, Herrlee G., *The Birth of China: A Survey of the Formative Period of Chinese Civilization,* New York: Frederick Ungar, 1937.

第二章

中国复杂社会的发展

当瑞典地质学家安特生（Johan Gunnar Andersson，1874—1960）于 1921 年在河南西部发现仰韶文化时（地图 2.1），他十分肯定地推测，早期新石器时代文化与已知的周文化和汉文化之间存在着相隔几千年的联系，但是他随即把仰韶文化的起源归于遥远的西方，认为西亚是其发源地。[1] 在我们这个传播论的观点已经不再受追捧的年代，[2] 世界各地的新石器文化通常被认为是特定区域的产物，并且带有不同地区的环境和生态差异的影响，而不是有共同的起源。区域文化通过相互影响和刺激而彼此相关，不同区域的文化都会经过一个类似且日渐复杂的社会发展过程。因此，在当代新石器文化研究中，"地域"（geographical regions）在我们理解人类过去的问题方面起着非常重要的作用。

中国新石器文化发展理论

传统的观点认为，中国的早期文化发展是"中原"（或华北平原）文明持续向外扩张的过程。"中原"大致相当于现今位于黄河中下游的河南省，是中国人口的主要聚居地，其周边地区被认为由各种不同的"蛮夷"占据。这种观点无疑被中国传统史学继承，它代表了在中国历史的大部分时间内以华北地区为中心的统一政治国家的观点。当安特生发现仰韶文化时，河南西部的地理位置

---

[1] 见 Johan Gunnar Andersson, *Children of the Yellow Earth: Studies in Prehistoric China* (New York: Macmillan, 1934), pp. 224-225。安特生是中国新石器时代文化研究的先驱，他于 1914 年受中国政府之聘任职于中国地质调查所。世界各地的新石器时代文化大有不同，但是它们有共同的特点：使用磨制石器，发明了制陶技术，以农耕和畜牧业为生，定居生活。

[2] "文化传播论"是盛行于 19 世纪和 20 世纪早期的一种人类学理论。这种理论认为，世界各地的文化从根本上讲都起源于一个或者有限数目的几个文化中心。各文化间的相似性被认为是文化特征从一地到另一地传播的结果，文化关系被放在文化系谱学的框架下来研究。

地图2.1
中国主要的新石器时代考古遗址

似乎支持了这一理论,尽管安特生认为这一文化的发源地是西方。

20世纪30年代,在山东半岛的两处新石器龙山文化遗址中发掘出制作精美的黑色或灰色陶器,这与仰韶文化中绘有彩色植物纹或鱼纹的红褐色陶器形成对比。这促使考古学家们推广一种早期中国文化发展的"双极模式"理论。这种理论认为,仰韶文化是远古中华民族文化的代表,位于华北地区偏西的位置,而位于东部沿海区域的龙山文化则是"蛮夷"文化的代表。然而,随后的研究证明,这种把新石器时代一分为二的观点仅仅是在中国考古学的早期阶段缺乏对其他地区文化发展认识的反映。20世纪70年代以来,由于中国考古工作的全面开展和科学测年方法的应用,这种"双极模式"被打破,一种新的、更为复杂的新石器时代文化的画面渐渐脱颖而出。在这一新的画面中,仰韶文化和龙山文化被看作华北不同区域各种类型新石器文化两大发展阶段的代表。在南方地区，同属这两大阶段的一系列晚期新石器文化也被确认，研究还揭示了它们彼此之间的关系及它们与北方相邻文化之间的关系。

1981年，资深考古学家苏秉琦先生和他在中国社会科学院考古研究所的年轻同事殷玮璋联合发表长文，描述了这种新的中国新石器文化发展中的"多区域"模式。这就是著名的"区系类型"理论，它将中国考古文化分成六大区系：黄河中游地区，山东省和东部沿海地区，湖北省和长江中游地区，长江三角洲地区，中部的华南及其沿海地区，沿长城的北部地区。这种分析强调各自区域内文化传统的连续性，每个区域都被看作在不同环境背景下形成的并带有区域特性的巨大而独立的社会文化系统。这种新发展模式的重要性在于，它把传统史学认为是中国文明摇篮的中原地区变成了在中国文明发展中具有同等重要地位的几个地区之一。[3] 这被认为——主要是被苏门的弟子们——是苏秉琦对考古学理论的最重要的贡献。然而更准确地说，这个新理论仅仅是对中国广泛开展的考古工作已经取得的成果进行的归纳和总结。但是，它确实为解释中国新石器时代文化发展提供了一个强有力的分析方法，并且从它发表的那一天起便被广泛接受。

有趣的是，这种"多区域"理论是在与西方学术界完全隔离的环境中发展出来的。但是它与20世纪60年代早期开始流行的新进化论之基石的"多线性"社会发展模式表现出很强的相似性。[4] 也许正是因为这种理论取向，"区系类型"理论也被一些西方学者所接受。1986年，已故的哈佛大学教授张光直先生在此基础上发展出了他的"中国相互作用圈"理论。在张光直的理论中，各区域不仅是独立文化发展的空间和温床，而且还为其发展提供了理由。根据这种理论，各区域在新石器时代的大部分时间里维持着自身独特的文化传统，同时彼此间相互作用和刺激而使它们越来越复杂，并且进入各个区域内社会发展的更高阶段（图2.1）。[5] 尽管张光直在讲到如此早的时期时用到的"中国"一词可能会受到一些强硬批评家的反对，然而很少有学者真正想要拒绝他的理论。

但是，"区系类型"理论或者经过改进的"中国相互作用圈"

---

[3] 关于中国考古学中的"多区域"模式理论，参见 Lothar von Falkenhausen（罗泰），"The Regionalist Paradigm in Chinese Archaeology," in Philip L. Kohl and Clare Fawcett (eds.), *Nationalism, Politics and the Practice of Archaeology* (Cambridge: Cambridge University Press, 1995), pp. 198-217。

[4] "新进化论"是20世纪60年代在美国人类学中发展起来的一种社会理论。新进化论接受了查尔斯·达尔文基本的进化思想。但是，新进化论者承认有多种不同的进化轨迹，这被朱利安·斯图尔德（Julian H. Steward）称作"多线性进化"；它摒弃了过去为大家所接受的普遍社会发展理论。见 Julian H. Steward, *Theory of Culture Change: The Methodology of Multilinear Evolution* (Urbana: University of Illinois Press, 1972; first edn. 1955)。

[5] 见 K. C. Chang, *The Archaeology of Ancient China*, 4th edn. (New Haven: Yale University Press, 1986), p. 234。

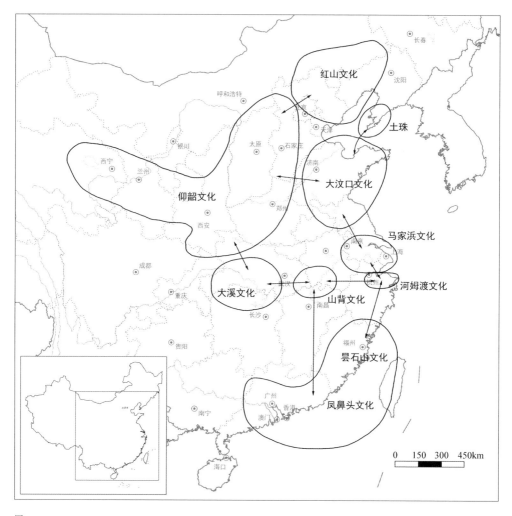

图2.1
"中国相互作用圈"

理论都不能解释的一个问题是：中原作为与新石器时代中国的许多其他区域同等重要的区域之一，为什么像二里头这样的青铜器时代早期国家首先只在中原地区兴起而非其他地区，并且在其后这一地区的文化政治优势持续保持，以至发展繁荣？这无疑是一个需要解释的重要问题。同时，这种"区系类型"理论也有其消极性的限制作用，即它把中国考古学典型化——如果不是简单化的话——成为单纯追求文化年代和文化谱系的一种实践。对"区系类型"特别是对文化谱系的过分强调不仅会让学者们忽视考古学应该研究过去的社会状况和人类行为方式的这一更高目标，在实践中也不利于新课题或新研究领域的开拓。20世纪90年代以后，在中国的考古学家之间出现了一些重要的新趋向，他们重新思考早先的新石器文化发展框架，打破"区域"理论的束缚，以寻找新的研究模式。1998年北京大学严文明教授发表文章指出，尽管在新石器时代中国大部分地区显示出相互类似的文化发展，然而在大部分时间里，中原地区经常处于社会发展的较高阶段。中原地区不断产生并向其他地区扩散新的文化因素，同时它也受到周边区域文化的刺激。北方在文化发展中的优势地位使得中原地区相比其他地区更早地迎来文明的曙光。[6] 然而，仍需进一步解释的问题是，到底是什么给予了中原地区文化发展的优势？

社会发展理论

上述理论只是论述了中国新石器文化的发展和中国文明形成过程中不同区域所起的作用。从根本上讲，它们是文化发展史论。它们所不能回答的问题是，中国的社会发展究竟该如何衡量或者以什么标准来衡量。在很长一段时间内，特别是在中华人民共和国成立的最初几十年里，中国的考古学家深受激励，他们用马克思主义所讲的从母系氏族到父系氏族转变的社会过程理论来考察中国新石器时代的社会进步。因此，指导中国新石器时代研究的马克思主义理论和20世纪60年代以后在西方发展出来的新研究模式之间存在着一个主要的分裂，这是中国的考古学家在20世纪80年代意识形态的限制被打破以后努力想弥补的一个差距。这种趋势持续至整个90年代，当时西方的这些新理论连同其田野考古新方法一起由西方的同事们陆续带到中国。尽管一些资深的考古学家仍旧没有准备好放弃他们习惯的马克思主义理论框架——这无须惊讶，但年轻一代的学者在他们的研究中已经可以熟练地使用西方的新概念和词汇。由于西方的新理论变得与中国考古学越来越相关，下面有必要对其背景进行简要介绍。

---

[6] 见 Chen Xingcan（陈星灿）, "Archaeological Discoveries in the People's Republic of China and Their Contribution to the Understanding of Chinese History," *Bulletin of the History of Archaeology* 19.2 (2009): 4-13。

在西方，旧的社会进化理论把现代欧洲至亚太区域的所有社会放在同一棵进化树上。这在 20 世纪 30—40 年代受到了法兰兹·包阿斯（Franz Boas）所谓"文化特殊论"（Cultural Particularism）的激烈挑战，他反对那种社会发展和演变从低级到高级的普遍规律。马克思主义关于母系和父系社会的理论来自同样的普遍进步（universal progress）思想。然而，从 20 世纪 50 年代开始，当西方对技术进步所带来的总体不断提高的生活水平变得越来越自信的时候，进化论的观点被重新唤醒了。这种"新进化论"（Neo-Evolutionism）强调把技术发展作为社会进步的基础，把生态因素作为文化变化的最终原因。而它的"多线性进化论"（multilinear evolution）也允许偏离进化主线的可能性。这种主要发生在美国人类学界的理论上的新取向导致了一个社会发展的新进化论模式的产生，如艾曼·瑟维斯（Elman Service）和马歇尔·萨林斯（Marshall Sahlins）在其书中所描述的：游群—部落—酋邦—国家。[7] 尽管近来有一些批判性的反应，然而这一理论对于那些在比较的框架中努力理解社会发展的人类学家和考古学家来说依然非常重要。

根据萨林斯的解释，部落组织最典型的形式也可以被描述为"分立宗族制度"（Segmentary lineage system），意思是有共同祖先的一个宗族，宗族内部则被分为一些彼此平等的分支。其分支在世系上的距离与地理位置上的距离是对应的。[8]"酋邦"是新进化论者最为重要的发明，被认为是明显高于分立宗族制度的一个社会组织。在酋邦中已经出现了中心决策的过程，也出现了与地域控制有关的某种程度上的社会阶层分化。但是，与国王相比，酋长的权力是有限的。例如，酋长在行使权力的时候是通过协商的方式而不是强制的手段。权力集中的进一步发展将带领社会达到国家的水平。

然而，考古学家们并不能简单地像那些研究现存社会的人类学家那样直接发现这样的政治决策过程。因此，把上述的社会发展理论应用在物质遗存问题的研究中有相当大的困难，特别是在关于酋邦和国家之间差别的问题上。因此，考古学家们发明了"复杂社会"（Complex society）的概念，按照复杂程度来研究物质文化，而不是一开始就把它们放在"酋邦"或"国家"的模式之中。

---

[7] 见 Marshall D. Sahlins, "Political Power and the Economy in Primitive Society," in G. E. Daole and R. L. Carneiro (eds.), *Essays in the Science of Culture in Honor of Leslie A. White* (New York: Crowell, 1960), pp. 390-415; Marshall D. Sahlins and Elman R. Service (eds.), *Evolution and Culture* (Ann Arbor: University of Michigan Press, 1960); E. R. Service, *Primitive Social Organization* (New York: Random House, 1962)。

[8] 见 Marshall D. Sahlins, "The Segmentary Lineage: An Organization of Predatory Expansion," *American Anthropologist* 63.2 (1961): 322-345。

在诺曼·叶飞（Norman Yoffee）的描述中，"复杂社会"通过以下相对宽松的标准来加以判断：（1）一种具备了能发挥其相对自治的多样化功能的支系统的文化；（2）中央权力的发展；（3）社会的不平等导致财富和社会地位上的阶梯分化；（4）职业角色——像君主、官员、文吏、士兵——数目的增加。⁹ 显然，"复杂社会"包括处在不同社会发展水平上的一个复杂的社会序列，但是它并不失为理解几千年历史期间社会变革的第一块基石。

早期农业社会

正如第一章所述，中国在更有利的气候条件下完成了向新石器时代生活方式的转化；那时华北地区的年平均气温比现今高3—4摄氏度，湖泊的平均水面比现今高出约4.5米。有趣的是，在中国，使新石器时代的生活方式变为可能的三个至关重要的发明——农业、陶器制作和定居生活——似乎都出现在同一时期内。这与其他地区不同，比如美索不达米亚的农业和定居生活在距今约10,000年前开始出现，比制陶业的出现早了两千年左右。

目前大家普遍可以接受的是，华北地区农业的出现与河南东部和河北南部的磁山—裴李岗文化的兴起大致同时，其遗址年代主要在公元前6500至前5000年之间。¹⁰ 1987年在河北省的一个遗址中发现了新石器时代文化早期的迹象，包括一些粗糙的陶器碎片和石制工具。遗址中的碳14采样经测定为距今10,815—9700年前，是华北地区最早的新石器文化遗存。¹¹ 可能还有更早的，在山西北部的鹅毛口曾发现一个石制工具作坊遗址，其年代大约在旧石器时代向新石器时代过渡的时期；出土的形状规整的石锄和石镰表明那时可能已经有农业。但是，学者们对于如何把这些出土物放入农业经济完全确立之前普遍的社会进化系列中尚没有取得一致意见。

磁山—裴李岗文化聚落通常较小，测量约为1—2公顷（1—2万平方米），从未超过6公顷，其特征包括诸如简单的半地穴式房址和储藏坑。陶器类型简单，三足钵和罐很常见，烧制温度较高；

9
见 Norman Yoffee, *Myths of the Archaic State: Evolution of the Earliest Cities, States, and Civilization* (Cambridge: Cambridge University Press, 2005), p. 16。

10
在考古学中，无书写系统的文化，其名称通常来自最先确定其遗物的遗址。但是有时会有变化，比如一种文化以它最典型且通常是最著名的遗址而命名。

11
河北省徐水县的南庄头遗址。1946年，威拉得·利比（Willard F. Libby）在芝加哥大学发明了碳14年代测定法。碳14是碳的一种同位素。它在所有的生物体中保持一定的水平，并且在生物体死亡后以一定的速率衰减，即在任何给定的时间段内，放射性同位素的含量在5730年后会减少一半。通过对剩余碳14含量的测定便可计算出生物体的年代。碳14测年在20世纪60年代被介绍到中国，现今已被中国考古学界广泛应用。

表面很少处理，但可能有松散的绳纹（图 2.2）。在河北磁山文化遗址的 120 个灰坑中有 80 个出土了谷物遗存和经鉴定为粟的碳化样本。在河南裴李岗文化遗址也发掘出土了粟的碳化样本。到目前为止，在西部陕西至东部山东的黄河流域，大约有 20 个遗址经鉴定与磁山—裴李岗文化同时期；根据"多区域"理论，它们被认为是此后繁荣兴盛的"区域"文化的"源头"，并且许多遗址中出土有碳化谷物标本。这些发现显示，磁山—裴李岗文化代表了黄河流域广泛存在的新石器时代文化发展的第一个阶段。这也显示公元前 7000 年到前 6000 年之间，农业和定居生活在华北地区已经普及，并且粟是早期聚落居民种植的主要农作物。河南南部的贾湖遗址是新近报告的一个遗址，占地 5.5 公顷，属于粟作农业的磁山—裴李岗文化。然而，在一大块烧土中发现的十颗稻米的印痕（图 2.2），可以有把握地将其年代定在公元前 6500—前 5500 年。这个发现揭示了在磁山—裴李岗文化社群里，存在着另外一种可选择的食物策略。同时它也提出了最早的水稻栽培的地域问题。在同一个遗址，考古学家还发现了很可能用来占卜的最早的龟甲，上面还刻有两个独立的图形。

在很长一段时间里人们认为，水稻最初在南方地区被培育和栽种，集中在杭州湾附近的某些遗址，年代在公元前 5000 年左右（大致相当于北方的仰韶文化时期）。这无疑比古代世界另一个稻作栽培中心——南亚——早了起码 2000 年。起源于南方地区的稻作农业经过了同样长的一段时间才到达北方的朝鲜半岛和南方的东南亚地区。然而，在沿长江分布的内陆盆地，新近的考古发现将水稻培育的时间又向前推进了至少 2000 年。在湖南省两处早期新石器时代遗址出土的陶器中和可能是中国最早防护设施的一段壕沟内发现了多达 15,000 颗碳化稻子遗存。经碳 14 测定，其年代为公元前 7500—前 6100 年。[12] 进一步的研究还发现了可能靠采集野生稻为主的经济向栽培稻为基础的经济转变的过渡阶段——在江西省吊桶环遗址，野生稻和种植稻分别在早期地层和晚期地层中被发现，因此人类历史上这一伟大时刻的发生被确定在公元前 10000 年左右。

近年来，考古学界也在努力了解制陶技术在中国被发明的过程。在广西甑皮岩洞穴遗址的发掘中，考古学家确定了能识别早期

12
见 Gary W. Crawford, "East Asian Plant Domestication," in Miriam T. Stark(ed.), *Archaeology of Asia* (Malden: Blackwell, 2006), pp. 83-84。

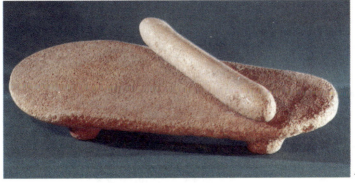

图2.2
裴李岗和贾湖：1，炊煮器；2，石镰刀；3，三足碗；4，石磨盘和石磨棒；5，甲骨；6，泥土上压印的稻米的痕迹。1-4来自裴李岗，5-6来自贾湖

陶器遗迹的一系列地层。第一期地层的年代可追溯至距今 12,000—11,000 年以前，在其中发现一些低温烧制且制作粗糙的厚陶器碎片。第二期地层的年代为距今 11,000—10,000 年以前（约公元前 9100—前 8000 年），出土的陶器碎片制作更为精细，表面饰以纹饰，且烧制温度较高（图2.3）。尽管甑皮岩社会的生活方式很有可能以渔猎和采集为基础，然而上述考古发现则为解释制陶业是如何从幼年期发展而来的，提供了很好的一例，或许这个阶段在南方比之华北地区还要早。

Ⅰ期：12,000-11,000 BP

Ⅱ-Ⅲ期：11,000-9,000 BP

图2.3
中国南方最早的陶器碎片

仰韶社会：分立宗族制度？

尽管现在还没有发现可以真正帮助我们了解磁山－裴李岗文化或与它同时期的华北和南方地区文化的社群生活的资料——这或许反映了田野考古工作的局限性，然而我们也可以推测，定居生活在华北地区已广泛确立，只是人类社群的规模还很小，遗址延续时间也相对较短，并且往往会因为季节性农事活动的周期性迁移而中断。

能够辨认出仰韶文化特征的遗址广泛分布在陕西、山西和河南，其中心地区位于三省的交界处。仰韶文化范围之外，大致与其同时的文化有山东的北辛文化、南部长江三角洲地区的河姆渡文化以及东北地区的红山文化。深入的研究不仅确认了在大的仰韶文化范围内存在的一些地方类型，还成功确立了其演化的三个阶段，把仰韶时期总时间长度定为约 2000 年。在仰韶时期，陶器类型变得更为复杂，包含各种形制的炊煮器、储存罐、尖底瓶和盛食的钵等（图2.4）。特别是后两种类型的陶器经常被施绘以漂亮的图案，尽管对某种图案类型的喜好会随着时间而改变。例如，仰韶文化早期人们所喜爱的各种鱼形图案在中期时被更为抽象且线条流畅的几何型图案所取代；在后期，单色又成为仰韶文化人们喜爱的装饰。

在过去，仰韶文化遗址有过多次大规模发掘，但是到目前还没有一处像位于陕西省渭河河谷中部、西安以东 20 公里处的姜寨遗址那样被完全揭露的村落。该遗址的五个居住期覆盖整个仰韶时期，最晚的一段延续至龙山文化时期。最早的仰韶文化早期阶段的居住遗址是所有地层中保存最完好的。它包括一个有 2 万多平方米的大的聚落，周围环绕一个圆形的壕沟，外围坐落着三个同时期的墓地。整个村落以一个露天广场为中心，并且在那里发掘出两处动物圈栏的遗存，这表明在姜寨聚落出现了动物的驯养。在中央广场周围发掘出五处房址群遗迹，形成了基本的村庄结构。每群由一个大房子、几个较小型的房子、许多储藏窖和陶窑组成，有时也会有婴儿的埋葬（图2.5）。多数房子是半地穴式，屋内地面低于地平面以下，室内地面上还有灶坑和凸起床面的遗迹。

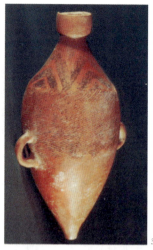

图2.4
仰韶文化的陶器类型：1. 陶盆；2. 陶瓶；3. 小口双耳尖底瓶；4. 船形壶；5a. 陶瓶；5b. 储藏罐；6. 陶盆；7. 大口罐；8. 陶钵；9. 红陶釜灶；10. 陶盆

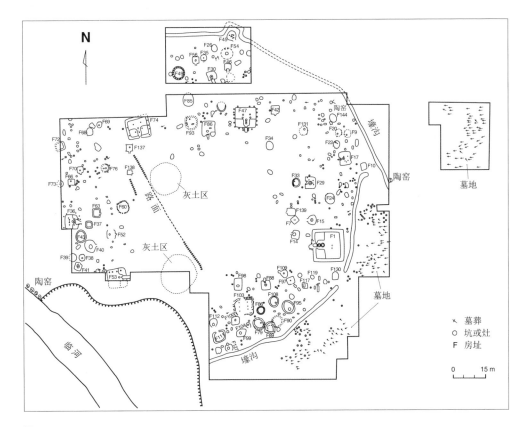

图2.5
姜寨聚落

13
"普那路亚婚制"是一种婚姻形式,在这种形式中,一个族群内的几个兄弟互为属于另一个族群妻子的丈夫。同理,一个族群的几个姐妹彼此是属于另一个族群丈夫的妻子。这种婚姻关系被摩尔根用来描述纽约州北部的易洛魁人(Iroquois)的社会,但是19世纪晚期的夏威夷人也实行这种婚制。见 Lewis Henry Morgan, *Ancient Society* (Palo Alto: New York Labor News, 1978), pp. 424-452。

14
见 Zhang Zhongpei(张忠培),"The Social Structure Reflected in the Yuanjunmiao Cemetery," *Journal of Anthropological Archaeology* 4 (1985): 13-33。

非常难得的是,姜寨遗址揭示了仰韶村落社会组织的一个整体面貌。一个广为人知的观点——基于马克思主义社会发展理论——认为姜寨代表了典型的母系氏族社会,这个社会实行的是路易斯·亨利·摩尔根(Lewis Henry Morgan, 1818—1881)在描述印第安人时所说的"普那路亚婚制"(Punaluan marriage)。[13] 根据这个解释,五群房子代表了五个血亲氏族(clans),中型房屋代表一个个家庭。小型房屋也有基本的生活设施,比如灶坑和家用器具,其内居住着家庭的女儿和来自相邻氏族的丈夫。三片墓地是生活在村社中的三个氏族的埋葬之地。据估计,姜寨的总人口数约500人。类似这样的解释也被用在位于渭河谷地东部的元君庙墓地。20世纪50年代,元君庙墓地总计有51座墓葬被发掘,其年代也属于仰韶文化早期阶段。这个墓地被认为属于一个单一部落,它由两个氏族组成,每个氏族各自拥有其中一个墓区。每一个墓坑代表一个单一家庭的集体埋葬,反映了与姜寨类似的社会结构。[14] 由于在墓地中埋葬的儿童都是女孩,因此,元君庙墓地也被认为是母系氏族社会。

仰韶文化是母系氏族社会的这一论点从一开始就是有争议的。

人类学家指出，母系氏族社会在人类历史上并不是普遍存在的；在中国的考古学记录中，能推导出的可以支持这一论点的证据远不能让人信服。[15] 今天，尽管一些著名学者仍旧在重述这种观点，然而大多数中国考古学家已经不再把它看作无可争议的结论。[16] 另一方面，新近的分析认为，姜寨的小型和中型房屋可能都是独立的社会经济单位，大型的房屋是整个村落居民的公共空间。因此，没有能够证明在母系社会中中型房屋对小型房屋进行控制的证据。该分析认为，仰韶文化早期阶段的居住遗址可以进一步分为三个阶段，房屋同样的向心式布局在三个阶段中是不变的。因此，姜寨社群被认为与萨林斯所描述的"分立宗族制度"近乎相同。[17] 总之，仰韶文化的社会组织问题是一个长期悬而未决的问题，也是一个值得不断探索的问题。重要的是，我们不应事先设定仰韶文化是某种"社会"，而是要充分考虑到地域之间，乃至遗址之间社会组织的差异性。

近年的考古发现使我们对仰韶文化时期聚落的规模和内涵有了新的认识。在姜寨西北约30公里的杨官寨，考古学者发现了另一处大型的环濠遗址。遗址的中心同样被环濠所包围，面积达到24.5万平方米，是姜寨环濠面积的十倍以上。如果计入环濠以外的墓葬区，遗址的总面积估计会达到80万平方米。在环濠以内发现了房屋、窖穴及少数墓葬，另外还发现一处大型的储水设施和进水、排水系统。[18] 遗址内出土陶器丰富，包括一件塑有人面部形态的陶器器底（图2.6）。这处大型聚落遗址目前正在发掘之中，其年代在仰韶文化中段的庙底沟时期。

更重要的是，近来考古学者也对仰韶文化晚期阶段高于村落级别的社会整合问题做了新的探索。20世纪90年代早期，在仰韶文化中心的河南省西部，考古学家对一个叫铸鼎原的遗址区进行了集中的考古调查研究。田野工作揭露了一个重要的聚落集中区——在一个大致350平方公里的区域内，多达35个仰韶文化晚期的聚落被确认。最为重要的是西坡遗址，在那里发现许多超大型的房址；其中最大的是F106:240，经测量为16米×15米。在西坡村落范围之外，发掘出异乎寻常的大型墓葬和丰富的随葬品。[19] 尽管我们需要等待进一步的发掘才能揭示遗址和区域的整个居住结构，

15
见 Richard Pearson, "Chinese Neolithic Burial Patterns: Problems of Method and Interpretation," *Early China* 13 (1988): 1-45。

16
仰韶文化为"母系社会"的观点近来仍被张忠培所强调，见 K. C. Chang and Xu Pingfang (eds.), *The Formation of Chinese Civilization: An Archaeological Perspective* (New Haven: Yale University Press, 2005), pp. 68, 71-72。

17
见 Yun Kuen Lee（李润权）, "Configuring Space: Structure and Agency in Yangshao Society," paper delivered at the Columbia Early China Seminar, 2002。

18
Shaanxi Provincial Institute of Archaeology, "The Neolithic Site at Yangguanzhai, Gaoling, Shaanxi," *Chinese Archaeology* 10 (2010): 6-14.

19
见 Li Xinwei（李新伟）, "The Late Neolithic Period in the Central Yellow River Valley Area, c. 4000-3000 BC.," in Anne Underhill (ed.), *A Companion to Chinese Archaeology* (Malden: Blackwell, 2013), pp. 218-223。

图2.6
杨官寨遗址新出土陶器底部人面

然而现有资料已经改变了我们对仰韶文化晚期几百年社会发展的理解。社群内财富的集中和区域范围里的社会整合已经明显出现；在经济（如果不是政治的）的支配关系上，较小村落被它们较强邻居支配的情况似乎已经发生。

这些新的发现促使学者们重新思考仰韶文化的社会组织及其发展水平，并用新的人类学社会发展理论对其进行解释。很明显，仰韶文化晚期的社会复杂化进程已经在其中心地区开始。也有学者提出，仰韶社会晚期可能已经发展到类似"酋邦"的早期形态，[20] 因此，在发展阶段上高于"分立宗族制度"。当然，对这一问题的确定还有待未来进一步的考古发掘。

龙山时代的"古城"文化

公元前 3000 年左右，华北地区的社会进入了一个新的发展阶段，那就是持续时间超过 1000 年以上的所谓"龙山千年"期。与先前的仰韶时期不同，龙山文化一般冠以今省的命名加以区分，比如"山东龙山文化"或"河南龙山文化"，当然这是不准确的；但

20
见 Liu Li（刘莉），*The Chinese Neolithic: Trajectories to Early States* (Cambridge: Cambridge University Press, 2004), pp. 189-191。

它也反映了在新石器时代晚期存在着更进一步的地区差异。在中国其他地区，这一时期的文化有各自的名称，比如长江下游的良渚文化和长江中游的石家河文化，起始年点略有差别。在这个时期，带有各种各样压印或雕刻纹样的黑陶或灰陶器在龙山文化地域被制作并广泛应用。在相对较小区域单位内的社会整合——这种趋势在仰韶时代晚期已经发生——得到强化，导致了带有明显阶梯化的聚落网的出现。在聚落网的中心地带坐落着大型人口中心，带有新的考古学特点的建筑——夯土墙；它表明了这是一个明显比仰韶村落更为复杂的社会系统。[21] 在 20 世纪末期以前，已经有超过十座类似这样的经过防御性加固的龙山"古城"在河南、山东和山西被确认。[22] 一个早期发现的例子是河南省平粮台遗址，总面积超过 12 万平方米；在遗址中心缓缓升起的高地上，坐落着一座夯土城，平面为方形的城墙围起约 3.4 万平方米的区域。城门分别位于南面和北面。在平粮台，城墙围起的区域相当于姜寨壕沟圈绕的村落的大小。但是，姜寨周围的壕沟环绕着村落的整个居住区，而平粮台的城墙仅保护了其遗址中可能只被精英团体占据的核心功能区，在这范围之外的普通居住区则不受保护。[23] 或者可能城墙本身被当作平粮台社群人口中两个群体之间的界限。

目前为止，在山西省陶寺发现了龙山时期最大的城址，其外墙围起占地面积 280 万平方米的空间（图 2.7）。实际上，陶寺遗址显示了跨度约 500 年的一个建筑构造序列，年代在公元前 2600—前 2000 年间，属于所谓的"山西龙山文化"。在陶寺早期阶段，位于遗址的东北角处建造有一个较小的城圈；在那里发现了大型的宫殿式的夯土基址，表明该处遗址在功能上与社会上层有关。在陶寺中期阶段，我们可以看到在精英控制下的整个遗址区域和人口的明显扩大，为此还建造了外部城墙，为整个陶寺社群提供了一个行政疆界。当内城里的精英居住区还在使用的同时，大型平民住宅建筑被集中建造在两道城墙之间遗址的西北部分，比如洞穴或半地穴式房址。一个包含社会精英和平民墓葬的大块墓地在外城南部被发掘。精英的控制在粮仓区的位置上也可以看到，粮仓位于内城宫殿区的附近，可能被另一座围墙所保护。而最重要的是，南部地区建有双层城墙，形成一个单独的空间，其内发现有世界上最古老的太阳观

[21] 实际上，防御墙在仰韶时代晚期就已经出现。Liu Li, *The Chinese Neolithic*, p. 94.

[22] Anne Underhill, "Variation in Settlements during the Longshan period of Northern China," *Asian Perspectives* 33.2 (1994): 200.

[23] Chang, *The Archaeology of Ancient China*, p. 266.

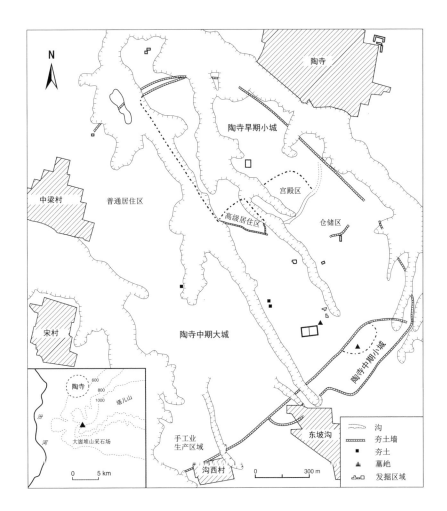

图 2.7
龙山时期的陶寺城址

测台之一，标示着它是陶寺社群的知识中心。

有证据表明，在陶寺的晚期阶段，可能因为位于其南方的另一个大型遗址中的人民发起的政治动乱造成了陶寺的毁灭。[24] 然而，在陶寺繁荣发展的几百年间，它一定会是山西南部汾河流域下游一个重要的文化和经济中心。它毫无疑问地展现出一个足够复杂的社会系统的特征，这个社会的人口至少被分成了两个阶层。诸如像占星家和行政官员这类职能角色的发展，以及城市内中心化的行政机构的发展，这些在陶寺遗址中都是清晰可见的。

从埋葬遗迹中还可以看到在陶寺持续进行的社会分化过程。已经发掘出的1000多座墓葬，明显分属三个阶层。最大的墓葬尺寸为3米×2米，甚至更大，内有木质棺材，随葬品的数目超过百件，包括精美描画的木质容器、玉器和猪骨。中型墓葬中也有墓棺、陶器和玉器，总数在20至30件。小型墓葬是一个只有0.5米宽的窄坑，没有任何木质棺材和随葬品，约占陶寺墓葬的90%。如果我们以

24
Liu, *The Chinese Neolithic*, pp. 103-112.

Box 2.1

陶寺太阳观测台

这是新世纪最惊人的考古发现之一。2003年它在与陶寺城墙东南部相连接的一个小型城圈内被发掘。这种圆形建筑起初有三级台阶，每一级平台都以夯土墙为界限；最外围的墙壁距中心约25米。最里层的中心平台半径为12.25米，其墙壁的连续周长约为25米。沿着薄壁建造有一排11根坚固的正方形柱子，在柱子中间形成10个狭窄的缝隙（后来，在墙北端又发现两根以上的柱子，总共形成了13根柱子和12个缝隙）。由于这些坚固的柱子被深深地插入平台内部，发掘者认为它们可能仅仅是作为柱础，用来支撑其上的石柱。穿过12个缝隙的视线直接回归到平台中心的单个观测点上（图2.8）。

地层证据表明，此建筑建造于陶寺中期，可能使用了几百年，直到公元前2100年左右被毁坏。在观测台被发现后，通过几年的现场实验，平台被确定是用作一年中冬至和夏至之间的太阳观测；这是世界上经考古学确定的最古老的天文台之一。天文历史学家班大为（David W. Pankenier）认为，这个建筑物可能被用来确定一个地平历法（horizonal calendar）上的分段，以此，它可以将一个太阳年的长度差距缩小到一周以内。因此，陶寺的天文学家们所关注的可能是太阴月和太阳年之间的相互关系，这最终带来了一个阴阳结合的历法，并把闰月的第十三个月安排进有规律的年周循环中；这个系统在公元前13世纪的商代晚期被明确使用过，这在甲骨研究中得到证明。更重要的是，班大为进一步认为，陶寺天文观测台提供了一个背景，在这个背景中，一个书写系统可能被用来记录历法，这个系统起初应该包括标示时间段或天体的各种符号。[25]

[25] 见 David W. Pankenier, "Getting 'Right' with Haven and the Origins of Writing in China," in Li Feng and David P. Branner (eds.), *Writing and Literacy in Early China: Studies from the Columbia Early China Seminar* (Seattle: University of Washington Press, 2011), pp. 19-50。

图2.8
陶寺城内发现的太阳观测台，山西，2003年

此作为陶寺社群财富分配的直接反映的话，那么在陶寺多于 90%
的财富集中掌握在 10% 的上层社会人们的手中，这比许多现代工
业化国家的财富集中程度还要高（美国在 2007 年是 69.8%）。无疑
陶寺是一个高度等级分化的社会。

此外，我们知道社会分化过程在早期中国的其他地区同时进
行。长江三角洲地区的良渚文化（约公元前 3300—前 2300 年）比
北方的龙山文化开始略早，以生产玉器著称。江苏寺墩发现的一
个大型墓葬里面有 50 多件工艺精美的玉器；像这种包含大量玉器
的墓葬在浙江省杭州湾附近的许多遗址中也有发现。这些明显是
区域社会中与平民墓葬隔离的精英群体的墓葬。在 2007 年，一个
以莫角山为中心的良渚古城在杭州郊区被发现，其防御功能的城
墙甚至比陶寺略大；很明显，先前所知的一些丰富的陪葬品可能
属于居住在这个大古城中的精英阶层。

近年的考古工作比较完整地将良渚文化的这座古城展现在我们
面前（图 2.9）。良渚古城由一座圆角长方形的内城和近于圆形的中城，
以及呈不规则形状的外城构成，外城总面积约为 800 万平方米。内
城东北部坐落着的宫殿区域是良渚的政治中心，面积约 30 万平方
米。更重要的是，在良渚古城以北的大遮山山麓以及山间谷地的高
处，考古工作者发现了与良渚古城同时期的一系列水坝。这说明良
渚人修建大规模水利工程以拦截洪水，保护古城及外延空间的技术
能力和组织体系已经完全具备。而良渚城内外发现了多处以精美玉
器陪葬为特点的高等级墓葬，还有两座祭祀用的祭坛遗址，分别在
距离良渚古城 5 公里（瑶山）和 2 公里（汇观山）的地方。[26]

良渚古城及其相关遗址的发现表明，与北方龙山文化同时乃
至更早，南方也在经历一个向更高层次的复杂社会转变的过程。
然而，当公元前 2000 年左右良渚文化从地球上神秘消失时，南方
地区的这个过程就突然中断了。

另外，近来的考古发现显示，龙山时期一系列千年古城的社
会生活不仅被从其人口中孕育的新政治活力重新导向，而且还因许
多新技术和文化发明而更丰富——这可能与社会精英的兴起有关。
在这些新发明中，最重要的是高质量的制陶技术、冶金术，以及
可能存在的早期"书写"。

[26]
Liu Bin, Wang Ningyuan, and Chen Minghui, "A Realm of Gods and Kings: The Recent Discovery of Liangzhu City and the Rise of Civilization in South China," *Asian Archaeology* 4 (2016): 13-31.

图2.9
良渚古城

高质量的制陶技术

对于龙山时期的人来说，陶器不只是他们日常生活中的炊饮器具；正相反，有一类型制陶技术的发展明显带有提高社会精英们生活的目的，特别是在东部海岸山东地区的龙山古城中。这种所谓的蛋壳陶以极薄的胎壁而闻名——每一件都是从一个需要专业技能且非常精细的工艺过程中脱颖而出的艺术品。它们通常在带有城墙的大型城址中被发现，明显是为精英们所用的奢侈品，可能与他们的礼仪或宗教活动有关（图 2.10.1-2，图 2.11）。

冶金术

新近的考古发掘毫无疑问地显示出，在龙山千年期间的华北地区，金属物品已经在一个大的地理范围内被使用。在全球范围内，

图2.10
龙山和良渚文化遗物：1-2为山东龙山文化的蛋壳陶；3为陶寺出土的铜铃；4为丁公城址内发现的带有刻画符号的陶片，山东省，龙山文化；5为龙虬发现的带有刻画符号的陶片，江苏省，良渚文化；6为玉饰件，良渚文化

图2.11
西朱封遗址M5出土蛋壳陶杯

最早对铜矿的使用可追溯至公元前 9000 年的安纳托利亚(Anatolia)，几乎与那个地区新石器时代的陶器一样古老；公元前 7000 年美索不达米亚地区的人们开始制作小型的铜器，比如针和锥子。公元前 4500 年到前 3000 年之间，美索不达米亚南部的居民制作了大量的铜制工具和武器。在中国，从公元前 3000 年开始，小型金属物品在西至甘肃和青海、东至山东的广阔地理区域中都有发现；在河南，许多属于龙山文化的遗址也发现了铜矿和铜渣，表明了金属物品是在本地制作的。目前为止最重要的发现是 1983 年在陶寺外城的中型墓葬中出土的一件铜铃（图 2.10.3）。经测定这件铃的冶金成分为 97.86% 的铜、1.5% 的铅以及 0.16% 的锌——几乎是一件纯铜制品。最重要的是，它在整体铸造过程中使用了陶范，这种方法在此后中国的青铜器制作技术中成为主流，而在西方没有得到发展。

27
见 William G. Boltz（鲍则岳），*The Origin and Early Development of the Chinese Writing System* (New Haven: American Oriental Society, 1994; paperback edition, 2004), p. 36。

早期书写

在很长一段时间里，学者们被早在磁山—裴李岗时期陶器上已经出现的许多刻画符号所吸引。尽管不少人试图在这些新石器时代的刻画符号中寻找中国书写系统的起源，但这样的尝试最终未能证明它们是语言系统的表达，也未能证明它们形成了一个表述系统，这是判定"文字"的最低要求。[27] 然而，在过去的十五年里，考古学家发现了一类新的材料。在山东境内的丁公城址中发现了一块陶片，上面所雕刻的 11 个符号被排成 5 行，形成一个连续的"读物"。另一块属于良渚文化的陶片在江苏龙虬被发现，其上的图形排成两行：右边的是四个图形，每个描绘一种独特的动物，看上去像水牛、蛇、鸟和其他什么东西；左边是四个抽象的图形，每个分别带领着它右边的那个动物（图 2.10.5）。比起仰韶陶器上那些单独的符号来说，这些图形显然展示出更高水平和更复杂的信息。两块陶片上的图形形成了一个有内在联系的概念的序列，这些图形只能通过语言连接起来。

近年来发表的新资料显示，良渚文化中的系列符号其实包括两类：一类是由相对具象的图像所构成的连续的"叙事"（Narrative）；另一类是完全由抽象符号所构成的连续表述。研究文字起源的学者们认为，比如说在真正的埃及文字和楔形文字出现以前，埃及和两河流域都经历了一个被称作"注记系统"（Notation system）的阶段。[28] 按照这个说法，这个从"注记系统"向文字的转变很可能发生在良渚文化时期。尽管它们不一定是我们所认知的甲骨文乃至"中国文字"的祖先，然而多数观点认为，上述这些由系列符号所书写的应该就是文字的雏形。尽管我们不知道它们所属的语言，并且它们终究是难以识读的，然而它们的出现显示了在龙山千年的古城中至少有一个高级文化已经为龙山或良渚精英们的精神和行政需要而服务了。

龙山"酋邦"问题

上述的讨论概括了在龙山千年期所发生的急剧的社会变化。问题是：在世界范围内我们应该把这些变化放在社会发展链条上的什么位置？或者本章早先提到的新进化论的社会发展理论是否适用于中国？在中国考古学家当中，比较常见的一种观点是把龙山社会重新定义为"古国"。早先已经有人提出，山东龙山时期的聚落构成了三个等级，并且带有城墙的古城是具有集中政治权力的"古国"的中心。同样地，资深考古学家张忠培也在2005年提出，南方地区的良渚文化已经进入以国家的政治权力为特点的文明阶段。也就是说，良渚古城代表了一个"国家"的中心。主要由西方学者所倡导的另外一种观点则认为，龙山社会显示了"酋邦"阶段的特点。[29]

实际上，考古资料中龙山时期（以及南方的良渚文化）高度的社会复杂程度对起初由人类学家构思的社会发展理论提出了一个挑战。最近的一些人类学文献也在试图重新定义"酋邦"和"国家"之间的界限。一般认为，除了如上述所见的在权力行使上的差别外，酋邦组织通常以亲属结构为基础，但是国家未必如此。酋长们由于缺乏强制执行的内部专门机器，因此他们会避免由下级来代理自己的中心权力，而是依赖小酋长们的地方权力。而国王为了削弱地方政权，将他们自己的中心权力进行系统化和分割。[30] 此外，在一些人类学家当中也存在这样的观点，酋邦社会是社会进化的

28
见 William G. Boltz, "Literacy and the Emergence of Writing in China," in Li Feng and David P. Branner (eds.), *Writing and Literacy in Early China* (Seattle: University of Washington Press, 2011), pp. 69-74。

29
Underhill, "Variation in Settlements during the Longshan period of Northern China," 197-228; Liu, *The Chinese Neolithic*, p. 191. 刘莉进一步将龙山社会概括为"复杂酋邦"，而仰韶社会则与此不同，为"简单酋邦"社会。

30
Yoffee, *Myths of the Archaic State*, pp. 23-25.

喇家：一个4000年前毁于地震的新石器时代村落

2000年夏，考古学家们正在位于青海省省会西宁市东南约190公里、黄河上游以北的高原上挖掘名叫喇家的居住遗址，他们被逐渐浮出地面的情况震惊了(图2.12)。在大小为3.81米×2.95米×3.55米的半地穴式房址（F4）中，他们首先看到的是一具年轻女性（年龄在28—30岁）的骨骸。她左腿跪地，倚靠在东边墙壁上，成为房屋遗址中一处不同寻常的景观。在她胸部下方发现了一具1—2岁大的婴儿遗骸，他（或她）幼小的手臂环绕在母亲腰部的位置。这位年轻的母亲显然是被来自上方的巨大重量压住，为了保护孩子，她试图用左臂支撑地面以撑起自己的身体。在坑的西部发现两组人体遗骸。另一位年轻的母亲（年龄在35—40岁）分别被三个十几岁的孩子和一个年龄在10岁以下的幼儿环绕着，他们一起死于房屋的西南角落。在他们北面，另外四个孩子彼此抱成一团，在挣扎求生中死亡。他们年龄都在13岁以下，最小的仅有3岁。有些躯体被一种未知的力量猛烈地扭动。此外，一位年龄在40—45岁的成人男性横卧在房址的入口处，另一位年龄在15—17岁的男性蜷缩在中间的火炉之上。[31]

这样一处灾难性的死亡场景在中国考古学中是首次发现。在地质学家们的帮助下，持续的田野工作确定这个房址为一处黄土窑洞的下部结构，并断定其坍塌的原因是一次大的地震，尽管村落也可能受到随之而来的洪水的侵袭。在这个由窑洞和位于东部的许多房屋构成的村落中，这种损害是广泛性的。出于某种原因，可能属于不同家庭的儿童被召集在F4洞穴中，当地震撞击地面的时候，此洞穴便成为他们共同的坟墓。由于坍塌发生在一个特殊的时刻，村落生活的一些细节被保留了下来——这所有当中最令人惊讶的是，当考古学家们翻过留在地面上的陶碗的时候，他们发现了中国最早的面条！最初的实验室分析认为这些面条是由来自粟中的淀粉制成，但是接下来的研究认为它一定是用小麦粉制作的。经陶器类型学分析断定，此村庄处于新石器时代齐家文化的晚期，距今约4000年，因此很可能比陶寺的天文观测台稍晚一些。

在喇家的另一个重要发现是位于村落一处露天广场上的土筑祭祀台。在土台的中央发现有可能属于村落神职人员的奢华墓葬，其中有多达15件制作精美的玉器。

[31] 任小燕:《青海民和县喇家遗址2000年发掘简报》,《考古》2002年第12期，第12—28页。

图2.12
喇家的地震遗址和中国最早的面条

"死胡同",它们没有潜能发展进入国家水平的社会。

很显然,对"酋邦"的定义有相当大的模糊性;人类学家无疑要继续面对这种困难,改进他们的理论,使之与考古学上的现实相符合。尽管如此,把龙山社会称作"酋邦"还是可以接受的。虽然有这些理论问题,然而本章所分析的证据说明,同仰韶文化相对平等的社会相比,龙山社会明显处于社会发展的更高阶段。如果"酋邦"是一个从"分立宗族制度"——似乎与仰韶社会有关——中发展出来的不可避免的社会组织形式,那么它将会是一个概括在国家产生之前龙山社会组织复杂性的合理术语(Box 2.2)。

建议阅读

- Fiskesjö, Magnus, and Chen Xingcan, *China Before China: Johan Gunnar Andersson, Ding Wenjiang, and the Discovery of China's Prehistory* (Museum of Far Eastern Antiquities Monograph, 15), Stockholm: Östasiatiska museet, 2004.
- Falkenhausen, Lothar von, "The Regionalist Paradigm in Chinese Archaeology," in *Nationalism, Politics, and the Practice of Archaeology*, ed. Philip L. Kohl and Clare Fawcett, Cambridge: Cambridge University Press, 1995.
- Chen, Xingcan, "Archaeological Discoveries in the People's Republic of China and Their Contribution to the Understanding of Chinese History," *Bulletin of the History of Archaeology* 19.2 (2009): 4-13.
- Chang, K. C., and Xu Pingfang ed., *The Formation of Chinese Civilization: An Archaeological Perspective,* New Haven: Yale University Press, 2005.
- Crawford, Gary W., "East Asian Plant Domestication," in *Archaeology of Asia,* ed. Miriam T. Stark, pp. 77-95, Malden: Blackwell Publishing Ltd., 2006.
- Chang, K. C., *The Archaeology of Ancient China,* 4th ed., New Haven: Yale University Press, 1986.
- Li, Xinwei, "The Later Neolithic Period in the Central Yellow River Valley Area, c. 4000-3000 BC," *A Companion to Chinese Archaeology,* ed. Anne Underhill, pp.213-235, Malden: Blackwell Publishing Ltd., 2013.
- Liu, Li, *The Chinese Neolithic: Trajectories to Early States,* Cambridge: Cambridge University Press, 2004.
- Underhill, Anne, "Variation in Settlements during the Longshan Period of Northern China," *Asian Perspectives* 33.2 (1994): 197-228.

第三章

二里头与二里冈：
早期国家的建立与扩张

新石器文化发展的"区系类型"模式所不能解释的是为什么国家级别的社会并没有首先产生于其他区域，而是出现在仰韶文化的中心地带和其后继者——河南和山西的龙山文化——之中。然而，在这个大区域中通向国家的发展路线绝不是直线式的。陶寺"酋邦"的势力经过几百年的繁荣后明显衰落了，依然留在陶寺的人似乎生活在另一个相邻政治中心的控制之下。要想真正了解国家形成之前政体间的竞争过程及由此导致的黄河流域中游和同一时间框架内其他地区的区域整合，考古学家们还有大量工作要做。然而，公元前 2000 年早期，有一个社会达到了政治力量的新水平，远在河南西部和山西南部其他"酋邦"的水平之上。在华北地区国家和文明的形成中，二里头国家或文化占据了关键性的位置。它开启了一个以王权、城市文明、大规模政治组织和强制性军事力量为特点的新纪元。

"国家"和"国家形成"

与基本上属于人类学概念的"酋邦"这一术语不同，"国家"（state）一词在西方学术传统中有漫长的历史。[1] 作为一个现代词汇，其在不同的学科中被赋予不同的含义。政治学一般从法律政治角度来构建"国家"的含义，"国家"被视作"主权"的体现，因此

---

[1] 在中世纪的政治哲学中，state 这一术语最初被用来特指社区、人民或者贵族的状态或地位，非常类似于现代美国的"国情咨文"（State of the Union）一词的用法。然而，在 15 世纪之后，state 渐渐被用来指政府的组织形式，或者主权的承载者；从这个含义中逐渐发展出了指一个社会政治组织的现代最普通的用法。

有了现代"民族国家"(Nation State)的概念。它把当代"民族"(nation)单元作为国家主权的拥有者。对于政治经济学家来说,"国家"是一种具有强制权力的机构,是个体公民的对立面,他们宣称它是与个体或私人利益相对立的公众和集体利益的代表。但是在社会学的观点中(也就是大多数社会历史学家的观点),"国家"是一个具有多种限定性条件的人群组织,包括领土、统一的政治秩序、法律和执行法律的强制力量以及主权。最后,在人类学观念中,"国家"是一个社会"类型"或社会发展中的一个阶段,与"酋邦"社会不同,并且比其规模更大、更复杂。因此,这使得"国家水平社会"(state-level society)的概念成为一个合理的说法。

当然,一个社会并非一定要用国家这样一种方式来组织;根据反进化论者的观点,有一些像部落或者酋邦这样的社会组织,可能永远不会发展成为国家或国家级别的社会。因此问题就是,为什么国家会出现?为什么有些社会发展成为国家,而其他的则没有?以及它们如何发展成为国家或者其发展轨迹是什么?这就是"国家形成"的论题,对于这一论题已有许多解释。一些学者认为,国家是一个社会内部斗争的必然结果,它最初是作为妥协或者制约这种内部冲突的一种手段而发明的。另有学者认为,国家是为了回应更大规模和持续性的外部威胁而产生的,这种威胁或是来自然的力量,或是来自另一个社会;国家的产生是应对此类外部威胁的一种手段,它基于共同利益将社会成员联合起来。近年来,后一种观点在解释北方草原地区游牧帝国的兴起时尤为流行。还有一些学者,例如已故的张光直教授认为,国家是一个社会为了对其礼制系统进行重新组织和中心化控制,以此来更好地管理其资源的长期趋势的最终产物。这些都是我们在研究早期中国国家形成时应该考虑的重要理论维度。

二里头文化和"二里头国家"

目前多数学者认为,公元前 2000 年开始,在中国真正出现了一个可以被准确地称为"国家"的社会,尤其是在河南西部至陶寺酋邦的南部。基于对相关文化遗址的大量碳14标本测年及近期的校正,这一新发展的时间界限被确定在公元前1900—前1600年。为了在全球背景下做一个时间上的对比,我们应该提到,这一时期同美索不达米亚的古巴比伦时代和汉谟拉比国王时期大致相当;在埃及,这一时期正处在中王朝时代,希克索斯人(Hyksos)从尼罗河三角洲入侵之前。在新大陆,紧接这一时期有了奥梅克文化(Olmecs)的出现。换句话说,"国家"在埃及已经有了一千多年的历史,美索不达米亚国家的历史比埃及稍短,但在中国,这还是一个新的现象。

1959年秋,基于历史上的商代已在考古学上得以证实所带来的信心,一支考古队被中国科学院考古研究所(北京)派往河南西部,寻找在商之前与历史传说中所描述的夏代可能有关的遗迹。此时,早于安阳的陶器和青铜器类型在河南中部和北部的一些遗址中已经被发现。当然,有相同文化内容的遗址(早于安阳)是他们搜寻的目标。在调查发现的十多处遗址中,位于现今洛阳东部20公里处的二里头是最著名的一处。在田野工作即将结束之际,考古队对该遗址的一小处区域进行了试掘,其丰富的遗存证实了一个新文化的存在,它随后被命名为"二里头文化"。自此,二里头作为中国国家和文明兴起的一个研究中心获得了国际声誉;但是对于该遗址组织的清晰理解只是通过过去十五年间的田野考古工作才取得的。还应注意的是,到目前为止我们对二里头文化的认识已经远远超出了二里头遗址本身,并确认了二里头文化是一个有着同样文化内容的大的遗址分布区域,范围远至河南东部、山西南部汾河流域的几处遗址及河南南部淮河流域的上游(地图3.1)。这一文化范围的确认显示了二里头遗址坐落在这个聚落系统的中心,无疑处在聚落等级的上层。

二里头中心遗址位于洛河南侧(古洛河之北)(图3.1),东西延伸2.5公里,南北延伸2公里。它的覆盖面积约为500万平方米(500公顷),至少是陶寺的两倍之大,并且它比华北地区其他的龙山中心聚落都大得多。在这个巨大遗址的中心坐落着宫殿建筑群,由围墙环绕而形成一个长方形;在其中有多达11座夯土建筑基址被发掘或经确认以等待将来发掘。最重要的建筑是宫殿基址1号和2

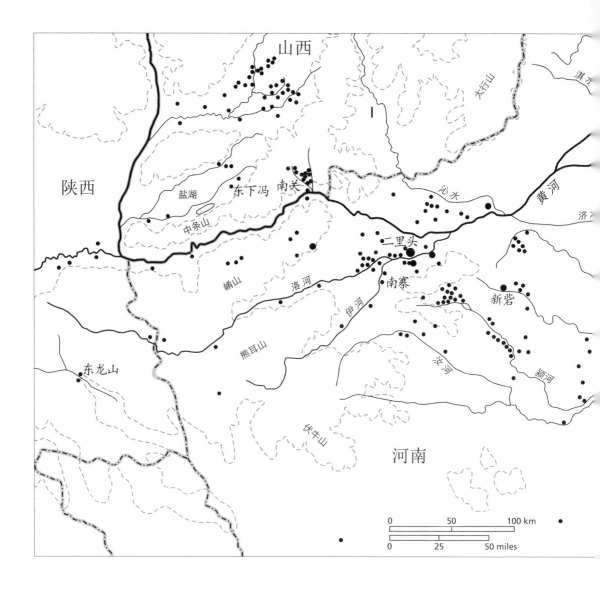

号,每座都形成一个由围墙环绕的自我封闭的建筑群。1号宫殿基址于1960年被发掘,经测量东西向108米,南北向100米,并且高出原始地面约1—2米。整个平台表面沿其边界被带有屋顶的走廊所环绕。在中心的北部建有二级台基,其表面柱洞的位置显示这是一个长方形的建筑布局。2号宫殿基址位于沿宫殿区域东墙的位置,其面积比1号宫殿基址略小,但结构相似。在宫殿区域范围以外发现了三段道路,形成了穿越二里头遗址中心区域的道路系统的一部分。[2] 值得注意的是,在通向宫殿的南部出口处发现了车辆的轨道,这是中国使用有轮车辆的最早例证。

遗址中经过发掘的墓葬大多是小型的。这留下一种可能性,

2
见 Robert L. Thorp, *China in the Early Bronze Age: Shang Civilization* (Philadelphia: University of Pennsylvania Press, 2006), pp. 21-61。

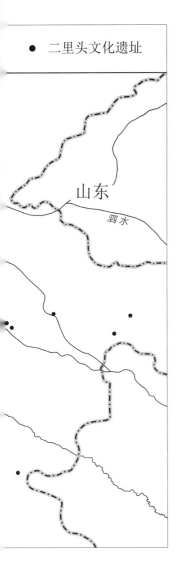
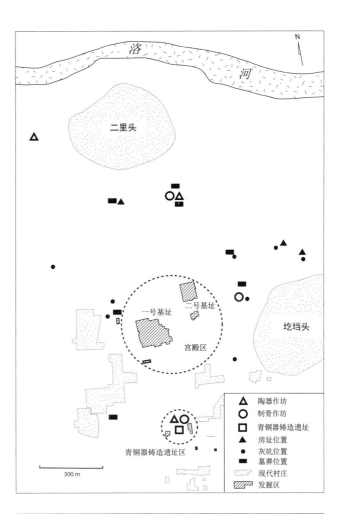

地图3.1
二里头文化遗址的分布

图3.1
二里头遗址及其宫殿区

二里头社会中的精英们可能被埋葬在远离遗址的某一特定地点。仅在 2 号宫殿基址主体建筑之后的走廊部位发掘出一座大型墓葬（5.2 米 ×4.25 米），但这座墓葬在很久以前就遭到彻底的洗劫。然而，从一座中型墓葬中发掘出一件长 70.2 厘米且饰有绿松石的龙形物件（图 3.2.4）。在遗址中发掘出许多不同功能的灰坑，其中一座恰好在宫殿南围墙的外面，并发现大量绿松石片。经确认这是一个作坊的位置，可能制作了遗址内所发现的很多绿松石物件。

青铜器是二里头出土物中最引人注目的；它们显示了中国的冶金术在公元前 2000 年初期已经达到了一个重要的阶段。二里头文化可以被描述为中国的第一个青铜时代文化。此时，青铜不再只用于制作小型物件，而且也制作相当大尺寸的器物，表现出了更高水平的技术复杂性和成熟性——其制作过程被学者们称为"分范铸造"。[3] 到目前为止，除较大数目的青铜武器和工具之外，在二里头被发掘出的青铜容器约有 15 件。器型包括爵、斝和鼎，显然所有商代（约公元前 1554—前 1046 年）青铜器的主要类型都可追溯到二里头青铜器文化。制作青铜器的作坊位于二里头遗址南部的中心，在那里发掘出大量的陶范和铜渣。在二里头除了青铜制品，玉器和其他奢侈品也作为重要的精英物品被制作和使用。

然而，青铜器不仅是奢侈品，它们还具有许多社会和政治意义。由于洛阳平原没有天然铜矿，近来有人认为二里头的精英们用来铸造青铜容器和武器的铜矿可能来自山西省南部的中条山，这个地区也可能是二里头的人所需要的盐的来源地。要维持几百公里以外之地的稳定的资源供应和运输需要高水平的组织力量，这只有国家级别的社会才能做到。二里头规模巨大且复杂的建筑群显示了二里头的领导阶层的确拥有这样的组织力。据估计，中心遗址的人口大约在 18,000 到 30,000 人。有学者更进一步认为，为了礼制和政治目的而组织青铜产业并将产品分配给地方精英们可能是二里头国家最重要的功能。[4]

同世界范围内的其他早期国家相比，二里头文化的实物证据令人信服，所以"二里头国家"的这一主张已经被学者们广泛接受。由于二里头遗址或与二里头文化有关的其他遗址中缺乏同时期的书写证据，因此很难断定二里头是否为"王权国家"或其他性质

[3]
"分范铸造"需要先制作一个所铸造青铜器的泥塑模型。然后，在其表面贴以软泥按压产生青铜器外表面的印痕，并切为几个部分，以方便将其从模型上移开。分开的外范烘干处理后，将其围绕铸造内核（通常需要将模型削减）重新组装。熔化的铜水会倒入内核和外范之间的空隙中，从而铸成青铜器。这种铸造方法作为主流技术在中国青铜时代得到高度发展，但是却没有在使用失蜡法的西方得到发展。

[4]
见 Liu Li and Chen Xingcan, *State Formation in Early China* (London: Duckworth, 2003), pp. 57-84。

第三章 二里头与二里冈：早期国家的建立与扩张　　45

图3.2
二里头出土的青铜容器和绿松石物件：1，爵；2，鼎；
3，斝；4，镶嵌绿松石的龙形器（70.2厘米），可能是
象征政治权力的手杖；5，镶嵌绿松石的铜牌；6，爵

的国家。大约三百年间，二里头无疑是黄河中游区域的政治和文化中心，在规模和文化发展水平上远远超过其他同时期的遗址。近来的考古学研究也证实了从河南龙山文化晚期到二里头文化在陶器类型学上的延续性；在现今郑州附近的一个遗址中，也确定了两个较长文化时期之间的过渡阶段。这必定加大了这种一般性认识的分量，即向国家水平社会的转变可能是发生在龙山居民——特别是在相邻的陕西、山西和河南省地区——中的社会和文化变迁累积的结果。然而二里头文化显然也受到了来自东部沿海地区的新石器时代晚期文化很大的影响，特别是山东的龙山文化可能为二里头的精英们提供了他们所铸造的青铜器的类型标准。

早期史学传统中的国家形成和有关夏代的争论

国家的形成过程在中国的史学传统中曾有记述，尽管是在一系列传说中以一种更微妙的方式来描述；这些传说预告了夏代的创立。这个传统在西汉司马迁（约公元前145或前135—？）的《史记》中得到了最为系统化的表现，它首先描述了传说中的五个帝王以民选领袖的身份连续统治中国的一个时期，包括黄帝、颛顼、帝喾、尧和舜。[5] 他们代表了一个以美德而不是靠武力来统治世界的时代，并且政治领导力是在神秘力量的帮助下依据个人魅力被构建的。"五帝"的概念直到公元前5世纪的时候才开始形成，而现代学者多把禅让继承的传说看作对春秋晚期或战国早期那些经常试图推翻国君的大臣所怀的政治目的的思想支持。然而，这些传说也是国家兴起之前中国遥远过去的社会和政治状况的某种回响；类似的情况也存在于世界的其他地区，在那里地域性的领导者们也曾为了至上的政治权力而彼此竞争。在这一序列的最后一位——帝舜时代，可怕的洪水淹没了华北平原，造成了大量人口死亡。因此，帝舜召来一个重要部落的首领禹（或称作"大禹"）去治理河川以克服洪水。于是禹游遍中国，清理江河，疏浚水道；江河里的洪水被引入东海。禹从此以后赢得了人民的爱戴，在舜死后成为全中国的首领。然而，禹死后，其权力并未像舜那样传给一个

5 见 William H. Nienhauser Jr. (ed.), Sima Qian, *The Grand Scribe's Records*, vol. 1, *The Basic Annals of Pre-Han China* (Bloomington: Indiana University Press, 1994), pp. 1-40。

第三章 二里头与二里冈：早期国家的建立与扩张　　47

新的被推举的首领，而是被禹的儿子启以武力夺取，于是建立了夏朝。按照这个故事在传统中的讲法，启的即位被认为是传统的首领推选制度的终结，以及中国世袭制王权国家的诞生。继启以后，夏王朝的统治持续了 16 代，直到夏朝的最后一位君主桀被商朝推翻。在夏朝早期，夏王朝曾一度被来自中国东部地区的一个由射手羿所领导的部落篡权。[6] 但当羿被家臣谋杀之后，夏王仲康恢复了夏朝，且又持续了 200 年的时间。

最早提及禹和夏代的是西周时期（公元前 1045—前 771 年）的文献，出现在《尚书》的某些章节以及《诗经》的一些诗歌中。[7] 关于禹和夏代的历史传说的年代可以早到西周时期，这一点被 2003 年发现的西周中期的一件青铜器豳公盨所证实，器上铭文所讲述的禹的故事与传世文献中有关禹的记载非常相似（Box 3.1；图 3.3）。夏王朝的完整世系最早出现在《竹书纪年》中，《竹书纪年》的年代可以有把握地定在公元前 3 世纪早期。事实上，《竹书纪年》直到公元 280 年被重新发现之前一直被埋葬在墓葬中。而对此一无所知的汉代史学家司马迁在《史记》中提供了另一个独立的夏代世系，与《竹书纪年》中的序列一致。[8] 换句话说，从西周到汉代一直有一个关于夏代史实的一致的传说。我们可以更进一步希望——如果夏代曾经存在过——在更接近夏时期的商代文字资料中发现与它有关的信息。但是事实并非如此，商代甲骨文中并没有任何有关被商人征服的夏代的信息。然而，商代甲骨文只是与那些仍然影响商代国家政权的力量有关的占卜记录；他们对所有存在于遥远过去且不再影响商王生活的敌对势力没有任何的历史好奇心。这一点又削弱了以上述理由否定夏代存在的反证的力量。

对于任何一个学者来说，想知道两个过程之间——明显存在于考古学资料中的国家水平社会的形成过程和传世历史文献中所传述的王权国家的建立过程——是否有某种联系，这是一个非常吸引人的，并且也是很自然的课题。有关早期中国历史年代的研究将商代之前的 3 到 4 个世纪定为夏代。而这一时间框架正好落在上文所述的二里头文化碳 14 测年（约公元前 1900—前 1600 年）的范围以内。事实上，在几个遗址中，二里头文化的地层覆盖在龙山文化的地层之上；在其他遗址中，它又被商文化地层扰乱或

---

[6] 射手羿的故事本身就很引人入胜，可能起源于东部沿海地区。在那里，面对天上 10 个太阳一起出现的危机，羿用他红色的弓箭，射掉了其中的 9 个太阳，因此拯救了将被烈日燃烧而摧毁的人类。见 Anne M. Birrell, *Chinese Mythology: An Introduction* (Baltimore: Johns Hopkins University Press, 1993), pp. 77-79。

[7] 《尚书》和《诗经》是儒家传统中流传千年的经典文献。简单说，前者收集了约 28 篇周代的政府文书，被认为是西周价值观念和典范政府的一个体现；后者是一部包含 305 首诗篇的诗集。两种文献最迟在孔子的时代（公元前 551—前 479 年）都已经存在了，并且两者都包括了很大一部分西周时期的作品。这两部古籍在第七章中将会更加详细地讨论。

[8] 《竹书纪年》是一个最初书写在竹简上的文本，西晋（265—316 年）时在河南北部战国时期（公元前 480—前 221 年）的一座墓中被发现。尽管是战国时期的文献，但其记载追溯至历史的开始。关于早期中国文本的流传问题，见 Michael Loewe (ed.), *Early Chinese Texts: A Bibliographical Guide* (Berkeley: Institute of East Asian Studies, University of California, 1993)。

Box 3.1

豳公盨和历史记忆

这件罕见的青铜器根据其类型学和装饰特点，可以定在西周中期（约公元前950—前850年），是最早的盨的例子。尽管它购自香港的古董市场，但器物的铸造特点证明它是一件真品。2003年初，豳公盨在除锈时器物上的铭文被发现，它使所有人都为之一惊。这篇长铭是纪念夏代创建者大禹德行的文章，很大程度上与传世文献中关于大禹德政的记载相类似（图3.3）。[9]

尽管这篇铭文不能作为夏代史实的证据，但它却是一个在西周时期已经存在并且可能广为流传的关于大禹统治的某种信仰的实物证据。更重要的是，铭文显示，在周人的意识中，国家和文明的最早历史是由像禹这样的文化英雄来体现的，他的高洁品德一直被颂扬，为当时的周王权提供了基础。关于后一点，铭文异乎寻常地超出了周人宗教—文化体系的范围，正如众多同时期铭文所显示的那样，这一体系很大程度上是由周人对自己祖先的崇拜所界定的。

天命禹敷土，陟山濬川。迺差方埶，征降民，監德。迺自作配嚮民，成父母，生我王，作臣。厥沬唯德，民好明德，憂在天下。用厥邵好，益康懿德。康匄不懋。孝友盂明，經齊好祀，無醜心。好德婚媾，亦唯協天。敬用孝神，復用禝祿，永孚于寧。

豳公曰："民又唯克用茲德，無悔。"*

上天命令禹开拓土地，翻越高山，疏浚河流。

因此，他（禹）砍伐树木，开辟土地为耕田，向被征服的人民收取赋税，监察德行。

他使自己成为（上天的）佳配，享有普天之下的人民，成为（他们的）父母，并诞生了我们的王权。

他用德行来沐浴自己，人民也爱戴这种美德——（他）关心天底下的芸芸众生。

（他）用他灿烂的善行去发扬和增强这种优良的美德，全力扶助那些不勤勉的人。

（他）孝顺、友好、开明且智慧；（他）有恒心，乐于祭祀，无邪恶之心。

（他）热爱美德，提倡婚姻，（他的做法）协和上天。

（他）敬畏神明，重复地享用好运和财富，永远生活在和平之中。

豳公说："愿人民永享这种美德！无怨无悔！"

[9] 豳公盨及铭文发表于《中国历史文物》2002年第6期，第4页，图版1。

* 本书中出现的器物铭文、出土文献均采用繁体字。——编者

图3.3
豳公盨和其内的铭文

叠压。此外，基于历史地理学的研究，这些早期资料也表明了与夏王活动有关系的各个中心与属于二里头文化的遗址分布在同一个地区，即河南西部和山西南部。[10] 总之，现有证据的确将二里头文化放入了传世文献所描述的夏代统治的同样一个时空范围之内。

对于很多中国的学者以及一些西方的学者来说，这种时间和空间上的一致性为那种把二里头文化作为夏代的物质文化，并把二里头遗址作为夏王朝都城的说法提供了一个合理的基础。事实上，在过去三十年里中国出版的许多研究著作都把对所谓"夏文化"的认定作为它们研究的基本前提。然而对另外一些学者来说，这种把二里头文化等同于夏代的观点缺乏任何基础；有些学者曾撰文强烈反驳这种等同，这实际上是在继续一场起源于20世纪30年代"疑古"运动的学术辩论（见第一章）。反对这种等同的最强有力的观点就是，在二里头遗址，或在可能与夏代历史记载有关的二里头文化的其他任何遗址中完全没有发现文字证据。由于文字证据的明显缺乏，我们无法把二里头同夏联系在一起。后一种观点在西方学者中获得较广泛的认同。

因此，这一问题不仅有趣，还可能引发学术甚至政治上的争议。[11] 然而，作为知识分子，我们的责任就是要将学术讨论与任何有政治色彩的观点或指责分开，因为这些观点和指责同样是基于意识形态而非证据。另一方面，我们要对证据的现有状况有面对现实的认识，同时要意识到所有可能的解释。首先，由于在二里头或在文化上有隶属关系的其他遗址中缺乏文字证据，目前确实没有办法确定二里头的确是夏的都城。在这样的证据被发现从而一个直接的联系——而不是逻辑的推理——建立之前，这个问题将永远保持开放。另一方面，我们目前也并没有证据将二里头同存在于相关时空范围内的另一个政体联系起来，从而证明二里头不是夏。如果有人想提出一个有力的论述来证明二里头不是夏的话，那么他（她）可以利用的唯一论据就是没有证据证明二里头就是夏。关于同时期文字证据的论点有一定的道理，但是它本身最终只是一个假设——即如果夏存在过，那么它必定会有一个文字系统，并且必定会产生我们需要的记录；但这一点也没有证据来证明。

由于无论是从试图证明还是反驳二里头和夏的关系都得不到

10
K. C. Chang, *The Archaeology of Ancient China,* 4th edn. (New Haven: Yale University Press, 1986), p. 319.

11
关于近期二里头和夏关系的争论，见 Liu Li, "Academic Freedom, Political Correctness, and Early Civilisation in Chinese Archaeology: The Debate on Xia-Erlitou Relations," *Antiquity* 83 (2009): 831-843。

实在的收获，我们似乎不可避免地要回到考古学的基本事实中去，并以一种共识作为出发点。这一共识就是，二里头是一个国家级别的社会，并拥有同时期黄河中下游地区其他任何社会都无可比拟的一定水平的政权和财富。从世界其他地区人类学研究的视角看，这样的社会很有可能为此后继续生活在华北地区的人们留下文化记忆上的深刻印象。也有可能，二里头的人们从未称呼自己为"夏"，这或许是敌人对他们的称呼，并流传到了西周，这使得"二里头—夏"的争论失去了焦点。关于传世的历史记载，如果我们不拘泥于它的字面价值，并且不被这种肤浅的"二里头—夏"的争论所羁绊的话，它们似乎在传达一个在人类学著作中众所周知的真实的历史瞬间——即由独立酋邦的前国家社会向国家的转变。早于商代的二里头国家在这个特殊的时刻恰好统治了历史记载中向国家的转变这一重大历史事件所发生的同一个区域。最终，这不是空间或时间的简单重合，而是在共同的时间和空间中发生的并行的历史过程和考古过程之间的联系，为我们理解二里头和传世文献中名为"夏"的中国第一个王朝国家的可能关系，提供了一个有意义的解释。

当然还有另一种可能性，即二里头不是夏的都城，而是传世文献中没有记载或未能保留下来的另一个国家水平社会的中心。这种可能性当然存在。但问题是：考古学摆在我们面前的这个青铜时代的国家究竟是什么？直到考古调查在商之前的黄河中游地区发现另一个权力和财富可以与之相媲美的青铜时代社会之前，二里头与历史传说中称作"夏"的早期国家的活动有关系这一可能性——尽管不能被证明——仍不能被排除。

商代的建立和商代早期的迁移

二里头这个都邑在公元前 16 世纪晚期陷落。近来所做的系统的碳 14 测年把二里头文化堆积中的最后一个时期确定在公元前 1530 年左右；这很接近先前历史学家们所认为的商代的第一年，即公元前 1554 年。[12] 随着商代的建立，华北地区进入了一个被王

[12] 见 David W. Pankenier, "Astronomical Dates in Shang and Western Zhou," *Early China* 7 (1981-1982): 3-37。吉德炜现在接受公元前 1554 年为商代第一年的观点，见 David N. Keightley, "The Shang: China's First Historical Dynasty," in Michael Loewe and Edward L. Shaughnessy (eds.), *The Cambridge History of Ancient China: From the Origins of Civilization to 221 B.C.* (Cambridge: Cambridge University Press, 1999), p. 248。

朝所统治的历史时期。它的历史发展——最典型地体现在商王世系中（图3.4）——被出土文字资料甲骨文所证实；它们的记录与传世文献中商王的世系高度吻合。就商代而言，尽管这个世系是以商晚期的占卜记录为基础而重建的（见第四章），但毫无疑问它表现出可以追溯到商代最初几个世纪的规则和制度。

然而，司马迁《史记》中关于商人起源的叙述带有明显的神话成分。根据这一叙述，商人的始祖名"契"，他的母亲吞下一枚"玄鸟"（燕子）产下的卵而怀孕生下契。这个神话在《诗经》的一首诗中被称颂。早期商人被认为主要从事贸易活动，但是因为他们生活在一个屡遭洪水威胁的地区（可能在东部平原），因此大约在与西方的夏代同时期，商人先后迁移约八次。大约在现今河南北部，契之后的第六代首领王亥在与一个贪婪的酋邦政权进行贸易时被谋杀，并且货物被偷走。他的侄子上甲为了复仇而征服了那个政权。

上甲恰巧是晚期商王频繁祭祀的商王朝建立前的第一位祖先（图3.4，P1）。对于商人作为一个国家和政权的崛起来说他一定至关重要，尽管对此更多的信息已经丢失。经过五世之后，在汤（在甲骨文中被称为大乙）的领导下，商人最终成长为一个重要的政权（图3.4，K1）。约公元前1554年，汤从都城"亳"出发，并在其东部盟国的帮助下，征服了夏朝并建立商朝。然而，甚至在商朝建立以后，由于传统文献中所说的各种各样的自然或政治上的原因，商人可能又五次将他们的政治中心迁移到不同的地方，其中最重要的有中丁（K9）的都城隞，戔甲（K11）的都城相，以及般庚（K18）的都城殷（现今安阳）。

除商朝最后一个都城（位于河南北部的安阳，在那里发现了商代甲骨）外，考古学还没有确定其他商朝中心的位置。除了考古工作自身的局限性外，传统文献中对所谓"迁都"的解释也可能存在问题。很有可能，有的商王在某一时间内建造了不止一处基地，并且频繁地在它们之间往来。有些中心的规模可能很小，并且只是被商王用作临时使用之地，因此，它们在考古田野调查中很难被确定。然而，强有力的证据证明有两个中心可能在上述所提到的商朝的国都之中，它们都离二里头遗址不远。

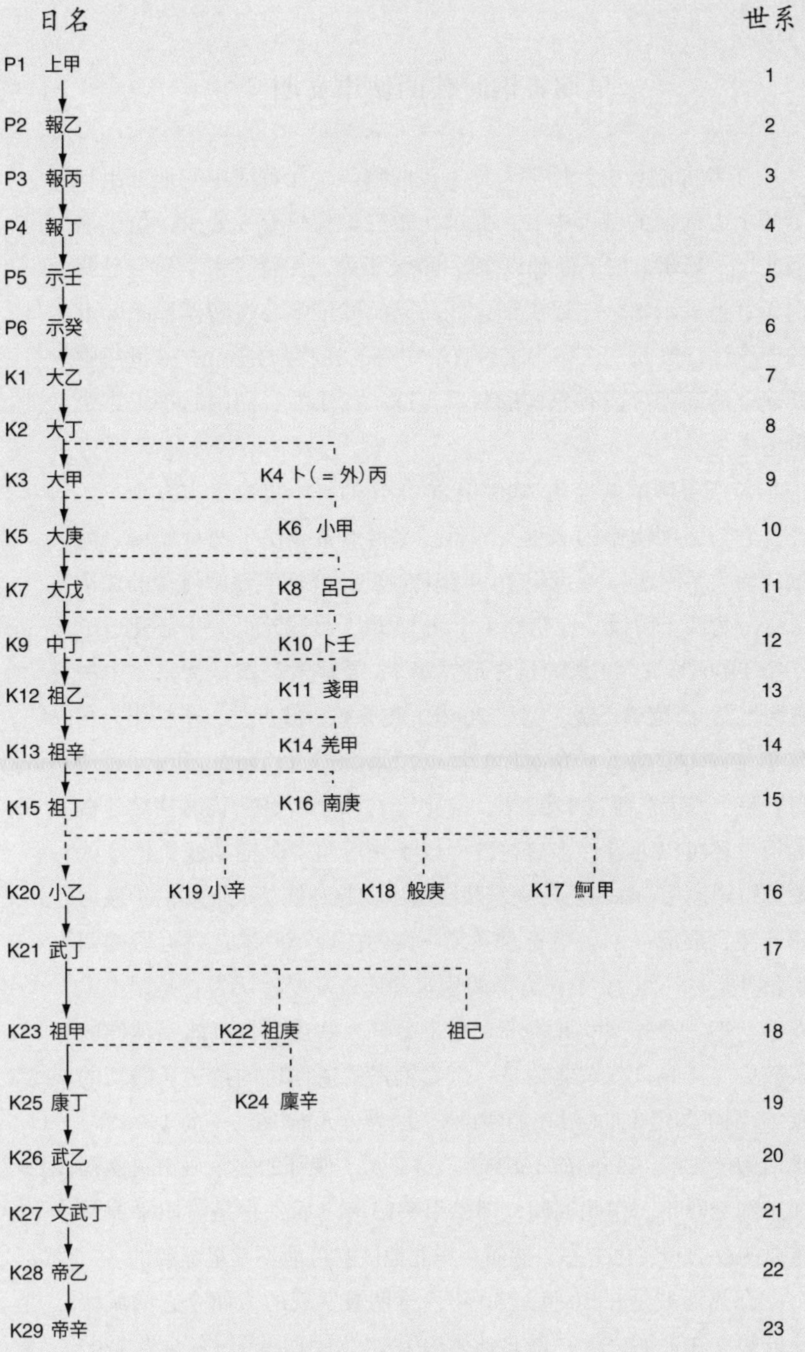

日名		世系
P1 上甲		1
P2 報乙		2
P3 報丙		3
P4 報丁		4
P5 示壬		5
P6 示癸		6
K1 大乙		7
K2 大丁		8
K3 大甲	K4 卜(=外)丙	9
K5 大庚	K6 小甲	10
K7 大戊	K8 呂己	11
K9 中丁	K10 卜壬	12
K12 祖乙	K11 戔甲	13
K13 祖辛	K14 羌甲	14
K15 祖丁	K16 南庚	15
K20 小乙　K19 小辛　K18 般庚　K17 䱷甲		16
K21 武丁		17
K23 祖甲　K22 祖庚　　祖己		18
K25 康丁　K24 廪辛		19
K26 武乙		20
K27 文武丁		21
K28 帝乙		22
K29 帝辛		23

图3.4
商王世系表

早期青铜时代的城市文明

在考古记录中，伴随着二里头的陷落，在黄河中游地区出现了两个大规模的城市中心：偃师，距二里头只有5公里，位于洛河北岸；郑州，位于偃师以东约90公里处。尽管考古学研究已明白无疑地揭示出从二里头到这些新兴的城市中心在陶器形态学上的连续性，然而，二里头之后政治中心的迁移与公元前16世纪中期建立的商朝可能有怎样的联系，这一点让学者们困惑了近半个世纪之久。

位于偃师的城址是20世纪80年代的一个重要考古发现。尤其是它与洛河南岸的二里头邻近，这自然就提出了两个城市之间的政治关系问题。20世纪90年代持续的研究证实偃师城墙的建造可以分为两个阶段。在初期（Ⅰ期），以1号建筑群为中心建造了一个1100米×740米的长方形城墙；1号建筑群被认为是"中央宫殿区"，由围墙环绕，宽约20米。在Ⅱ期，城市进一步扩张，在其东北方向建造了一个附加城墙，用来保护这片新的区域；经测量，整个城市东西宽1200米，南北长1700米。偃师商城连续建造的历史还可以通过许多建筑群中属于先后两个时期的建筑遗迹的发掘得到证实(图3.5)。中央宫殿区由壕沟与环绕外层城墙的护城河相连接，形成一个城市排水系统。大约向西100米，靠近城的西南角处是另一组15个长方形的建筑基址，发掘者认为它是城中主要的仓库。在外城的北半部发现了另外一些房址，可能是他们的宗教中心，并且其东北角是一个青铜器铸造作坊的遗迹。最新的碳14测年测定Ⅰ期(最初的建设阶段)为公元前1605—前1490年，Ⅲ期为公元前1425—前1365年。这显示，偃师的整个城市可能存在了约250年。在此期间，即二里头陷落之后，它是洛阳平原最重要的政治和文化中心，然而在华北地区它可能不是最显赫的。

郑州商城是在20世纪50年代早期被发现的。如今它的城墙依旧竖立在地面之上，南北延伸约1870米（西墙），东西为1700米（南墙），总面积接近3,179,000平方米（317.9公顷），比偃师的城市大得多。尽管大家对这个城墙的知晓已有40余年了，然而20世纪90年代的新研究完美而清楚地呈现了这样一个事实，即此城

第三章　二里头与二里冈：早期国家的建立与扩张　　55

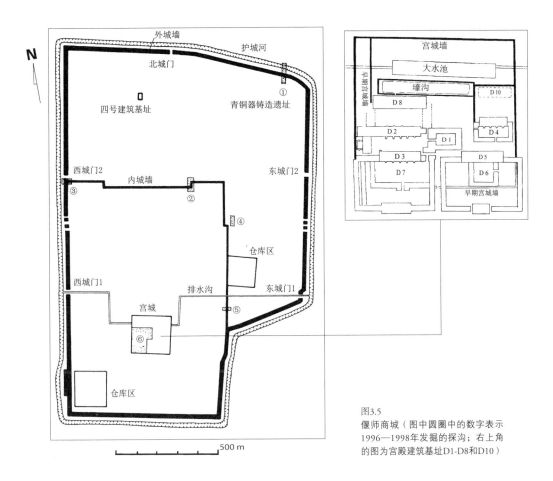

图3.5
偃师商城（图中圆圈中的数字表示1996—1998年发掘的探沟；右上角的图为宫殿建筑基址D1-D8和D10）

墙只环绕着曾经位于郑州的这一大型都市的核心区域。考古学家在它的南方发现了一段外部城墙，延伸大约5000米，如果完整的话，它可以环绕一个约2000公顷的区域（图3.6）。换句话说，整个郑州商城的面积是偃师商城的近10倍之大。内城以南约500米处是有名的二里冈遗址，于1953年被发掘。因为这个时期的物质文化首先是在此遗址中被发现的，因此产生了"二里冈文化"一词。基于地层学的证据，考古学家进一步将二里冈文化分为两个阶段——二里冈上层和二里冈下层，郑州内城即建造于二里冈下层时期。[13]

然而，郑州内城的考古学资料质量不及偃师，主要是因为此地区大部分被埋在现代城市以下，开展田野工作非常困难。两层城墙圈之间有许多居址、葬地和作坊。这包括20多处出土成组青

13
K. C. Chang, *Shang Civilization* (New Haven: Yale University Press, 1980), pp. 263-283.

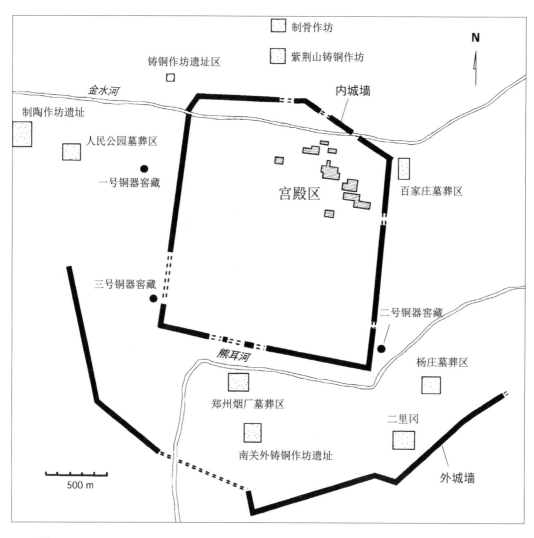

图3.6
郑州商城

图3.7
郑州出土的青铜器

铜器的贵族墓葬和数百个只出土陶器的墓葬。同二里头相比，这些墓葬显示了在相对大规模的墓葬中埋葬青铜容器和武器是一种惯常的做法。然而在郑州，青铜器也常常出自专门准备的窖藏中，包括一些郑州青铜制造业的杰作。最重要的是1974年在杜岭和1996年在南顺城街发现的青铜器窖藏（图3.7）。这些窖藏中出土的青铜器非常重，并且工艺更为先进，表明了比起二里头，郑州的青铜器制造业达到了一个更高级的发展水平。技术上更难以制作的大体积方形容器的铸造是最好的证明。[14]

基于15个碳14样本的年代，我们可以准确地将二里冈下层的年代定在公元前1580—前1415年。换句话说，郑州内城开始建造的时间与偃师内城大致相同，此后两个相距90公里的中心共存了200年左右，覆盖了历史分期上的商代早期阶段。尽管在郑州只发现了3片刻有文字的甲骨，而且凭借当时的这些书写证据也不能建立起这座大城和商代的关系，[15] 然而，郑州和商代晚期都城安阳在物质文化和书写系统上的极大延续性，必定为学者思考这个早于安阳的城市建造背后的历史背景提供了依据。一些人认为，它是亳的遗址，即商朝创建者商汤（K1）以来的都城及其政治中心；另一些人认为，它是商朝第二个都城隞，建造于商朝中期第九代王中丁统治期间。[16] 近年来，这种分歧明显缩小，并且学者们目前多把商代中期同晚于郑州的另一处重要遗址联系起来（这样看起来似乎更为合理），使郑州商城符合的唯一时间范围确定为商朝早期（见第四章）。但是它的历史地名仍旧不能被确定。

同郑州相比，偃师商城显然是一个较小的或次要的中心。鉴于偃师的文化复杂性及其在地理上邻近二里头，许多人认为它是以郑州为中心的商朝国家的一个据点；并且认为洛阳平原主要居住着商朝新近征服的夏的人口，商王朝需要对其进行严密的监视。尽管目前看来这个问题仍然有讨论的余地——尤其是当提到夏代问题的时候——然而在考古学资料中，二里头向偃师的转变一定对应着发生在洛阳平原的一场重要的政治变化，它足以使这个区域真正地同东部商朝国家更大的地缘政治实体整合在一起。近来一项重要的考古天文学研究揭示：二里头建筑基址的方向约为北偏西6—10度，偃师城的建筑方向约为北偏东7度，这一定是使

14
Thorp, *China in the Early Bronze Age*, pp. 85-99.

15
高嶋谦一最近讨论了郑州出土的甲骨文，见 Ken-ichi Takashima（高嶋谦一）, "Literacy to the South and the East of Anyang in Shang China: Zhengzhou and Daxinzhuang," in Li Feng and David P. Branner (eds.), *Writing and Literacy in Early China*, (Seattle: University of Washington Press, 2011), pp. 141-172。

16
Chang, *Shang Civilization*, pp. 271-272.

建筑向正北对齐时观测不同恒星的结果。所有商代遗址的建筑都遵循我们在偃师商城所看到的建筑的方向（北偏东），包括郑州和安阳，这是商文化的一个重要特点。[17] 这强有力地表明，尽管在陶器类型学中存在连续性，二里头向偃师／郑州的转变可能与发生在华北地区的一场政治和宇宙哲学文化的根本性变革相一致；若不是旧政权的崩溃，则可能与一个新王朝的建立有关。

二里冈的扩张：从物质文化中看到的政治格局

在商之前的三个世纪里，二里头是迄今为止我们所知道的唯一一个拥有发达青铜器制造业的社会；二里头中心以外的社会生活基本类似于先前的龙山时期。这个现象促使一些学者提出，中国早期国家的基本功能就是集中青铜器的生产并控制它们向地方贵族的分配。[18] 然而，这种形势发生了戏剧性的改变，二里冈时期结束了在青铜器使用（可能也包括生产）上的单一中心的垄断。青铜器开始在离郑州稍远一些的地方被发现，比如山西南部的垣曲和长江中游地区湖北中部的盘龙城。很明显，青铜器制造业在郑州之外，像偃师和垣曲这样的区域中心得以开展。

考古发现表明，先前在二里头发展的青铜器制作技术的传播过程实际上是从河南中西部向遥远地区的更大的文化扩张的一部分（地图 3.2）。标准的二里冈陶器类型在西部渭河河谷的几处遗址中都有发现。在北方，河北中部和南部地区发现了同样的陶器群；在南方，盘龙城及相关遗址提供了在长江中游出现二里冈文化的一个无可争议的例子。显然，一个广泛的文化同质化过程发生在二里冈时期，产生了在之前任何新石器文化下都未曾实现过的一个巨大的地域文化整合，并且在二里冈时期以后便不再继续。当然，我们无法断定考古学中所看到的文化扩张范围是否被二里冈商代国家的政治扩张所支撑或受其影响，因为物质文化和政治实体之间的关系永远不会是直接的。通常政治系统的扩张有两种形式：通过系统本身的扩大，或是通过对系统的复制来产生在不同程度上相互竞争的自主单元。二里冈商代国家的扩张可能同时采用了

17
David W. Pankenier, "A Brief History of Beiji (Northern Culmen): With an Excursion on the Origins of the Character Di," *Journal of American Oriental Society* 124.2 (2004): 211-236.

18
Liu and Chen, *State Formation in Early China*, pp. 133-137.

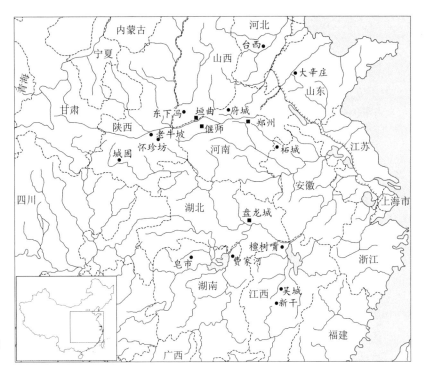

地图3.2
二里冈和同时代或近乎同时代的青铜文化社会

上述两种形式。

　　一些区域中心，如盘龙城，可能的确与在其北方约500公里远的郑州二里冈国家有直接的政治关系。这座带有城墙的遗址位于湖北省长江北岸附近的一座小山顶上。城墙是在20世纪70年代被发掘的，经测量为290米×260米。在其中心的北部发现一座长方形的建筑基址，为遗址的主体结构。在城外的几个地方，考古工作者发掘出了一些大型墓葬，并出土了与郑州相同的青铜容器和武器。不仅是这些铜器，在盘龙城区发现的陶器类型也与郑州的极为相近。这种高度的一致性强有力地暗示了盘龙城遗址可能是二里冈商代国家的一个远方殖民地。更重要的是，盘龙城位于一条古代道路的最南端——这条路在北部穿过南阳盆地到达古云梦泽以东的长江北岸地区，它处在横跨长江向南进入湖南和江西省的一个关键点上。近年来在江西省铜岭发现的一个铜矿遗址显示了盘龙城可能正好是由长江中游向北部运输铜原料的关键地点（Box 3.2）。

　　在二里冈的影响下，距偃师—郑州轴线较远的一些区域，青铜文化逐渐成熟，这些区域在政治上几乎是独立的，且文化上与二里冈不同。江西北部吴城文化的兴起明显是对长江中游地区与二里冈相关的政治和经济活动的回应；在东方，一个青铜时代的

Box 3.2

早期中国的采矿业

过去的半个世纪里,考古学家在理解青铜器工业的技术体系方面取得了重要的进步,这一工业支撑了商和西周国家以及中国青铜时代的其他社会。现代的地质勘测显示,中国铜矿床最丰富的集中地在现今湖北、湖南和江西省境内,沿长江南岸的山脉中。1973—1975 年,在大冶市西部的一个名叫铜绿山的山坡上发现了一个重要的古代采矿遗址,距离最近的湖北省境内的长江江段约 40 公里。铜绿山的古代采矿活动可分为露天开采和地下开采;地下开采是通过与竖井相结合且用木结构支撑的密集的水平隧道来实现的。考古学家们清理了 5 个大的隧道群,出土了大量的木质和青铜工具、搬运筐及古代矿工们用来吃饭的陶质容器。铜矿周围的地区散布着许多冶炼遗址,考古学家们在那里发现数吨的炼渣和熔炉的遗迹。这表明铜矿开采后是在本地冶炼,并以铜锭(也在遗址中发现)的形式运出来。采矿遗址中的两个木质标本经碳 14 测定为距今 3140 ± 80 和 2750 ± 70 年前,年代大致相当于西周时期。

1989—1992 年在江西省瑞昌发掘了一个名叫铜岭的古代矿区,它位于大冶市东南部约 50 公里处。在这里发现许多古代矿井,发掘还显示他们遵守同样的用木质框架来固定地下隧道和竖井的做法。同时,在这些隧道中发现了大量的青铜工具、木质设备和用来运输矿石的竹篮。有趣的是,在同样的环境下也发现了陶质容器,其类型与在盘龙城发现的陶质容器非常相似,属于北方的二里冈上层到商代中期文化(图 3.8)。在矿区还发现其他类型的陶器,其年代晚至战国时期。从矿区中抽取的 20 多个碳化标本的年代在距今 3330 ± 60—2365 ± 75 年前,支持了根据陶器类型学所建立的年代。它们显示了从大致与北方商代中期同时开始到战国时期,当地的铜矿一直在开采中。在最早期阶段,采矿活动究竟是由江西吴城文化的地域团体还是由与盘龙城有密切交流的某些商代贵族管理,这仍旧是个没有解决的问题。然而,几乎可以肯定的是,此地域是支撑以郑州和安阳为中心的青铜业繁荣的重要铜矿来源。[19]

---

[19] 见江西省文物考古研究所等编:《铜岭古铜矿遗址发现与研究》,南昌:江西科学技术出版社,1997 年。

图3.8 江西铜岭发现的采矿遗存：1，古代采矿竖井；2，冶炼现场的铜渣；3，竹篮；4，木辘轳；5，商文化风格的陶鬲

中心位于山东西北部现今济南市附近。在西方，陕西西安附近发现了另一个青铜文化的区域中心。这些地域性青铜文化中心的出现与二里冈时期的结束几乎同时，并且在与河南中部和北部的商代中期相同的时期内发展繁荣。很有可能，这些遗址中至少有一些是新崛起的国家水平社会的中心，在商代剩余的几个世纪中同商相竞争。

建议阅读

- Liu, Li, and Chen Xingcan, *State Formation in Early China,* London: Duckworth, 2003.
- Liu, Li, "Academic Freedom, Political Correctness, and Early Civilisation in Chinese Archaeology: the Debate on Xia-Erlitou Relations," *Antiquity* 83 (2009): 831–843.
- Chang, K. C., *The Archaeology of Ancient China,* 4th ed., New Haven: Yale University Press, 1986.
- Chang, K. C., *Shang Civilization,* New Haven: Yale University Press, 1980.
- Thorp, Robert, *China in the Early Bronze Age: Shang Civilization,* Philadelphia: University of Pennsylvania Press, 2006.
- Nienhauser, William H. ed., *The Grand Scribe's Records,* vol. 1, *The Basic Annals of Pre-Han China,* Bloomington: Indiana University Press, 1994.

第四章

安阳与远方：
商和同时代的青铜文化

1
见联合国教科文组织（UNESCO）"世界文化遗产名录"之"殷墟"（ref. 1114）: http://whc.unesco.org/en/list/1114。

2
在对甲骨文发现的解释上存在一些差异。另一种说法是甲骨被来自山东的一位陈姓商人从河南北部直接带到王懿荣在北京的住所。

3
"金石学研究"最初是在北宋（960—1279 年）发展起来的一门中国本土的学问，那时的学者开始收集和研究石碑与青铜器上的铭文，作为解释古代礼制的一种方式。宋代大约有 20 部这类的著作出版。在 17—19 世纪的清代，这门学问开始复苏。它被看作近代以前（pre-modern world）考古学的根源之一。参见 K. C. Chang, *The Archaeology of Ancient China*, pp. 4-13; Bruce G. Trigger, *A History of Archaeological Thought* (Cambridge: Cambridge University Press, 1989), pp. 42-43。

如果我们要指出这样一个考古遗址，它能够在长达半个多世纪的时间内连续不断地为理解早期中国文明本质的各类学科研究提供灵感的话，那它一定是安阳。这个沿河南北部洹河延伸约 24 平方公里的巨大商代都会不仅是"中国考古学的摇篮"，而且还是一个联合作业的坚实基地，即受文献启发而对商王朝国家政治历史的研究和旨在阐明其物质文化特征的调查。自新世纪开始以来，安阳持续不断地向人们提供了许多惊人的新发现，明显地加深了我们对于商代国家和文明的认识。当安阳殷墟庆祝其考古发掘 80 周年之际，它新近被授予的"世界文化遗产"称号的确是当之无愧的。[1]

发现晚商

北京那些寒冷的冬日见证了曾经辉煌的清帝国的崩溃，那时饥荒和疟疾轻而易举地就可以征服帝都的大街小巷。在 1899 年即将结束之际，国子监祭酒王懿荣染上重疾。他的仆人从北京南部商业街的药铺带回来两袋中药，其中有被称为"龙骨"的东西。[2] 由于他对传统金石学研究的造诣，[3] 王懿荣立即注意到刻在这些骨头之上的是古代的书写；因此他让仆人返回药铺，高价购买了剩余的几百片"龙骨"。大约 8 个月后，八国联军入侵北京，仓皇出逃的清朝廷任命王懿荣指挥留守的清军来保卫京城。这是不可能完成的任务！在联军士兵突破清军防线进入京城后，王懿荣看到帝都罹难，为了保持他对皇帝和人民的忠诚而投井自杀。约300片甲骨由其子转交给王懿荣的朋友——著名学者刘鹗（号铁云），后来刘鹗因慈禧太后下令被放逐到新疆乌鲁木齐。1903年刘鹗精选千余片甲骨，编成《铁云藏龟》，成为第一部甲骨文著录书籍。

尽管古代甲骨及其书写的发现不久便被知识界所知晓，尤其是在北京和天津，然而学者们却花费了将近10年时间来确认其作为商代遗存的历史意义。至1911年清末，中国著名的收藏家罗振玉将大约2000片新近收集的甲骨整理出版，它们极大地丰富了这些稀有的占卜文字的内容。在1915—1920年间发表的一系列文章中，另一位甲骨学的先驱王国维根据甲骨上记录的一些周祭表成功地重建了商王世系，可以追溯到商朝建立之前的先祖。当他把这个商王世系和司马迁《史记》中记载的商王世系进行对比时发现，在传世文献中只有先祖报丁（商朝建立前上甲之后的第四位先公）（图3.4）的位置被调换了（《史记》中，他是上甲之后的第一位先公）。另外一处错误是中丁（第9位王）之子祖乙（第12位王）的位置，但在文献中祖乙被错误地当作戋甲（第11位王）的儿子。尽管有这些错误存在，司马迁所记载的商王世系大部分还是准确的。

甲骨的出土地最终被追踪到河南北部的安阳，它如今是一个中型城市。这并不意外，因为汉代文献中有明确记载，证明安阳是第18位商王般庚的国都。晚至汉代，安阳附近的洹河南岸地区仍然被称为"殷墟"（图4.1）。对甲骨文的进一步研究证实了它们的确是从武丁（第21位王）到商末时期商王的占卜记录。般庚迁都殷之后的前三位王的记录（包括般庚在内），在目前的甲骨文资料中尚没有得到确认；因此这三位较早时期的商王是否被埋葬在安阳是一个疑问。然而由于新世纪里的一个重要考古学发现，这个问题得到了令人满意的回答（见下文）。传统上认为，在商王般庚将都城迁至安阳以后，直到商代灭亡的273年的时间里，商再未迁都。然而这后半句话现在看来并没有那么准确。

图4.1
安阳殷墟

晚商大都会：王室生活和经济力量

  基于从甲骨文和历史记载中所知的关于安阳遗址的基本信息，1928年到1937年抗日战争爆发期间，中央研究院历史语言研究所在安阳计划并实施了15次大规模的发掘。随着抗战前及战争期间一系列重要报告的出版，安阳很快成为国际知名的考古学遗址。1949年以后，中国科学院考古研究所（1977年以后属中国社会科学院）接管了安阳的发掘工作，并在过去50年间持续带来许多重要的发现。随着王陵区另外两座大墓的发掘和出土大量甲骨的两处窖藏（其中一处最近才发表）的发现，以及大量青铜器和其他类型遗物的出土，我们对于这一巨大的遗址及其物质财富有了一定的了解——这是商文明的中心。安阳遗址总计约24平方公里（或2400公顷），至少比同时期华北平原上的任何二级水平的聚落大45倍，比小型村落大200倍。

  这个巨大的都城遗址的中心恰好位于沿商王宫殿区边缘向东南而流的洹河弓形的下方（图4.2）。"洹"（河）这一名称在商代就已经在使用了，同样的字在商代甲骨和青铜器上都有出现。一条

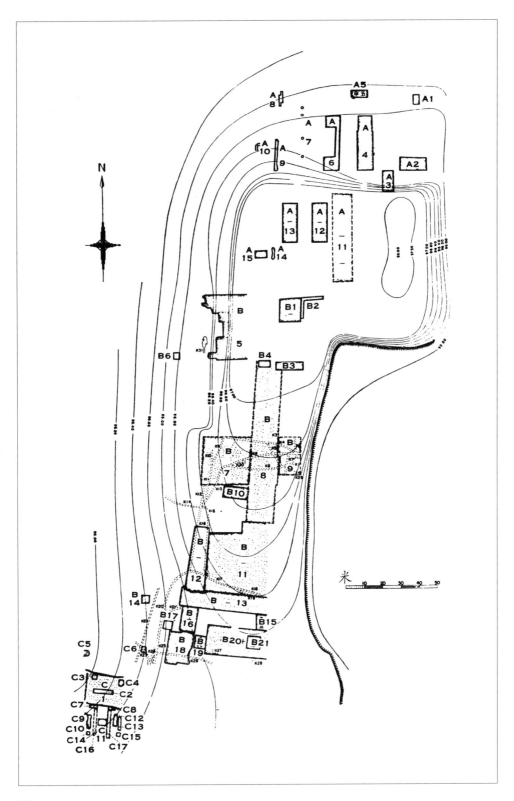

图4.2
安阳的商王宫殿区

长 1800 米的深壕沟防护着宫殿区的南部和西部，但沿着壕沟没有城墙。由于比之郑州的城市中心有更好的保存条件，我们对这处位于俯瞰洹河的高地上的宫殿区的内部组织有了一个更为清晰的了解。整个宫殿区由多达 53 处大规模的建筑基址组成，考古学者将其分成三组，并且有信心判定每一组的功能。B 组位于中心，由 21 处基址组成，显然是整个区域的焦点。它以两处早期建筑阶段的大型基址为中心，另一座 85 米长的晚期基址（B8）叠压在早期基址之上。在建筑物的下面或建筑群周围（特别是在其西侧）发现了许多小的埋葬坑，这表明本组建筑至少有一些可能具备礼制或信仰功能。很有可能这些建筑是商王和商代国家的占卜官员曾经主持活动的地方。C 组紧靠 B 组的西南角，并且主要的基址 C1 居于主导地位；这座基址又被更小的建筑条带和大量的祭祀坑所环绕。发掘者认为，C 组为宗庙建筑，其建造晚于 B 组，或许建于商代末期。A 组位于 B 组北面，由 15 处建筑组成，主要为南北走向，门向东开。在这一区域极少发现祭祀坑，因此，发掘者认为它应为商王和其家族的居住地。[4]

所有的木结构建筑被建造在夯土台基之上。很明显这一建造过程伴随着仪式性的杀戮和祭祀活动，甚至持续到建筑完成之后。墙体也被建造在夯土之上，用木头柱子作为内部的支撑结构，并且它们的表面也经过了仔细处理。

穿过洹河向北是被称作西北岗的大片区域，那里是商的王陵区（图 4.3）。现今这片露天区域用围墙环绕成为一处遗址博物馆，总共发现有 13 座大墓，并分为两个大区。

西区由 7 座带有 4 条长斜坡墓道的大墓和另外一个未完成的巨大深坑组成。与之相隔约 200 米，东区由 1 座带有 4 条斜坡墓道的大墓和其他 4 座带有单斜坡或双斜坡墓道的墓葬组成。以 1001 号墓为例，墓坑约 10 米 × 10 米，底部有木质椁室；椁室的每个角落埋葬着持有青铜戈的护卫。在墓道底部和填土中也发现了人骨。显然，人殉和人牲是商文明的一个重要特征，并且是商代丧葬行为中不可分割的一部分。从这点来讲，最令人惊讶的是在东区环大型墓葬的大片区域之上的祭祀坑。迄今为止，2500 多个祭祀坑被发现，其中发掘了约 1500 个，每个祭祀坑埋葬有 10—

[4] K. C. Chang, *Shang Civilization*, pp. 90-99.

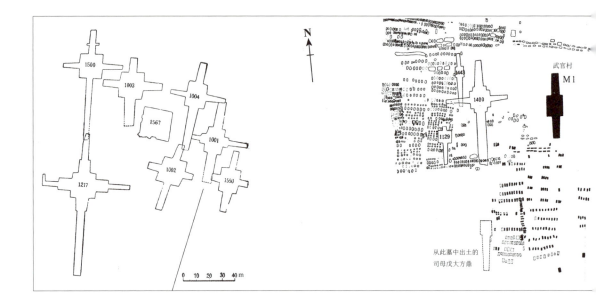

图4.3
商王陵区和1001号大墓(上为商王陵区的平面图;下为1001号商王大墓)

15 例人骨（全躯或无头躯）。毫无疑问这是商代甲骨文中所记载的为大墓中埋葬的逝去商王献祭所用的人牲遗骸。至少有 30,000 个殉人在王陵区进行的宗教祭祀活动中以这种方式被杀死。

学者们已经对西北岗墓地的文化和宗教含义有了充分了解。但是王陵本身出土东西极少（安阳陷落以后这里好像遭遇过盗掘），所以对于具体的商王墓葬的墓主问题一直存在争议。学者之间的不同意见主要体现在两个基本方面。首先，是否只有 4 条斜坡墓道的墓葬（总计有 8 个）属于商王？还是王陵也包括只有两条斜坡墓道的墓葬（总共有 3 个）？第二，是否 12 位商王都被埋葬在西北岗，或是他们中的一些可能不在王陵之中？ [5] 根据过去 30 年间累积的陶器序列的新知识，1981 年安阳考古队否定了最初三个王——盘庚、小辛和小乙（也曾在安阳进行过统治）埋葬在西北岗皇家墓地的可能性。这使他们认为 8 座带有 4 条斜坡墓道的墓葬与从武丁（第 21 位王，1001 号墓葬的墓主）到帝乙（第 28 位王，1003 号墓葬的墓主）之间的八位商王有关，未完成的 1567 号墓属于最后一位商王帝辛。[6] 近年来的安阳考古发现显示最初三位商王极有可能不在西北岗墓地中，因为另外一个商中心也在安阳范围之内，且年代上早于宫殿区建筑基址和已知的王陵墓葬（见下文）。

由于晚商时期的气候相对温暖湿润，洹河的水量一定会比今天更为丰富，它为这个商代都会提供了一条重要的生命线。甲骨文记载商王屡次为洹河的神明奉献祭品。正如新近发现的青铜龟——作册般鼋（Box 4.1）上生动展示出来的，洹河为商王及其侍从举行各种宗教活动和休闲娱乐提供了一个适宜的场所。近来田野考古工作发现了一个大的池塘，位于王室宫殿的西部边缘，池塘同洹河相连，这可能为商王登船游览洹河提供了一个便捷的地点。河流的两岸坐落着许多小型居住遗址，比如那些在河东岸的几个地点发掘的遗址。最新的考古发现显示，在西岸，靠近宫殿区的区域可能被大片贵族住宅所占据，包括商王室王子们的宫殿。在更南边一个叫苗圃的地方，考古工作者发现了一个大规模青铜铸造作坊的遗迹。尽管在安阳的许多地点发现了中型或小型墓葬，但是这类埋葬最集中的区域似乎位于所谓的安阳"西区"，即宫殿区西

---

[5] 例如，在 1975 年，弗吉尼亚·肯（Virginia Kane）首先提出所有 11 座两条或四条斜坡墓道的墓葬属于从盘庚（王 18）到帝乙（王 28）的 11 位商王，未完成的 1567 号墓是为最后一位王帝辛——被入侵的周的军队所杀——而准备的。参见 Virginia Kane, "A Re-examination of Anyang Archaeology," *Ars Orientalis* 10 (1975): 103-106, 108-110。尽管张光直同意双道和四道的都是商王墓葬这一基本观点，然而他认为墓地的两个区包含了从盘庚以来商王们的世代交替埋葬（西区：第 1、3、5、7 代；东区：第 2、4、6 代）。见 Chang, *Shang Civilization*, pp. 187-188。

[6] 在此体系下更加具体为：1001（武丁）→ 1550（祖庚）→ 1400（祖甲）→ 1004（廪辛）→ 1002（康丁）→ 1500（武乙）→ 1217（文丁）→ 1003（帝乙）→ 1567（帝辛）。

作册般鼋：
一件铸铭商代青铜器的例子

铜器刻铭始于安阳早期。然而，纵观整个安阳时期（主要是后半段），只有少量的铜器铭文提供了叙述性的情节，大部分铭文是由被认为是族徽的单个图形标记构成的。这件铜器被铸成龟的形状，从头到尾长为21.4cm，肩部和背甲立有四支箭头。沿背甲中线铸有4行33字铭文（图4.4）。

铭文内容解释了这件青铜鼋的来源，并将它置于安阳的历史背景和地理环境之下：

> 丙申，王诞于洹，获。王一射，紐射三，率亡（无）废矢。王令（命）寝馗兄（貺）于作册般，曰："奏于庸，作女（汝）寶。"[7]

---

[7] 朱凤瀚：《作册般鼋探析》，《中国历史文物》2005年第1期，第6—10页。

图4.4
作册般鼋

侧的广阔区域。

21世纪伊始带来了一些重要的新发现,这使我们能够更加充分地理解安阳经济生活的复杂水平,尤其是在手工业生产方面。2003—2004年,在安阳西部边缘孝民屯以北,一处面积为380米×100米的区域内发掘出一大群青铜铸造设施,出土多达70,000件陶范和约100件青铜器泥模,以及多数其他类型的物件。这是迄今发现的商代最大的青铜器铸造遗址,并且它提供了有关安阳青铜器制造业在组织、生产过程和技术方面重要的新信息以供更进一步的研究。之后不久的2006年,在一个10米宽的探沟中发掘出大约34,000公斤加工过的骨料,它是一个巨大的制骨作坊的一部分,据估计总面积为17,600平方米,位于安阳南部苗圃的北侧。这些骨料依次被清洗、切割并被制作成各种类型的工具,它们主要来自大型牛科动物(有些为猪)。近来的分析显示,制骨作坊每天曾制作出大约77件骨制品,在作坊运行的150多年间,总计生产超过400万件产品。如此庞大的数字增加了这样一种可能性,那就是作坊生产的产品不仅供安阳本地贵族使用,还可能用来与安阳之外的地区进行市场贸易。[8]

妇好墓和青铜铸造业的进步

1975年,安阳的一个惊人发现——妇好墓的发掘——恰好弥补了考古界对于西北岗地区王陵中极少发现遗物所带来的失望。尽管它本身不是一座王陵——因此规模不大,然而墓主人被认为是安阳最有影响力的商王武丁(第21位王)在政治上最为活跃的配偶。武丁时期的甲骨文提供了不少关于妇好的信息。商王武丁曾经占卜妇好是否会产下一个儿子;他也曾占卜她跟随商的一位著名将领参加一次军事行动中的运气。另一则甲骨文记录了她在远离安阳的一个地方征集士兵。其他还记录了妇好率领由10,000多名士兵组成的军队同商西方的羌人作战的事情。妇好无疑是整个安阳时期最有成就的王室女性。

妇好的墓葬(5号)不在西北岗,而是在宫殿区西部的C组

[8] 见 Roderick B. Campbell(江雨德), Li Zhipeng, He Yuling, and Jing Yuan, "Consumption, Exchange and Production at the Great Settlement Shang: Bone-Working at Tiesanlu, Anyang," *Antiquity* 85 (2011): 1279-1297。

建筑基址以西约 150 米处，这清楚地表明了她的特殊地位及其同在位商王的密切关系——武丁想必是要同她的灵魂保持密切联系。上述这座墓坑是在她享堂的地基之下，并且实际上恰好是夯土基址防范了盗墓者的侵扰。墓中出土近 2000 件遗物，其中最重要的是多达 468 件的青铜容器和武器（图 4.5）及 755 件精美的玉器，使之成为迄今安阳发掘的最富有的墓葬。[9] 试想如果任何一座王陵都未遭洗劫的话，那么将会从中发掘出多少有价值的物品？当然，这不过是合理的推想罢了。一些铭文中把妇好称作"母辛"的青铜器可能由其子所铸；其他一些在成为随葬品之前，可能被她用在各种礼制和宗教场合中。它们代表了晚商期间青铜器制作的最高水平。

艺术史学家罗越（Max Loehr）曾将安阳时期的青铜器划分为五种不同的风格，每一种代表青铜艺术从简单到复杂演变的一个阶段（图 4.6）。[10] 风格 I 和 II——最早的两种类型——为单层宽带和细线图案，主要流行于二里冈到安阳早期。然而，妇好墓的发现显示出，代表罗越演化模式最后阶段的设计繁复的风格 V 型已经在安阳早期由（为）妇好所铸的青铜器装饰图案中占据了主导地位。换句话说，罗越对于安阳青铜器年代序列的分析在方法论上完全是错误的；它仅有的价值在于这是一个风格分类的体系。[11] 对于风格 III—V 型青铜器在使用上的选择可能完全取决于艺术家和其雇主们的偏好，当然也有对于他们想要实现某种美学标准所投入的经济财力的考虑。另一方面，断代标准的确立应当更基于器型变化和埋葬器物组合的分析，这已经被许多考古学研究所证明。

总之我们可以这样说，比起先前的二里冈时期，安阳的高质量青铜器（比如为妇好制作的）是在技术上更为先进的青铜铸造业的产物。例如，从不同类型的食器和酒器上可以看出，妇好的青铜器展现了一种明显的对方形器物的偏好。它们在制作上比圆形器物更加困难。另外一个重要的进步是各种类型的立体动物或鸟类青铜器的铸造，比如妇好墓出土的鸮尊或巴黎塞努施基博物馆 (Musée Cernuschi) 所藏的"饕餮食人卣"。如此精美的产品不仅需要很高的审美标准，而且还需要能实施这种高精度制作的技术。显然，安阳王室作坊里的工匠们能够处理大型铸件，这种如此超

9
关于妇好墓的发现，见 Elizabeth Childs-Johnson（江伊莉），"Excavation of Tomb No. 5 at Yinxu, Anyang," *Chinese Sociology and Anthropology* 15.3 (1983): 3-125。

10
Max Loehr, "Bronze Styles of the Anyang Period," *Archives of Chinese Art Society of America* 7 (1953): 42-53.

11
Robert Thorp, "The Archaeology of Style at Anyang: Tomb 5 in Context." *Archives of Asian Art* 41 (1988): 47-69.

第四章　安阳与远方：商和同时代的青铜文化

方鼎　　　　　　　鼎

方彝　　　　　　　尊

图4.5
妇好墓出土铜器　　　　　　　三联甗

I

II

III

IV

V

图4.6
罗越提出的安阳时期的青铜器装饰风格类别

图4.7
司母戊大方鼎（高133厘米，宽110厘米）

常尺寸青铜器的杰作是司母戊大方鼎（图4.7）。这个巨大的方鼎发现于1939年，现今在安阳遗址博物馆中展览；方鼎高1.33米，重875千克，是迄今为止发现的最大的青铜器。据估计，考虑到安阳王室作坊所使用的坩埚相对较小，为了铸造一件如此大型的青铜器，除了那些在模具生产过程中制作泥模和分范的人员以外，还需要1000多名工匠同时在一条组织良好的生产线上工作。

发现中商

安阳的断代标准主要是通过两种方式来建立的：考古学和历史学。通过考古学的方法，在遗址发掘中发现的居住时间的中断经常会提供一个对器物类型从下面(早期)地层向上面(晚期)地层转变的总体趋势的初步认识。正是如此,1959年在对洹河以东大司空村附近的居住遗址的发掘中,安阳考古学家第一次从地层上分离出早晚两个大的居住时期。进而,器物类型序列通常需要对比和联系地下构造单位(比如房屋和灰坑)中出土的器物来进一步细化,从而产生相关类型的发展序列,并以此作为进一步分期的基础。例如大司空村的遗址后来被划分为四个连续的时期。在很长一段时间内连续不断地被用作埋葬的一大块墓地也可以为这种分期的作业提供一个理想的背景。在安阳,墓葬最集中的地区在宫殿区以西和洹河以南。1969—1977年间从这个地区的1000多座墓葬中出土的陶器群被划分为三个连续的时期。历史学的方法以董作宾先生的研究为代表,他根据对所谓"贞人组"的归纳及其与在位商王的对应关系来确定甲骨文的年代。**12** 再通过对属于不同贞人组的甲骨的系统对比,董作宾将安阳甲骨文划分为五个时期,从武丁一直到帝乙、帝辛。根据实际发掘中甲骨与陶器的共出关系和青铜器的年代,我们可以更进一步地将这三个系统彼此联系起来(图4.8)。

12
"贞人组"是对经常在同一片龟甲或牛肩胛骨上出现的占卜者的统称。有关占卜者角色重要性的详细讨论见第五章。

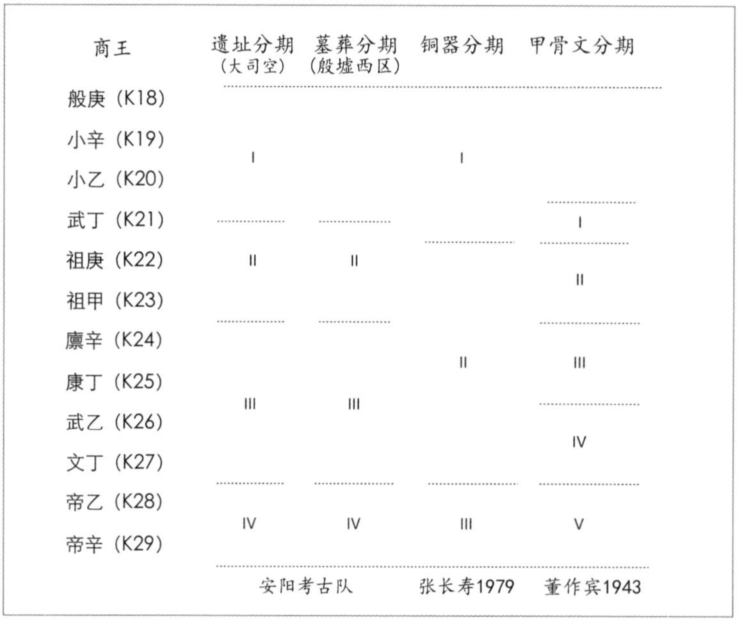

商王	遗址分期 (大司空)	墓葬分期 (殷墟西区)	铜器分期	甲骨文分期
盘庚 (K18)				
小辛 (K19)	I	I		
小乙 (K20)				
武丁 (K21)				I
祖庚 (K22)	II	II		
祖甲 (K23)				II
廪辛 (K24)			II	III
康丁 (K25)				
武乙 (K26)	III	III		
文丁 (K27)			IV	
帝乙 (K28)	IV	IV	III	V
帝辛 (K29)				
	安阳考古队	张长寿1979	董作宾1943	

图4.8
安阳时期的划分

对上述分期方案的广泛接受可以使学者们系统地分析安阳不同地点出土的各类材料，其精准程度在其他遗址中是不可实现的；它有时也可以用作对安阳以外遗址对比断代的标准。就它在安阳的使用而言，这个分期也暴露出了长期以来困扰考古学者的一个棘手的问题，即甲骨文和考古遗存之间在年代顺序上的断裂；前者在商王武丁（第 21 位王）期间突然开始大量出现，而后者则可以早到武丁之前的安阳时期，大体相当于盘庚、小辛和小乙时期（第 18—20 位王）——安阳的最初三位商王。换句话说，尽管考古学研究已经确认了这三位早期商王时期的居住遗存（Ⅰ期），但是现有的甲骨文资料库中却始终缺少他们的占卜记录。

然而这个问题如今已被圆满地解答了。1997 年，中国社会科学院考古研究所和明尼苏达大学在洹河以北和西北岗王陵以东的大片地区联合组织了一个区域调查。考古队不久就在安阳机场附近确定了安阳商文化Ⅰ期遗存的一个高度集中区。出人意料的是，两年后该考古队进行钻探时发现了一个 10—20 米宽的城墙的墙基，到 1999 年末更确认了四面城墙的基址，商朝时期的一个新的都市被发现了。[13] 这座被称为"洹北商城"的新都城位于安阳的边缘，规模之大令人印象深刻。"洹北商城"东西长 2150 米，南北长 2200 米，方位为北偏东 13 度（图 4.9）。在随后的几年里，考古队调查了这座都城的内部地区，并且沿都城广场中轴线发现了一组建筑基址，共 29 座。2001 年发掘了建筑基址 F1，它在结构上与洹河以南宫殿区的建筑不同（图 4.10）。更重要的是，此次发掘还在灰坑（可能当 F1 还在使用的时候被填满）中找到了许多陶器。这些陶器的年代甚至略微早于最初的安阳商文化Ⅰ期。

考古工作的结果表明，这座新的城邑确实是在洹河以南的宫殿建成之前商朝在安阳的中心。因为从洹河以北到洹河以南的陶器发展序列是连续不断的，这可以将这座新的城邑可靠地定在商王武丁之前，很有可能安阳的最初三位商王在位期间的甲骨就埋葬在这座新发现城市的某个地方。不管怎样，这都不可避免地让学者们重新思考商文化的总体发展过程。1999 年，洹北商城的主要发掘者唐际根先生提议，我们可以根据目前的考古学证据来界定"中商"时期。基于在安阳的研究，唐际根在华北平原的其他

13
见中国社会科学院考古研究所安阳工作队（Anyang Work Team of the Institute of Archaeology, CASS），"Survey and Test Excavation of the Huanbei Shang City in Anyang," *Chinese Archaeology* 4 (2004): 1-28。

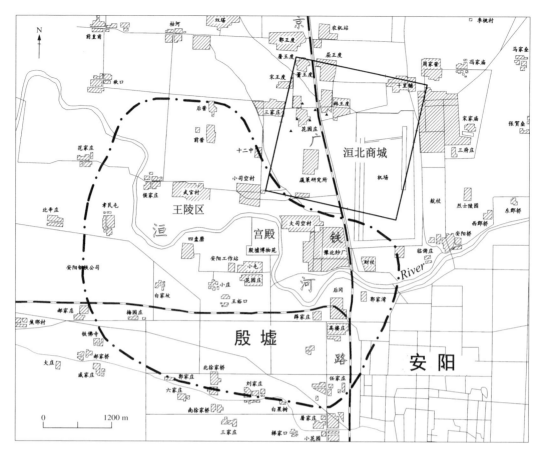

图4.9
洹北商城的位置

图4.10
洹北商城F1号宫殿基址

十几个遗址中进一步证实了"中商"考古学文化阶段的存在。由于洹北商城在郑州的早商中心和安阳洹河以南的晚商中心之间提供了一个清晰且连续的过渡，因此，"中商"时期的提议也被学者们普遍接受。

区域网络

安阳显然无法孤立于它所处的世界之外，商王必定有超越其都城范围之外的权力。然而，由于其他遗址几乎没有文字资料出土，因此很难确定商朝国家政治网络的规模。从方法论的层面来看，对于商代政治控制范围的设定，从根本上说与商代国家的政治权力关系如何构建及王室如何实现控制的问题有关。商代国家本身是一个难以捉摸的族群联合体，这些族群在政治上与商代国家有着各种不同程度的关系；它们被位于安阳的商王的霸权性权力松散地捆绑在一起（这将在稍后进行讨论，见第五章）。然而，从考古学上来讲，安阳位于一个广泛连接的由中等甚至较小遗址组成的聚落网的中心，这些聚落拥有共同的物质实体——"商文化"——尽管共享这一考古学文化的聚落未必全部都是政治上的商代国家的一部分；后者是一种物质证据无法直接反映出来的政治关系。

考古学者已经发现了一些中等的聚落中心，比如河北南部的藁城台西遗址，它位于安阳以北约 200 公里。在一处 100,000 平方米（约 10 公顷）的区域中发现了商文化遗迹，此区域以高于地面的三座土丘为中心（地图4.1）。在其中一座土丘上，考古学者发掘出了 14 座房屋，并在其中发现了大量的陶罐（一些陶罐带有厚厚的干酵母层）、过滤器形状的陶器，以及若干装有各种果实遗迹的小陶罐（图4.11）。以上证据有力地表明台西遗址的居民从事酒精饮料的生产，并且可能是供应安阳早期酒精消费的制作中心之一。另一个新近发现的遗址是山东大辛庄遗址，在安阳以东约 240 公里，时间跨度上从二里冈上层到安阳晚期。最重要的是，在此处发现了约 14 片刻铭的甲骨，这是安阳以外地区也存在书写遗物的非常重要的证据。[14]

[14] 山东大学东方考古研究中心（Oriental Archaeology Research Center of Shandong University）et al., "Inscribed Oracle Bones of the Shang Period Unearthed from the Daxinzhuang Site in Jinan City," *Chinese Archaeology* 4 (2004): 29-33。

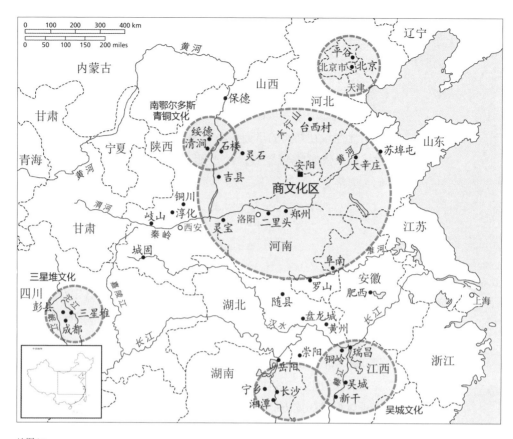

地图4.1
晚商时的外部世界

图4.11
台西14号房屋基址和从中出土的陶罐
（台西位于河北省南部，可能是一个供应安阳的酿酒中心）

以上仅仅是与安阳王室都城有联系的区域中心的两个例子，可能大部分区域中心聚落考古学家们尚未触及。在更多情况下，那些出土青铜容器和武器的墓葬表明了在这个地区有贵族活动。这些区域中心和安阳之间在很大程度上共享同样的"商物质文化"，甚至其中一些区域中心或许的确被来自安阳或郑州的商代贵族所占据，因此形成了商人的一些地方分支。其他的地域中心聚落则可能是那些当地贵族自治团体的据点——他们可能服从（也可能不服从）商王的统治，因此参与政治上的商代国家，或者可能与商进行贸易或合作。尽管各种地方团体和安阳商代贵族之间的政治关系可以建立在不同的层次上，然而他们是商代国家推行统治的华北地区地缘政治网中不可缺少的一部分。当然，问题在于商代国家可以推行其统治的程度，这种能力随着时间而发生变化。

商朝外部世界中独立的青铜文化

　　在商朝以安阳为都城成为黄河流域主导力量的几个世纪里，我们可以看到位于商代国家以外带有明显地方特点的一些青铜时代社会的崛起，特别是在南方地区。然而，这些独立的青铜文化与华北地区的商文化有明显的接触。它们——包含最初从北方的早期青铜文化中引进的元素——的崛起是对北方二里冈文化持续扩张而做出的直接或间接的回应，这似乎是没有问题的。

　　1989年，在江西省大洋洲有一个惊人的发现。在一条河床的泥沙中发现了多达1900件人工制品，其中包括480件青铜容器和武器。这些青铜器显然是在模仿北方的器物样式。但是文化间的杂交在这样的例子中是明显的，那就是青铜器经常被铸造成扭曲的比例；其密集的装饰图案，特别是有时被叠加在器耳上的三维立体的老虎也显示出强烈的地方特点（图4.12）。这组青铜器明显是在与北方二里冈上层时期至安阳晚期并行的一段漫长的时期内被制作的。根据共出的陶器断定，此遗址属于20世纪70年代以来所知晓的当地的吴城文化。吴城文化是受二里冈文化影响而发展起来的地域性青铜文化的很好例证。在这个具体的例子中，很可

图4.12
江西新干出土的青铜器

图4.13
四川三星堆的发现：左为三星堆城址地图；右为青铜人雕像，高（含底座）262厘米

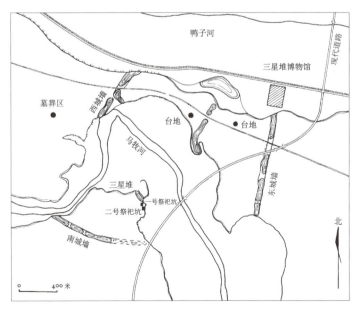

能吴城文化兴起的最初刺激是商人在长江中游地区（如果不是具体在吴城北部180公里处的铜岭）的采矿活动。[15]

从陕西渭河河谷穿过秦岭山脉向南，或者从长江中游地区穿过巫山山脉向西的地区即是四川盆地。20世纪80年代末，由于成都平原上广汉三星堆两个祭祀坑的发现，四川考古占据了中国的新闻头条。三星堆的城址位于成都以东30公里处，经测量其完整的城墙东边和西边分别达1600米之多，南边为2000米，北边略微短一些，这几乎同郑州内城的大小相同。三星堆祭祀坑位于城址南部（图4.13），地层学的证据显示，其埋葬时间大致与安阳晚商同时。

这些来自祭祀坑中的遗物令人印象深刻。粗略地讲，有数百件青铜器和玉器、数百件象牙制品，及一件完整的真人大小的青铜人像。显然，这些遗物是经过有意焚烧之后被掩埋的——实际上，由于高温，一些青铜器在一定程度上已经熔化。这一现象表明，这两个坑中的遗物可能是在一场重要的仪式举行过后，出于祭祀目的而埋葬的。1号坑中出土的人像可能是整个中国青铜时代仅有的一件完全真人大小的青铜人物雕像。它的高度为172厘米——恰好是中国男性的平均高度，立在一个与雕像一体成型的方形基座上。雕像表面装饰一些模仿真实男性长袍纹样的精细图案。正如一些学者所认为的那样，这件铜人手中明显握有某件物品，或许是一件象牙。但是这可能不是曾经屹立在三星堆遗址上的唯一的一尊雕像；埋葬在两个祭祀坑中的数件青铜头像最初是完整雕像的一部分，它们的身体很有可能是用木头制作的。人物铜像双眼的夸张表现是三星堆的另一个显著特征，这可能同当地的宗教信仰有关。另外一个有特色的物件是在2号坑出土的青铜树，经测量有396厘米高。这种青铜树的造型与四川地区发现的汉代（公元前206—公元220年）青铜摇钱树有些类似。显然，三星堆拥有与北方商人明显不同的文化和宗教系统。另一方面，尽管两个祭祀坑中出土的一组青铜容器可能是在当地制作的，但它们明显在模仿商文化的器物类型，这表明三星堆与北方和长江中游及其以东地区有交流和联系。

回到中国北部。在山西和陕西北部的地区，考古学家们早就意识到了沿黄河两岸地区的青铜时代社会的存在。这一地区经常被称作"南鄂尔多斯"，它以高耸的黄土高原和低深的河谷为特点，

15
Thorp, *China in the Early Bronze Age*, pp. 107-116.

属于半干旱气候。20世纪80年代末，在这一地区发现的青铜器有十组之多，它们都可能出自属于这一青铜时代社会的贵族墓葬之中。这些器物组中的大部分铜器与商文化中心地区的青铜器类似，并且至少有一些可能是通过贸易或掠夺手段从商文化地区得来的。但是也存在带有地方设计特点的器物，特别是壶和簋及一些青铜武器，比如剑，还有与各种形状的刀柄（比如马、蛇或其他动物）一起完整铸造的青铜刀。有意思的是，具有地方特色的器物经常与可能从商文化地区贸易得来的器物配对埋葬。更重要的是，考古学家们在清涧县李家崖的悬崖边发现了一座用石板建造的围墙，这显示了此地是该青铜文化的政治中心。

特别是由于它们在地理位置上与商朝邻近——正如它的物质遗存中高度受商文化影响所充分显示出来的，"南鄂尔多斯"的青铜文化必然通过山西南部的汾河河谷与商朝保持着紧密的联系。的确，我们有理由相信，一定数量的与这一青铜文化有关的群体可能与商朝交战，但是这种情形在商代甲骨文中有更好的说明。

建议阅读

- Chang, K. C., *Shang Civilization*, pp. 69-136, New Haven: Yale University Press, 1980.
- Thorp, Robert, "The Archaeology of Style at Anyang: Tomb 5 in Context," *Archives of Asian Art* 41 (1988): 47-69.
- Thorp, Robert, *China in the Early Bronze Age: Shang Civilization*, pp. 117-171, Philadelphia: University of Pennsylvania Press, 2006.
- Bagley, Robert ed., *Ancient Sichuan: Treasures from a Lost Civilization*, Princeton, NJ: Princeton University Press, 2001.
- Bagley, Robert, "Shang Archaeology," in *The Cambridge History of Ancient China: From the Origins of Civilization to 221 B.C.,* ed. Michael Loewe and Edward L. Shaughnessy, pp. 124-231, Cambridge: Cambridge University Press, 1999.
- Anyang Work Team of the Institute of Archaeology, CASS, "Survey and Test Excavation of the Huanbei Shang City in Anyang," *Chinese Archaeology* 4 (2004): 1-28.
- Oriental Archaeology Research Center of Shandong University *et al.*, "Inscribed Oracle Bones of the Shang Period Unearthed from the Daxinzhuang Site in Jinan City," *Chinese Archaeology* 4 (2004): 29-33.

第五章

灼裂神秘之骨：
商晚期的书写与社会

伴随着晚商时代——政治中心重新安定在安阳洹河以南——的到来，早期中国的研究获得了另一个立足点——同时代的书写证据。现在，我们不仅能够通过它所留下的物质遗存和后代所创作的追溯性的文献（在有限的程度上）来理解过去，而且也可以通过那些历史主角的眼睛来看它。这些当时的文献也并不是没有偏见（正如所有的由人类头脑所产生的记录那样），然而就某种意义而言，这种书写证据所提供的视角是前所未有的，因为它们既是目击者对他们所讲的那个时代的记录，同时也是一种对历史事件和制度（这在物质遗存中通常不能直接看到）最明确的呈现。就商代甲骨文来说，特别由于它们是商王的占卜记录，因此它们提供的有关商王的关注点及活动乃至商王室运作方面的信息尤其丰富。而在其他一些领域，我们也只能接受它们是沉默的。

书写和社会背景

在很长一段时期内，安阳甲骨文被认为是中国最早的书写系统。尽管这样的假设受到新近发现的新石器时代陶片上可能是书写证据的挑战（见第二章），然而，甲骨文发明的早期阶段尚未被发现这仍旧是一个事实。因此，通常认为的甲骨文的这种"突然"出现引发了一些重要问题。首要的一个问题是甲骨文字发展的历史问题。多数观点认为，由于甲骨文是一种功能性完全的书写系统，它必定经过了多个世纪的书写实践才能发展到如此成熟的地步。这种观点受到了大部分中国、日本及很多西方学者的支持。与其对立的看法认为，与任何其他书写系统一样，甲骨文字也受到某种构成规则的支配，这样的规则一旦被创造，并且书写原则被习得，整个系统就可以在相对较短的时期内根据这些规则被创造出来，这或许只需经过几代人的时间。[1] 尽管我们仍需等待未来的考古发现来给这场争论画上句号，然而 1990 年发现的商代中期的小双桥遗址（很可能是位于郑州以北黄河南岸附近的一处祭祀中心）中发现的书写在陶罐上的各种图形至少揭示了这样一个事实，那就是在安阳甲骨文之前商人就已经开始书写了。

另一个更为根本性的问题就是书写的社会背景。由于甲骨文是在宗教背景中"突然"出现的占卜记录，一种强烈的观点认为，中国的书写在初级阶段主要承担的是宗教的角色，这与美索不达米亚地区书写的经济功能或书写在埃及可能承担的政治功能相反。从这个角度看甚至可以这样说，向神灵传达信息的需要可能为中国书写的兴起提供了原动力。此外有人也曾提出，甚至是西周时期铸造在"礼器"上的青铜器铭文实际上也是用来向祖先灵魂传达信息的，这进一步增强了中国古代书写的宗教特性。[2] 然而，近年来，学者们试图对早期中国书写的社会角色进行一种新的、全面的阐释。吉德炜认为，晚商时期有相当数量的书写并不主要集中在礼制和祭祀上，并且，能在骨头、青铜器或者陶器上产生自我指示性铭文的文化，必定能够产生关于其他事件的不同类型的书写，这些事件独立于铭文这一书写行为与目的。[3] 后一观点被罗伯特·贝格利（Robert Bagley）更为充分地阐释。他提出了晚商时期使用书写的许多环境，譬如安阳和商以外城市之间的交流、人员和商品的清单、贸易记录、王室征伐和田猎以及家族谱系。[4] 尽管在晚商与这些活动有关的书写完全缺乏证据来证实，然而对西周时期青铜器铭文的研究充分显示那些应用在行政、商业和其他独立于宗教目的之外的社会环境中的书面文献确实存在。[5] 因此，可以肯定地说，尽管甲骨文的数量很大，但它对于商代社会仅提供了有限的认识，这个社会的很大一部分在我们现有的书写证据

1
见 William G. Boltz, *The Origin and Early Development of the Chinese Writing System* (New Haven: American Oriental Society, 1994), pp. 38-41。在最近一项研究中，鲍则岳认为甲骨文中用同一个字来书写两个不同的词的现象（他称之为"polyphony"），说明甲骨文虽然像一个成熟的书写系统，但它距离其发明的时点并不遥远。见 William G. Boltz, "Literacy and the Emergence of Writing in China," in Li Feng and David P. Branner (eds.), *Writing and Literacy in Early China: Studies from the Columbia Early China Seminar* (Seattle: University of Washington Press, 2011), pp. 51-84。

2
Lothar von Falkenhausen, "Issues in Western Zhou Studies: A Review Article," *Early China* 18 (1993): 146-147, 167.

3
见 David Keightley, "Marks and Labels : Early Writing in Neolithic and Shang China," in Miriam T. Stark(ed.), *Archaeology of Asia* (Malden: Blackwell, 2006), pp. 184-185。

4
见 Robert Bagley, "Anyang Writing and the Origin of the Chinese Writing System," in Stephen D. Houston (ed.), *The First Writing* (Cambridge: Cambridge University Press, 2004), pp. 190–249。

中是缺失的。

甲骨文所反映出来的语言，至少是在安阳的精英人口之间所说的语言，是有特征的汉语；[6] 这是一种现今还在使用的单音节语言的古代形式，它存在于现代中国各地区的方言之中。甲骨上的字体代表了中国书写系统发展中一个重要的早期阶段，展现出在现代汉字形式中仍可以观察到的构形学原则。在甲骨上，字符用手工雕刻，相比商和西周青铜器上的铭文来说这显示出了一种较高的书写自由。那些熟悉现代繁体中文的人都能够辨认出商代甲骨文中一些字符的含义，这种情况并不罕见。但是，对于甲骨文所记录内容的真正阅读和理解则要求有相当高的专业训练。近来有人认为，在商代晚期，书写的学习似乎是在那些为商王制作和保存占卜记录的作坊内完成的。[7]

王室和非王室的占卜传统

商人用来占卜的材料有两种：（1）动物的肩胛骨，通常来自牛或者水牛；（2）龟甲，这是主要的占卜材料。在历史上，两种占卜材料的使用都早已出现，而在龙山时期使用的大部分是卜骨。用龟甲来占卜最早发现于贾湖，其年代可以追溯到前仰韶时期（约公元前 6500—前 5500 年）。尽管有充分的理由认为王室占卜者所用的牛肩胛骨取材于本地资源，但研究显示在安阳发现的大部分龟甲可能是从遥远的南方地区进口而来的。[8] 在用这些材料进行占卜之前要精心地准备。就牛肩胛骨来说，要将圆形的骨臼切掉，并且骨头背面的长骨脊要经过修整。至于龟甲，只有平整的腹甲是可用的，并且要仔细地切除连接甲背的甲桥部分。不管用哪种材料，都要事先将椭圆形的凿和打破其一侧的圆形的钻刻在兽骨或龟甲的背面，为占卜做好准备。

在实际的占卜过程中，卜人先提出一个命辞或问题，使即将要占卜的主题变得清晰。在这之后，将一根金属条在火中烧至高温，当金属条触碰凿和钻之间的节点时就会有烟雾升起，并且高温必定会在兽骨或龟甲正面产生一个"卜"字形状的裂缝（图 5.1）。然后，

---

[5] Li Feng, "Literacy and the Social Contexts of Writing in the Western Zhou," in *Writing and Literacy in Early China*, pp. 271-301. 另见 Li Feng, "The Development of Literacy in Early China: With the Nature and Uses of Bronze Inscriptions in Context, and More," in Anne Kolb (ed.), *Literacy in Ancient Everyday Life* (Berlin: De Gruyter, 2018), pp. 13-42。

[6] 见 Edwin G. Pulleyblank, "The Chinese and Their Neighbors in Prehistoric and Early Historic Times," in David Keightley (ed.), *The Origins of Chinese Civilization* (Berkeley: University of California Press, 1983), pp. 411-466。

[7] Adam Smith, "The Evidence for Scribal Training at Anyang," in *Writing and Literacy in Early China*, pp. 173-205.

[8] David Keightley, *Sources of Shang History: The Oracle-Bone Inscriptions of Bronze Age China* (Berkeley: University of California Press, 1978), p. 12.

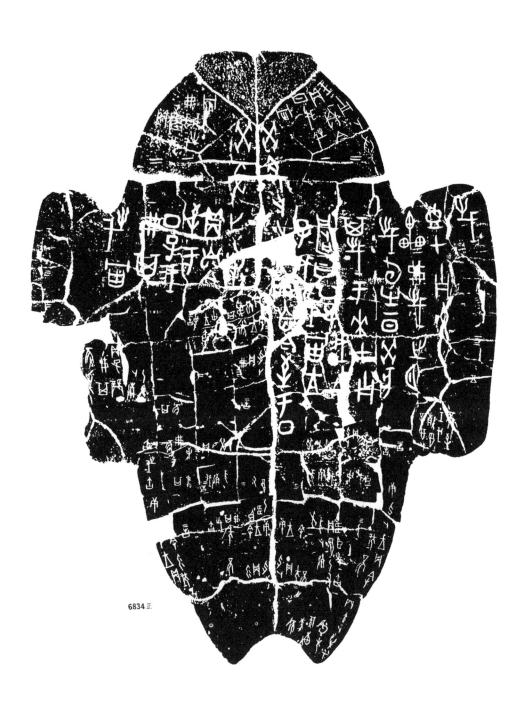

图5.1
带有占卜记录的龟甲（HJ：06834）

如果是王室占卜，则由商王来查验所产生的裂缝，并且做出相关的预测。事后，铭文被刻在兽骨或龟甲上靠近裂缝的地方。通常，命辞通过两种方式来呈现——正问和反问——相关的铭辞则是被刻在龟板正面的左右两侧；这一种现象罕见于兽骨上。通常，对于一个单一的事件可以有多次的命辞（有时三次或四次），命辞的顺序可以通过检查记录重复占卜内容的铭文中的干支纪日来确立。1929年在安阳发现完整的大龟四板之后，这些事实变得众所周知。因此，一条具备规范格式的完整的占卜铭文应该包括四个部分：前辞、命辞、占辞和验辞。

例1（HJ：00902）

　　1. 己卯卜，㱿贞：雨？王固曰：其雨。唯壬午允雨。

　　2. 己卯卜，㱿贞：不其雨？

例2（HJ：06834，大字）（图5.1）

　　1. 癸丑卜，〔争〕贞：自今至于丁巳我戋宙？王固曰：丁巳我毋其戋，于来甲子戋。旬出一日癸亥車弗戋。之夕豐，甲子允戋。

　　2. 癸丑卜，争贞：自今至于丁巳我弗其戋宙？

例3（HJ：00641）

　　1. 癸酉卜，亘贞：臣得？王固曰：其得，唯甲乙。甲戌臣涉舟征陷，弗告。旬出五日丁亥夲。十二月。

　　2. 癸酉卜，亘贞：〔臣〕不其得？⁹

在例1中，商王占卜的预告被壬午那日（#19）的降雨所证实。¹⁰ 在例2中，正如商王预言的那样，在甲子日（#1）商的战车的确伤害了被称为宙的敌国。然而在例3中，逃兵在丁亥（#24）日被俘，而不是商王占卜出的甲或乙日，这事实上证明商王的占卜是错误的。我们经常会有商王是如何检测卜兆并且基于什么样的原则而做出某种决定的疑问，但是这仍旧不可知。带有验辞的甲骨文非常少见，并且在龟甲或者兽骨上雕刻占卜验辞的决定一定带有某种政治或宗教的含义；或者因为某些特殊事件对于商王和商

9
例1—3，见胡厚宣主编：《甲骨文合集释文》（北京：中国社会科学出版社，1999年），00902号、06834号、00641号。

10
商人用两个系统词汇来记日。第一个是"天干"，包括甲、乙、丙、丁、戊、己、庚、辛、壬、癸。商王也以此十干命名。第二个系统是"地支"，包括十二个：子、丑、寅、卯、辰、巳、午、未、申、酉、戌、亥。这两个系统相配，共配成六十组，用来记日。循环往复，周而复始。这就是"六十干支"。这里的壬午是以甲子为起点的60日循环的第19日。

王国来说可能比其他的事件更为重要。实际上，大多数的甲骨文甚至不记录商王的占辞（宾组中有占辞的比率为1.2%），因此，兽骨或龟甲上的大部分命辞是没有答案的。[11] 吉德炜根据这一种迹象认为，甲骨文的目的仅仅是记录已经举行的占卜仪式本身。然而，这当然还存在着其他的可能性。例如，商王可能不愿意将他口头表达的占辞变成书写的形式，这样会避免他可能被证明是错误的，或者商王更愿意自己保留这个决定，而不向占卜人宣示。过去也有人认为——如吉德炜和其他学者——商代卜骨和卜甲上的命辞可能并不是问句（它们不应该被当作疑问句用"？"来表示），而是明确的陈述句，以此来控制未来会发生什么事情。如果这样的话占辞就没有必要了，因为陈述已经把"愿望"表达出来了。但是，在一些兽骨和龟甲上确实有占辞。简言之，尽管我们有许多占卜记录，然而对于占卜的许多方面学者们仍旧不能完全理解。

在中国和世界其他地区，收集到的卜骨或卜甲多达133,092片，其中将近一半属于安阳最有权力的商王武丁统治的时期。对甲骨文断代的关键是贞人（即实际占卜的人，或称卜人）的名字。在兽骨或龟甲上记录了大约120个这样的名字。出现在同一块卜甲或卜骨上的名字表明这些贞人差不多在同一时期内服务于商王；根据这个信息，董作宾建立起了所谓的"贞人组"（见第四章）。然后，通过查找甲骨文中所提到的商王的庙号，即确定贞人与他们所属商王的对应关系，最终建立起五组贞人和在他们各自时代中所刻的甲骨文的年代分期（图4.8）。虽然最初由董作宾提出的一些贞人的年代后来经过了些许修正，但这五个时期的划分在很大程度上被后来的考古发掘所证明，并且被学者们普遍接受。这为商代历史各方面的研究提供了一个坚实的基础，因为它可以使学者们满怀信心地将他们用来研究各种问题的资料断定在一个或者两个王世的年代范围以内。

然而在很长一段时间内，学者们怀疑现存的甲骨文中或许有一些并不是商代王室占卜的记录，而是商朝都城中其他贵族类似活动的记录，即"非王卜辞"。1991年在花园庄以东、安阳宫殿区以南的区域发现约1583件卜甲和卜骨（2003年全面发表）后（图5.2），这一点已经变得极为清楚了。这是自中华人民共和国成立以来甲

[11] Keightley, "Marks and Labels: Early Writing in Neolithic and Shang China," pp. 193-194.

第五章　灼裂神秘之骨：商晚期的书写与社会　　91

图5.2
1991年花园庄东地出土的刻辞龟甲

骨文的第二次大发现；第一次是1973年在宫殿区内发现约5000片属于王室的甲骨，即"小屯南地甲骨"。地层学证据表明，花园庄东地新发现的甲骨的埋葬时间属于根据考古遗存进行分期的安阳第 I 期的晚段。但是与王室占卜相反，花园庄东地的甲骨上占卜的主角（经常提供占辞的人）是某位王子（子）；根据灰坑的年代和甲骨文中提及的某些名字也出现在王室卜骨和卜甲上这一信息，大多数学者认为此人是武丁（第21位商王）的某位兄弟。

因此，花园庄东地的甲骨实际上代表了王室占卜者的主流实践以外的另一个占卜传统。这些非王卜辞中有14位贞人，而他们为其服务的这位王子在多达26块龟甲上自己担任贞人，这是商王从来不会做的事情。花园庄东地的甲骨在许多方面是有特色的。例如，在许多命辞中，在干支日之后和"卜"字之前经常会出现像"昃"和"夕"之类的术语来进一步指定一天中的某一时点；这不是王室卜辞的特点。第二，在王室卜骨和卜甲中，文字与卜兆相并列，并且从上向下阅读。在花园庄东地的卜甲上，它们的布局非常不规则，多数情况下，文字围绕在相关卜兆的周围。第三，在花园庄东地占辞的最后使用词语"用"和"不用"的情况极为常见。显然，这些特点并未见于宫殿区出土的王室卜辞中。尽管有这些不同，花园庄东地卜辞中所祭祀的先祖同那些王室卜辞的记录却是相同的。

花园庄东地甲骨的重要性在于，它们为我们窥探安阳占卜文化的复杂性开启了一扇新的窗户。这些甲骨表明，安阳非王室的占卜实践并不一定遵从为晚商宫廷服务的王室卜人所建立的标准和惯例。尤为重要的是，此处距离王宫仅300米之遥——王宫中设有王室的占卜机构并且进行着大规模的占卜活动，而花园庄东地的甲骨却代表了一个与之不同的占卜传统。因此，以上所讨论的卜辞辞例和语言特征可以帮助我们认识到这样一个事实，那就是占卜是一项高度保密性的活动。很有可能那些在花园庄东地卜甲上出现的卜人从未见到过商王室占卜机构所使用的文书和词汇标准。

当我们把目光投向安阳以外，其南方的郑州或东方的山东地区时，我们就可以看到占卜文化的多样性也在随距离而增加。晚商时期，郑州地区可能被商人所占据，然而山东则可能是许多商朝盟国的家园。这些区域的地方特点在本地出土的甲骨文中都是清晰可辨的。[12] 然而，特别是在陕西以西更远的地区，与安阳同时代的本地周人的占卜传统无论是在卜骨的挑选和准备方面，还是在卜辞的语言和刻写方面都与商人明显不同（见第六章）。当然，商人并不是唯一使用这种"神圣"艺术来推断未来将要发生什么事情的人群。对占卜文化的研究可以为我们理解中国青铜时代的信仰和宗教制度提供一条重要的途径。

12
最近关于郑州和大辛庄甲骨的讨论，见 Ken-ichi Takashima, "Literacy to the South and the East of Anyang in Shang China: Zhengzhou and Daxinzhuang," in *Writing and Literacy in Early China*, pp. 141-172。

商代宗教信仰与商王室祭祀

甲骨文中最重要的主题就是王室祭祀，这与实际上有着非常复杂的"万神殿"的商人的宗教信仰密切相关。对商人来说，"上帝"（或帝）是至高无上的神。但是，学者们对于上帝的性质仍然有相当大的争论。一些学者认为"上帝"等同于商人的始祖——可能是传说中的契，另一些人则认为他与犹太教和基督教传统中的上帝的概念极为相近。也有一些学者认为"上帝"处在从祖先神向至高无上神的转变阶段。在甲骨文中，商人似乎对于可以控制世间万物的"上帝"持基本肯定的态度。商王向"上帝"祈雨、祈求丰年以及在战争中得到保护。但是，有时商人对于"上帝"的意愿表现出不确定的态度，如商王担心"上帝"可能会降下灾难。然而，有一事是明显的，那就是从来没有祭祀"上帝"的例子，这意味着商人信仰中的"上帝"和商人的祖先神之间有着本质区别。近几十年来，学者们愈发认识到商代甲骨文中"上帝"这一概念的天文学起源。特别是新近的两项研究认为"上帝"同天文学中的北极（所有的星座都绕其旋转的一个空的、神秘的区域）是相等同的，因此在商人的"上帝"信仰和商人的宇宙观之间可能存在着一个直接的联系。[13]"上帝"（帝）这一概念的天文学起源理论似乎是很有根据的。在商末，至少有两位商王以这样神圣的称号来命名——帝乙（第28位商王）和帝辛（第29位商王）。

争议较少的是经常接受商王祭祀的各种自然神灵。在卜骨和卜甲上最常提到的是土地神、河神（安阳以东的黄河）和山神（安阳以西的太行山）。在祭祀这三个最重要的自然神灵时，牛、羊和猪等祭品伴随着燃木仪式一同奉上。还有许多同特定地点有关系的小神灵。因此，对于商人来说，地表景观不仅仅是自然地理特征之所在，还是有精灵居住的，并且商代国家的成功运作和商王室的财富都需要通过这些神灵的全面协作来保证。特别有趣的是对风的祭祀，这对商人的农事活动必定有极大的影响。商人将风与特定的方位联系起来，并且赋予四个方位的风特定的名字。因此，商王经常向四方的风奉献祭品，并且向他们祈求丰收。[14]

然而，最有规律地保持下来的是对商王室祖先们的祭祀；五种不同类型的祭祀（翌、祭、䃢、劦、肜——在甲骨文中都以动词形式来使用）在全年预定的时间内逐次举行。学者们尚未对这五个词语的具体含义及其所包含的实际祭品内容达成共识，但是很有可能多数都包含诸如酒、动物、人这些祭品及各种不同形式的音乐和（或者）舞蹈表演。祭祀始于商朝建立前的祖先上甲（P1; 见图3.4）——第一位名字中包含一个以天干之一为名的商朝先祖。作为日名，十个天干形成了商人的一周。按照降序排列，五种类型祭祀中的每一种逐次地奉献于商王世系中的先祖，并且每一位先祖只在与其名字相同的这一天被祭祀。因此，在甲骨文中，与五

13
在2004年发表的一篇文章中，班大为证明甚至连甲骨文的帝字（㯿）也来源于星座，这个星座包括了小熊座 β 和天龙座 α 等围绕北极分布的天体。因为真正的北极缺乏一颗特定的星辰，商人即以这些天体来确定北极。见 David W. Pankenier, "A Brief History of Beiji (Northern Culmen), with an Excursus on the Origin of the Character Di," *Journal of the American Oriental Society* 124.2 (2004): 229-235。在2007年发表的第二项研究中，艾兰（Sarah Allan）认为甲骨文中"帝"的地位远高于商人的祖先神。由于她认为这些祖先神就是"十日"，因此在商人的宇宙观中"帝"只能是北极。见 Sarah Allan, "On the Identity of Shang Di and the Origin of the Concept of a Celestial Mandate," *Early China* 31 (2007): 1-46。

14
关于这一点的讨论，见 Wang Aihe（王爱和），*Cosmology and Political Culture in Early China* (Cambridge: Cambridge University Press, 2000), pp. 28-37。

种祭祀的使用有关的记录可以是这样的：

例 1（HJ: 22779）（图 5.3）

1. 丙〔寅卜〕,〔王〕贞：〔翌丁卯〕王〔其宾大丁，壹，亡尤〕？
2. 癸酉卜，王贞：翌甲戌王其宾大甲，壹，亡尤？
3. 丁亥卜，王贞：翌戊子王其宾大戊，壹，亡尤？
4. 甲辰卜，王贞：翌乙巳王其宾祖乙，壹，亡尤？
5. 〔庚戌〕卜，王〔贞：翌〕辛亥〔王〕其宾祖辛，〔壹〕，亡尤？ [15]

图5.3
有关王室祭祀连续记录的例子（HJ: 22779）

上述是在四十天内进行"壹"祭的连续记录，它们自下而上被排列在同一块兽骨上，商王世系中的五位先祖是祭祀的对象，且都是直系先祖。在甲骨文学者建立起来的周祭表上，基于在商王世系表上的位置，这些先祖按顺序排列在五周的时间段内。当然，壹这种祭祀将会继续用在下一代先祖上，而且每位接受到壹祭的先祖还将继续接受其他类型的祭祀。当所有五种祭祀应用到周祭表上的所有先祖的时候，恰好是一年的时间。因此，商人称一年为一"祀"。这里重要的一点是，这是商王最重要的宗教和政治活动，并且也是维持其权力的必要手段。然而在一些其他的例子中，当他们发现祖先们导致了商王的某种不幸，比如牙痛或肩痛时，商王也为这些先祖做不定期的祭祀。商王对死去的先祖维持诸如此类的祭祀（无论是常规的还是非定期的）反过来会确保商朝国家的好运以及商王自身和家族的福祉。不仅仅是在位商王的权力源于他与先王的血缘关系，且需要通过不断地提供祭祀来维持这种关系，而且整个商朝国家实际上都要依靠王室祭祀来维持。

那么商王实际上对他的祖先们献祭了什么物品呢？通常的祭品是酒和肉，肉包括三类家畜——牛、羊和猪。这些构成了一套标准的祭品。然而，在一些并不罕见的场合，那些被称为"羌"的战俘（位于商西部地区的一个族群）也在祭品的范围之内。一个典型的奢华祭祀是这样被描述的：

例 1（HJ：00301）

〔大丁〕，大甲，祖乙百鬯，百羌，卯三百牢。

例 2（HJ：00295）

三百羌用于丁。[16]

在第一个例子中，100 杯酒、100 个羌人、300 头牛、300 只羊和 300 头猪一起被献祭给三位祖先，分别是大丁、大甲和祖乙。在第二个例子中，父丁独自接受了 300 个羌人。在安阳没有发现为祭祀目的而杀掉的大规模埋葬的驯养动物，这很有可能是在祭祀仪式过后，祭品的肉被分发给了商朝的贵族们，骨头可能被回收到了考古学者在安阳所发掘的制骨作坊（见第四章）。诚然，被献祭的人并没有经受血肉被分食的过程，而是被埋葬在为他们特别准备的祭祀坑中。在洹河以北的西北岗王陵周围发现了 2000 多座包含人牲骨骸的祭祀坑。

商代王族

对甲骨文的研究为我们提供了一个探索商朝国家政治组织的重要机会，特别是商王获取权力的方式，这是古代国家或王国的核心制度。就这一点而言，商朝有着规范王位继承的独特规定。根据从甲骨文中获得的信息，我们可以弄清这些规定是如何确立与得以维持并随时间而变化的。这些变化的一个结果，即是被后代大部分王朝所遵循的嫡长子继承制的确立。为了理解这一过程，我们需要仔细查看商王列表（图3.4）。

商朝建立之前，商人似乎遵循着一个简单的继位法则；或者如王室卜辞乃至传世文献司马迁的《史记》中所记录的，在商人的记忆中他们的祖先们是单线相承的。从上甲到示癸的六代人中，通常是一个儿子直接继承其父亲的权位，当然这个父亲可能还有其他儿子。但重点是一代人中只有一个儿子有继承王位的机会。然而，在汤（或大乙，第一位商王）建立商朝之后出现了一个新

[15] 见胡厚宣主编：《甲骨文合集释文》，22779 号。

[16] 例 1—2，见胡厚宣主编：《甲骨文合集释文》，00301 号、00295 号。

规定，那就是王位开始在同代兄弟之间传承。当最小的王室兄弟过世之后，王位归还到长兄的长子手中，并且在长兄的儿子之间传递。产生这种有趣的继位模式的原因并没有在历史记载中流传下来，但由于它是同商朝的建立联系在一起的，因此一个合理的解释就是，这一规定是为了确保王位永远在成人之间传承，这对商代国家的政治巩固来说非常重要。

我们可以在从大丁（第2位商王）到廪辛（第24位商王）之间大约12代商王的继位中来观察这个情况。但是仔细分析商王世系，我们也可以发现有三处商王的次序是倒数的（即在图3.4中从右往左数）：（1）戋甲（第11位商王）和祖乙（第12位商王）一代；（2）从䠇甲（第17位商王）到小乙（第20位商王）这一代；（3）从祖庚（第22位商王）到康丁（第25位商王）这两代。很明显在这些时段里，商朝开始时建立起的正统继位原则被打断。笔者对这种非正常继位现象的解释是：祖乙（第12位商王）作为这代人中的幼弟拒绝把王位归还给其长兄（戋甲）的儿子，而是直接传位给了自己的儿子祖辛（第13位商王）。同样地，商王武丁（第21位商王）直接从其父亲小乙（第20位商王，同代人中最年幼的）那得到了王位。有趣的是，这两宗不符合正统继位原则的案例与商朝历史上两个重要的政治变革十分吻合：据说祖乙将商朝都城由相（其兄长戋甲统治的区域）迁至北部的邢。武丁则是晚商最有实力的王，并且新的考古学证据显示，可能是他将商朝都城由洹北商城迁至洹河以南的殷墟。尽管我们并不知道这两次变革的原委，但笔者相信这绝不是巧合。

武丁也是同代人中唯一的王（这意味着他将王位直接传位给了自己的儿子），并且这是之前八代人中从未发生过的事情。一度被武丁中断的商王位的继承原则（兄终弟及）在他之后曾短暂恢复，但是在之后两代中，每一代继承王位的幼弟都拒绝将王权交还给兄长的家族，这又一次导致商王世系上的次序倒数现象。当武乙（第26位商王）成为商王之后，他重复了武丁的做法，索性拒绝将王权交给幼弟，而是直接传位给自己的儿子。接下来两位商王也是如此。因此，在商代末期，子继父位的新继承原则已经被牢固地建立起来。

第五章　灼裂神秘之骨：商晚期的书写与社会　　97

由于有了以上所描述的王位继承的复杂情况，商人在祖先祭祀中对直系的商王（其子孙亦成为商王）和旁系的商王（其子孙在他们之后没有继承王位）有着严格的区分。在商朝这个系统中，这两组商王被分别给予不同的宗教仪式。例如，只有直系祖先的配偶与他们并排放在一起接受祭祀，旁系的商王则没有。但是，正如接下来所讨论的，王位随后可能会通过母系因素再次回到旁系家族。也就是说，通过他们家族中的女性成员与直系商王通婚的方式回到本家族。

在很长一段时间内，学者们一直想弄清商王是如何得到十干命名的。辩论主要是沿着这样一条主线来进行：商王是根据他们出生日的日名（也使用十个天干）来取名的，或者商王被指定一个与他们的死日相一致的名字？艾兰（Sarah Allan）对第一种观点进一步做了详细的阐释，她认为商人在缺少史料记载的情况下，主要用神话的语言来构想他们的过去。在她看来，由于商王被认为是由十个太阳而生，因此商朝的王族存在于与这十个太阳相应的图腾关系中。当　位商王出生时，根据他"诞生礼"（不是他实际出生的那天）的日子而被指定一个"干名"；这一仪式因此将他与某个特定的太阳归类——通过隐喻的手法来表示他的出生（"日"一词代表太阳和日期两个意思）。[17]

张光直所提出的另外一种理论似乎对我们在甲骨文和考古学上所观察到的各种现象做出了更为合理的解释。最初张光直通过分析商王世系表中十干的分布规律，观察到了许多规则。例如，"丁"和"乙"从未出现在同一代人中，也不会在连续的两代商王名中出现，而是隔代出现。"甲"与"乙"在同代中出现，而与"丁"和"丙"从未在同代中出现。"庚"和"辛"可以出现在任何一组中。据此，张光直提出要把商王分作两组：

乙一组	丁一组
乙	丁
甲	丙
戊	壬
己	

[17] Sarah Allan, *The Shape of Turtle: Myth, Art and Cosmos in Early China* (Albany: State University of New York Press, 1991), pp. 25, 54–56.

这个分析为理解商朝王室世系的内部组织提供了一个新的基础。张光直假设商朝王族分为十个不同的支族，每个支族拥有一个独特的干名作为这一支的族名。十个王族支族被进一步合并成为两个外婚的组（乙和丁），它们交替占据商王王位。张光直举出了一些人类学的例子：在南亚、太平洋地区及非洲的一些部族中实施着这样一种"循环继承"的系统。他进一步解释，当乙组的王与属于丁组的其中一支的女性通婚，由这场婚姻而生的儿子或儿子们将会在其母亲的支族中长大；因此，他们会被认为是属于母亲那一方（丁组）的成员，而非父亲那一方。当这位王死后，他将以他所在支族的干名被称呼，并且在商王的周祭祀表中拥有一个位置，以此来接受后世商王的祭祀。通过这样一种方式，王位不断地在商人王族的两大群体中轮转。[18] 正如在第四章中所提到的，张光直进一步用这个理论来解释西北岗（位于洹河以北）的商王陵墓分为东西两大区域的原因。

商朝政府的滞后性

就商王朝政府而言，张光直将其描述为：它本质上是由服务于商王的萨满官员所组成的（商王本人即是一个"萨满首领"），且没有明显职能分化的一个集合。就此而论，官僚制度是毫无可能的；用萨满的力量来实行统治的商王要依赖各种动物的协助与不同的神灵进行沟通，这些动物的形象被刻画和铸造在商朝的青铜器上。尽管在"萨满主义"这个问题上与张光直先生存在分歧，另一位在西方研究商史的专家吉德炜却对商代政府的宗教特性持类似意见，他认为宗教官员扮演了核心的角色，他们形成了商朝政府的主体。看来商朝的统治基本上依赖于商王个人的作用，他是由一大群几乎等同于私人侍从的占卜者来辅助的。近些年来，吉德炜开始将商代宗教研究中所采用的方法引入到实际的商朝统治功能中去。[19] 他认为尽管商朝政府是以宗教官员为中心来维持的，但是王室占卜的实际管理本身（如包括大量的专业卜人）的确展示了"初始期官僚"制度的特征。[20] 然而，这一立场实际上是模棱两可

18
K. C. Chang, *Shang Civilization* (New Haven: Yale University Press, 1980), pp. 158–209.

19
吉德炜的早期观点认为，尽管商王室的祖先崇拜本质上是宗教性的，但是它展示了某种"官僚政治的逻辑"，因为占卜制度要不间断地进行日常维护，并且要按照规则对祖先进行晋升。见 David Keightley, "The Religious Commitment: Shang Theology and the Genesis of Chinese Political Culture," *History of Religions* 17.3-4 (1978): 214–220。

20
David Keightley, "The Shang," in Michael Loewe and Edward L. Shaughnessy (eds.), *The Cambridge History of Ancient China: From the Origins of Civilization to 221 B.C.* (Cambridge: Cambridge University Press, 1999), pp. 286-288.

的；并且，一个宗教的制度——尽管它是商朝政府的重要基础——是否可以直接转化为实际的行政制度，这是很有问题的。

晚商青铜器铭文中实际上提到了类似秘书的官员，比如"作册"和"宰"；"宰"可能是一位宫廷官员。另一方面，甲骨文中提到了像"多尹""多马""多伯"等术语，一些学者认为这些术语应为"官名"，这主要是因为他们分不清"职能"和"官名"的区别。其实，这些词汇更像是用来描述某些群体的作用或职能，而且我们完全没有办法确定这些词语所提及的人们之间是否存在上下级关系。从甲骨文中的记载来看，商王占卜的主题内容非常广泛，其中也涉及商朝国家在某些特定方面的实际管理，然而，商王对行政官职的设立几乎没有表现出任何兴趣。这一情况不能仅以甲骨文记录的偏好来解释，而很有可能反映了商朝政府初始期的基本特征。

因此，看来在安阳晚期除了像"作册"和"宰"这样的角色以外，特定的行政官职尚未被明显地分化出来；换言之，一个官僚的政府结构在商代晚期并没有被发展出来。最有可能的是，由于商朝政府的行政功能没有真正地从它宗教的角色中分离出来，因此卜人偶然也执掌一些宫廷的行政事务，并且帮助商王做出相关决定。我们在这里看到商朝政府发展的初级水平或许正好与吉德炜所描述的商王和王庭的游离性质（peripatetic nature）相符合。[21]

晚商：一个以宗教为中心的霸权国家

商朝国家用"四土"一词来概括安阳以外的领域——东土、西土、南土和北土都围绕在"中商"的周围。当商王为这些土地能否取得好收成而占卜的时候，"四土"在甲骨文中频繁出现：

例（HJ: 36975）（图 5.4）

己巳王卜，贞：〔今〕岁商受〔年〕？王固曰：吉。
東土受年。
南土受年。吉。
西土受年。吉。

[21] David Keightley, *The Ancestral Landscape: Time, Space, and Community in Late Shang China (ca. 1200–1045 B.C.)* (Berkeley: Institute of East Asian Studies, 2000), p. 58.

北土受年。吉。²²

　　这些地区和商都城之间曾有频繁的交流，并且甲骨文中的记载也显示了当这些地区的族群遭受外来敌人袭击的时候，商王为了保障其居民的安全而为采取的军事行动进行占卜。在地缘政治上，这些族群可能是一个个称作"邑"的聚落的集合体；相对于它们，商人的都城安阳则在甲骨文中称为"大邑商"。甲骨文中称"四土"的首领为"侯"，有时也称其为"子"，后者很可能是居住在安阳附近的商人族群的首长。"侯"则可能是当地自治族群的首领（不确定是否属于商人）。在安阳的商王朝和认可商王霸权的当地族群之间的政治关系是通过协商达成的，它要求商王持续不断地通过田猎或惩罚性的战争来显示其军事实力。实际上，尤其在安阳晚期，商王每年都要花费很多时间在远离都城之外的地方田猎。田猎对保持当地族群臣服于商朝国家非常重要，所以它是商朝国家政治战略中至关重要的一部分。²³ 据此，商王所拥有的能够降服当地族群的权力可以被称为是"霸权的"（hegemonic），而非"正当的"（legitimate）权力（这一点和西周国家非常不同）；也就是说，商王除了军事力量以外没有其他的权力来源。基于目前的证据，我们不能确认当时有高于此种水平（或更为永久）的政治关系，而在安阳商王朝中心以外，几乎没有权力源自商王朝政府或者其本身与它结合成一体的地方政府。总之，商代国家可以被看作一个政治关系松散的霸权式"邑制国家"，但是由于我们对其地方聚落的社会政治关系知之甚少，所以必须结合西周的资料来论述这种国家形态（见第七章）。

　　如此一来，商朝国家的地理边界（若有的话）的确难以界定，并且会在一段时间内发生巨大的变化。当商王的力量强大到足以使遥远的地方族群臣服于商朝国家，并且地方首领接受"侯"这一封号的时候，商王朝的领土随即得以迅速扩展。但是，当商王力量变得微弱时，其领土范围就会迅速萎缩。换句话说，商朝国家是依据商王和各地方族群首领之间的关系来构成的。甲骨文显示，在一段时间内，大约在武丁（第 21 位商王）统治期间，晚商国家的关系网可能向西延伸至汾河流域；甚至可能远至渭河流域；

图5.4
商王卜问"四土"（HJ: 36975）

向东到达山东的西部边缘，因为商王曾定期召唤这些区域的族群参加有组织的军事行动。[24] 但是商王的力量似乎在武丁之后就已削弱，并且在晚商的大部分时期内，商王的活动似乎仅限于河南中部和北部的黄河中游地区。各种亲商族群或许拥有与商人共同的文化背景，这在考古学上被称为"商文化"。尽管拥有这种"商文化"的族群未必都属于商朝国家的成员，在很大程度上这只是一种仅见于文字记载的政治关系。商朝国家没有永久的成员，就像它没有永久的敌人一样。

另一方面，甲骨文记载了商朝对其称之为"方"的敌国（多位于山西西部、陕西北部、河北北部和山东西部）所进行的频繁的战争。[25] 其中一些"方"有时会同商联盟，因此，他们的首领拥有"方伯"的头衔，譬如先周时期周人的首领，但是总体来说他们对商朝怀有敌意。有足够证据表明，甲骨文中所提到的这些外部政体同那些位于商文化领域边缘的地域性青铜器文化有关联（见第四章）。例如，鬼方和舌方可能都与分布于山西和陕西北部的南鄂尔多斯的青铜文化有关——而这个青铜文化同商朝的青铜文化又有着密切的联系。近来在山东的考古发现也提供了有力的证据，说明那些经常作为商人征伐对象而出现在安阳晚期铭文中的"人方"，可能正好位于山东西南部至江苏北部地区——正如研究甲骨文的学者数十年前所推测的那样。羌方——商人经常用来作为人祭的最重要的战俘来源——可能位于商朝"西土"以西的地区，大约在黄河上游的陕西西部、甘肃东部地区。此外，有充分的理由认为虎方应该位于长江以南的区域——即现今江西和湖南地区，此地区也有发达的区域青铜文化——吴城文化，与北方地区的晚商同时。

这些众多的方国政权形成了商人的外部世界；商人不仅与之保持紧密接触，而且商王还组织了很多军事战役来抵御他们。战争是这些边远的独立方国和商之间最为常见的关系。其中的一些方国政权可能已经发展成了国家水平的社会，其他的则可能还处在酋邦阶段。另外还有一些政权位于商可能永远无法触及的地区，例如成都平原的三星堆，而三星堆最有可能是一个国家水平政权的中心。研究显示，在安阳商人用来铸造青铜器的铜材至少有很

22
见胡厚宣主编：《甲骨文合集释文》，36975 号。

23
关于商王田猎，参考 Magnus Fiskesjö, "Rising from Blood-Stained Fields: Royal Hunting and State Formation in Shang China," *Bulletin of the Museum of Far Eastern Antiquities* 73 (2001): 48–192。

24
见 David Keightley, "The Late Shang State: When, Where, and What?" in *The Origins of Chinese Civilization* (Berkeley: University of California Press, 1983), pp. 540–543。

25
Keightley, *The Ancestral Landscape*, pp. 66–67。

大一部分可能来自遥远的四川——如果不是更远的话。但是，甲骨文中并没有安阳和以三星堆为中心的政权之间进行交流的直接证据。

建议阅读

- Keightley, David, "The Shang," in *The Cambridge History of Ancient China: From the Origins of Civilization to 221 B.C.,* ed. Michael Loewe and Edward L. Shaughnessy, pp. 286–288, Cambridge: Cambridge University Press, 1999.
- Keightley, David, *Sources of Shang History: The Oracle-Bone Inscriptions of Bronze Age China,* Berkeley: University of California Press, 1978.
- Keightley, David, "Marks and Labels: Early Writing in Neolithic and Shang China," in *Archaeology of Asia,* ed. Miriam T. Stark, pp. 177–202, Malden: Blackwell, 2006.
- Keightley, David, *The Ancestral Landscape: Time, Space, and Community in Late Shang China (ca. 1200–1045 B.C.),* Berkeley: Institute of East Asian Studies, 2000.
- Bagley, Robert, "Anyang Writing and the Origin of the Chinese Writing System," in *The First Writing,* ed. Stephen D. Houston, pp. 190–249, Cambridge: Cambridge University Press, 2004.
- Chang, K. C., *Shang Civilization,* New Haven: Yale University Press, 1980.
- Allan, Sarah, *The Shape of the Turtle: Myth, Art, and Cosmos in Early China,* Albany: State University of New York, 1991.

第六章

铸造下来的历史：
西周国家及其青铜器

周朝，在中国文化和政治的历史舞台上，占据着一个特殊的地位；长期的儒家传统中，它被认为是政通人和的社会而备受推崇。[1] 在某种程度上，这一声誉是恰当的，因为没有另外一种文明（比如商文明）能把周朝从有着足够文献证据的早期帝国时代中分离开来。相反，周朝创立了一种社会和文化环境，在这一环境下，正是由于周王室秩序的衰落，早期帝国体制的胚胎才开始得以成长，并且几乎所有中国哲学传统的创始者都生活在这一时代。另一方面，在周代，书写的文化价值被充分探索和欣赏；因此，比起商代而言，我们能够有更多机会在同时代书写证据的基础上，用一种更为综合的方式去分析周朝的政治和社会体系。周朝同时也是一个形成官僚制度的关键时期，国家（state）的概念已经同所谓的王权（royalty）的概念区分开来。

探寻先周

周人在伐商之前是否被称为"周"这一问题如果说不是自相矛盾的话，也似乎有点多余。然而，在20世纪70—80年代，对于"先"于或"早"于后来曾经统治了中国很大一部分区域的政体——比如商、周和秦等——王朝期的文化的研究，形成了中国考古学的一个重要潮流。相关研究基于这样一种方法论的假设：王朝的

---

[1] 中国历史上，"周"一词被后来的五个政权作为国号来使用，由此可以显示周朝的崇高威望：北周（宇文觉建立，557—581年）、武周（武则天建立，690—705年在位）、后周（郭威建立，951—960年）、大周（张世诚建立，1354—1367年在位）、吴周（吴三桂建立，1674—1681年）。

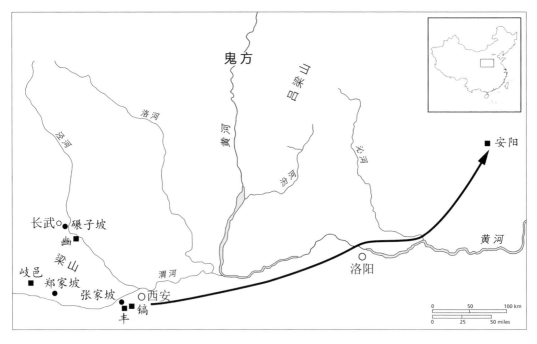

地图6.1
先周文化遗址的位置和公元前1045年周伐商的路线

前王朝历史可以在考古学记录中寻找；凭借对其物质文化的认定，这个王朝的史前史的源头可以向前追溯至更远的时期，并且超出了那些模棱两可的文献记载所可能支持的时期。

周人的例子为这一学术思想的实践提供了一个理想的平台。周在安阳武丁（第21位商王）时期的甲骨文中被频繁提及，并且被广为接受的周王室世系至少可以追溯至所谓的夏代——据称周的祖先不窋在腐败的夏朝失掉了他的官职而流落在戎狄之地生活。不仅如此，文献还显示，周人在其早期的大部分时段住在一个叫豳的地方，位于商王国以西（地图6.1）。尽管在过去的2000年里，关于豳在陕西泾水流域上游的位置没有什么争论，但是一些现代学者主要根据"豳"和"汾"字在古代汉语中发音相似，从而认为山西南部的汾河流域才是周人的故土。尽管后者在地理位置上直接与商相毗邻，但是事实上那里没有任何一个考古学遗址可以被断定为先周时期，且与周王朝时期的文化有明显的承袭联系。

然而在陕西地区——主要沿着渭水和泾水河谷，考古学家们发掘出了大量的遗址，其遗存可以断定在先周时期（与晚商同时）。至于应该怎么把他们和历史上的周人联系起来，这一问题在学术界还有相当大的争论，其中一些遗址的分期和年代的争论让这个问题变得更加复杂。尽管先周文化的问题很复杂，然而比起分布在渭河平原的大部分遗址来说，位于泾水河谷上游的碾子坡遗址（早期遗存）似乎被普遍认为属于一个较早的发展阶段。这个年代的判断不仅基于陶器类型学的研究，而且此遗址中出土的青铜器带有明显的早期风格特点（图6.1），它们类似于安阳所出青铜器中最早的类型。进而，碳14测年把这个遗址的年代定在公元前13世纪末期之前——大约在周王朝建立之前的两个世纪，这为碾子坡的早期年代说提供了进一步的支持。在很多方面，碾子坡的陶器组合特点在后来渭水流域的先周晚期文化甚至是在西周文化中继续存在；尤其是其所出卜骨的修整方式并不是商的传统，而是同

图6.1
碾子坡出土的青铜器和甲骨：1-2，鼎；3，瓿（盛酒器）；4，甲骨

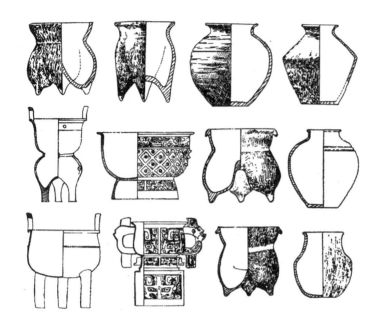

图6.2
先周晚期的青铜器和陶器的例子：青铜器的类型包括甗（蒸食器）、簋（盛食器）和鼎（烹煮器）；陶器包括鬲和罐

西周的占卜习俗一脉相承。在此顺便提及，尽管碾子坡或许并非古豳的遗址，然而，这一遗址位于泾水上游的事实为周人在泾水上游区域活动的历史记载提供了一些支持。

位于渭水流域的先周文化遗址通常在年代上晚于北方的碾子坡早期遗存，前者明显显示了一种可以在三种陶器制作传统下进行分析的典型的文化元素的混合（图6.2）：（A）可能在陕西地区发展起来的因素，以三足的连裆鬲和宽肩陶罐为典型代表；（B）可能起源于西北地区的因素，以三足分裆鬲为代表；[2]（C）明显同东部商文化传统相一致的因素，比如陶簋和陶豆。这些因素在不同的遗址有不同的组合，除了很少一些只显示出单纯 B 类或 C 类因素的遗址，在多数情况下很难判断此遗址是否被周人或非周人所占据。实际上，近来的分析显示，比起先周文化，西周的物质文化仍然是一个多元素的混合体。在寻找先周文化这个问题上难以下结论，这一事实反映了考古资料的沉默和模棱两可的本质，这敦促考古学家们重新思考他们基本的工作设想。

另一方面，考古学现象仍旧可以反映出至少一部分社会现实——在周伐商之前的世纪里，一群有着高度混合来源的人可能

[2] 对于渭河流域先周时期陶器类型的讨论，见 Jessica Rawson（罗森），"Western Zhou Archaeology," in Michael Loewe and Edward L. Shaughnessy (eds.), *The Cambridge History of Ancient China: From the Origins of Civilization to 221 B. C.* (Cambridge: Cambridge University Press, 1999), pp. 375-385。

居住在渭河平原，处在与外部区域进行文化和政治交流的庞大关系网中。因此，尽管周人的物质文化判定问题仍旧悬而未决，但是考古学工作实际上已经帮助我们阐明了周人走向强盛的文化背景。到了上述那些先周晚期文化遗址所代表的时代，毫无疑问周人已经于公元前 12 世纪晚期时在古公亶父带领下完成了历史性的大迁移，在渭水河谷西部重新建立了中心。换言之，可以说与周人有关并且在灭商之后渐渐成为华北地区主流传统的物质文化，的确是由已经出现在渭水河谷西部的各遗址（与安阳晚期同时）中的因素所形成的。但是，具体哪些遗址与周人或其他哪些族群有关，还可以继续讨论。

事实上，周人的文学传统所反映的其在西北地区的活动中有一场针对密人的军事行动曾经把周人重新带回泾水上游地区——此事发生在文王（古公亶父之孙）期间，周人介入发生在两个小邦之间的一次领土争端事件之后（即文献中讲的"虞芮之讼"）。周人同东部强大的商王国的关系在《诗经》中被大加称颂，据称文王之母是来自商朝的一位公主，并且文王的妻子也来自东方。在先周都城岐邑（现今周原）发现了周人自己制作的甲骨文（Box 6.1），从这些记载中更是有力地证明了他们同商之间的密切关系。令人惊讶的是，这些兽骨和龟甲上的文字显示，除了自己的祖先之外，先周的周王族也祭拜商人的祖先，包括最近死去的商王。这些铭文提供了一个明确的信息，周人在渭水流域建立起自己的地方政权之后，至少在一段时间内接受了商朝是华北地区超级强权的这一政治现实。

周人灭商

公元前 1059 年五月，在岐山脚下周人的都城岐邑可以观察到太阳系的五个主要行星（木星、土星、火星、金星、水星）聚集在西北天空 7°-2° 狭小的天区以内。这自然是一个明显的、不同寻常的天文现象。现代科学研究确认，文献中描述的这次五星聚会发生在最后一位商王的第 32 年，在周人的文学传统中将其描述

周人甲骨

尽管商人以甲骨文闻名,周人无疑也是甲骨占卜的实践者。自20世纪50年代以来,在中国东部部分遗址的周文化地层中相继出土了一些刻辞卜骨。然而出土的数量很少,并且其卜辞内容也难以理解。1977年,在先周时期的都城周原的一处建筑基址中发掘出了大量有周文化背景的甲骨,包括从两个灰坑(H11和H31)中出土的约293片刻辞残片。[3] 自此,这批甲骨及出土它们的建筑基址的年代在学术界引起了激烈的争论。粗略地讲,大部分卜骨是在周人伐商(公元前1045年)之前制作完成的。换言之,它们与在安阳的最后一位商王统治的时期同时。剩余的一部分制作于西周早期。

这些有文字的卜骨残片所涉及的主题甚广,那些较易相互联系起来的包括对已故商人祖先和商王的祭祀,例如汤、武丁(第21位王)、文丁(第27位王)和帝乙(第28位王)。这使一些学者认为这些卜骨是由商朝占卜者所作,并且在商灭之后被带到周朝都城。但是,它们的材质特点和书写的字体风格都与安阳甲骨大为不同,毫无疑问它们是在周文化背景下被制作出来的(图6.3)。周原甲骨中涉及的其他主题包括祭祀文王、王室田猎、祭天等活动。同样有趣的是,有三片卜骨提到了楚国,并且其中两片记载了楚子访问周朝中心的事情。

自2003年以来,另一批约600片刻辞卜骨于周原以西18公里处的周公庙遗址被发现。这些新出甲骨文无疑在内容上更为广泛和丰富,其中提到了周朝早期历史上的许多重要人物,包括文王和其父季历,武王的兄弟召公、毕公,以及有着重要地位的周公。周公很可能是许多刻辞甲骨的占卜主体。然而,绝大部分周公庙新出土的甲骨目前仍未公之于世。[4]

癸子(巳),彝文武帝乙宗。贞:王其卲祭成唐,囗禦囗母。其彝血牲三豚三。卣有正。

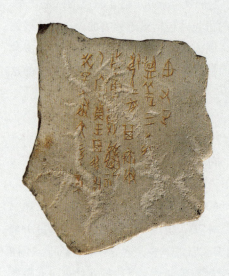

图6.3
周原甲骨

[3]
见陕西周原考古队:《陕西岐山凤雏村发现周初甲骨文》,《文物》1979年第10期,第38—43页。

[4]
见徐天进:《周公庙遗址的考古所获及所思》,《文物》2006年第8期,第55—62页。

第六章　铸造下来的历史：西周国家及其青铜器　　109

为赤乌降临，栖于周社。这一每隔516年才出现一次的罕见天文学现象被周人认为是受命于天的征兆，它促使周人的领袖姬昌正式称王，是为"文王"，从而公开脱离了商朝政权。[5] 更重要的是，文王接受天命的观念后来成为西周国家意识形态的基础，并且在整个西周时期的铭文中被不断称颂。

在文王称王统治的约10年里，周人似乎设法驱逐了居住在渭河流域的大部分商人族群，因此在商王国的西部边缘建立了区域性霸权。甚至在东部地区，周人的武装还有可能进攻了位于山西南部且距离商朝中心不远处的一些小国。作为周人势力增长的象征，文王过世（公元前1049年）前不久，周朝新的都城"丰"在沣河西岸建立，它占据了渭河平原的中心位置。

文王过世时，周人的领导阶层必定是迫不及待地想对商人进行最后一击，而此时的商人正在山东地区展开一系列针对人方或许还有其他一些山东地区本土政权的重要军事征伐。结合传世文献及青铜器铭文中的信息，现代学者们复原了这场划时代的征商战争中的一些重要细节。公元前1046年十二月中旬，武王在为其父守丧三年后向东进发，开始了征商之役，周朝军队于公元前1045年一月中旬到达商都安阳南郊的牧野。[6] 周人联合来自西土的各个部落和族群来对抗据说在数量上远超周师的敌人。显然，这场战争异常残酷血腥。根据1978年陕西出土的利簋上的铭文记载（图6.4），战争在甲子日早晨开始，并且一直持续到夜里，在次日日出时周人大获全胜。最后一位商王纣撤回到朝歌，同他心爱的嫔妃一起自焚身亡。[7]

利簋（JC：4231）

　　珷（武王）征商，隹（唯）甲子朝，歲鼎（貞）克聞，夙又（有）商。辛未，王才（在）𤼈𠂤（師），易（賜）又（有）事利金，用乍（作）䢇（檀）公寶噂彝。

这场奠定了西周王朝基础的历史性战役是中国西部山地和河谷中的部族联盟与东部平原的商和亲商部族之间的一次重要对决。武王没有充分理解这一对抗所带来的长期影响，他采取了一种临

5
David W. Pankenier, "The Cosmo-Political Background of Heaven's Mandate," *Early China* 20 (1995): 121-176.

6
Edward L. Shaughnessy, "'New' Evidence on the Zhou Conquest," *Early China* 6 (1981-1982): 66-67.

7
临潼县文化馆：《陕西临潼发现武王征商簋》，《文物》1977年第8期，第1—4，73页。

图6.4
利簋（高28厘米，口径22厘米）和其上记载的周伐商的铭文

时性占领的政策，让两个兄弟管叔和蔡叔驻扎在商都城附近，而最后一位商王的儿子武庚作为名义上的国君来统治那些被征服的商人。周人军队主力则随周王返回西部。公元前1043年，在伐商仅两年后，武王过世，周公成为周王室实际的领导者。周公的两位长兄和武庚及其东部平原的殷商遗民一起起兵反叛西部的周王室。三年后，周人才重新获得了对东部地区的控制权，在追击殷商遗民并清除未来可能的反叛者的过程中，周人将势力推进至河北北部和山东西部一些地区。在南方，周人的军队可能已经到达淮河以北的地区。

为了提升周公的地位，西周之后的儒家文献倾向于夸大战争发生时成王的年幼程度，以此说明周公在这异常艰难的时期，通过不懈的努力成为周朝政治秩序的真正创建者。青铜器铭文则显示，成王在这时实际上正在东部地区领导军事征伐。毫无疑问，周公和已故武王的另一位弟弟召公在巩固周朝对东部地区的控制上均发挥了重要作用。铭文中记载周公征服了山东地区的亲商诸侯国，包括最重要的奄和薄姑。召公（太保）被认为平定了东部地区可能效忠于商的五个地方政权，他在周朝的重要地位甚至比周公延续得更久。[8] 在很大程度上我们可以说西周国家是第二次伐商的结果，而非武王时期的第一次伐商的产物。

周王朝的都城网络和西周物质文化

晚商国家的政治和宗教力量集中于一座单一的大城——安阳；与此相反，西周的王权则依赖于渭河平原上连接多个王室中心的一个网络。这些城市首先包括先周时期的都城岐邑（铭文中称其为"周"），它在整个西周时期（公元前1045—前771年）持续繁荣。位于沣河西岸的"丰"为文王期间所建；沣河东岸的都城"镐"建于武王期间，在青铜器铭文中被称为"宗周"。尽管过去和现在的学者对这些城市和青铜器铭文中提到的周王室中心的关系有疑问，但他们对这些城市的地位和位置的看法大体一致。除了上述三座城市，在青铜器铭文中也经常出现莽和郑；前者在镐京的东南方向，后者在岐邑以西的地区。这五座城市很有可能正是铭文中所提到的构成周朝地方行政最高级别的"五邑"（地图6.2）。在东部，一座新的城市成周（现今洛阳附近）在周灭商后不久便建造起来了，自此作为西周国家在东部平原地区的行政中心而存在。重要的是，我们发现周王在这些城市中频繁现身（郑在西周中期较为频繁），从事接见官员、宣布任命、举行国家仪式和宴会等活动。

尽管这些城市彼此之间在社会政治功能上略有不同——例如，岐邑（周）可能是所有王室宗庙的所在地，然而它们展现了一种相当程度的复杂性，并且它们都是周王朝的基础。也许是由于它们作为王室中心的特殊政治地位，周朝廷经常任命官员全面负责这五座城市中的某些事务。他们的职责范围从宗教到地方治安；就我们所了解的，西周晚期时还有一位负责控制这五座城市中农业人口的官员。铭文中明确显示，这些职责与特定城市的专属官员所履行的常规职责有明显不同。[9]

毋庸置疑，这些主要的城市同时也是考古工作集中的地区。

[8]
有关西周早期历史发展的讨论，见 Edward L. Shaughnessy（夏含夷），"The Role of Grand Protector Shi in the consolidation of the Zhou Conquest," *Ars Orientalis* 19 (1989): 51-77.

[9]
Li Feng, *Bureaucracy and the State in Early China: Governing the Western Zhou* (Cambridge: Cambridge University Press, 2008), pp. 165-170.

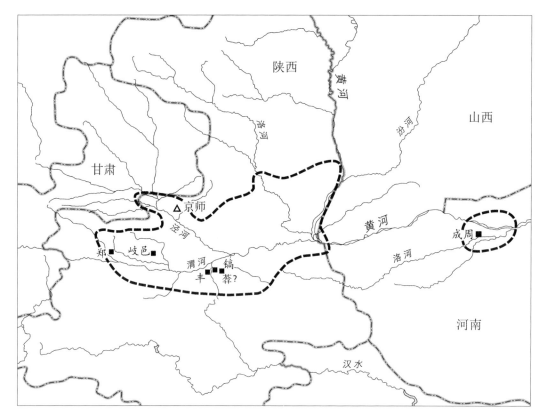

地图6.2
周王朝中心地区：王畿范围

到目前为止，丰、镐和岐邑这三座城市的存在已通过考古发掘得到确认，而莽和郑仍在寻找之中。经过调查，考古学家在这三处中心遗址发掘出了大量的宫殿和宗庙基址，并在三座城市的居住区和相关墓地中发现了大量的遗物。它们中的每一类资料都构成了一个可以专门研究的单独领域，这些研究可以确定它们的具体年代，并且探索其文化含义。但也许，对它们主要特征的描述可以帮助阐明这些中心遗址所表现出的周文化的重要特征。西周早期的青铜文化继承了商代青铜器庄严而神秘的特点，这表现在对各种兽面纹的使用上。在一些高质量的器物中，周代工匠能够通过使用高起的飞棱和更加突出的悬垂装饰（通常是预先铸好，然后在铸造器身时一起镶嵌在范上）创造出一种更为精致的青铜器外观（图6.5）。总的来说，西周早期青铜器的轮廓更为曲线化，较之商代青铜器更加优雅，比例更加匀称。几乎晚商期间流行的所有青铜器类型在西周早期仍继续存在，但是酒器——如斝、觚和爵——的中心地位似乎丧失，让位给一种新的对食器的强调，包括鼎和簋等。

图6.5
西周早期铜器——卣（高35.5厘米,体宽22.8厘米）

即使是在相同类型的青铜器中，举例而言，铸在高方形基座上的簋（比如利簋）无疑是周人的一种创新。尽管中心遗址作坊里的西周早期工匠是在极受商文化影响的制作传统中来操作的，然而到西周早期的中段，他们无疑已经创造出了完全可以与商人的青铜器区别开来的一套风格（图6.6）。

进入西周中期的前段，周人的青铜器文化发生了重要的新变化。曾经在商代青铜器艺术中占主导地位并且也象征西周早期青铜器特点的神秘特征开始消失——极少数的青铜器仍旧使用兽面纹样并展示出由飞棱和悬垂装饰所创造出来的复杂表面结构。的确，工匠似乎将他们的兴趣转向更为详细平实地刻画所偏爱的形象。这种趋势产生了通常用夸张的羽毛来描绘的各种形式的鸟纹，它成为西周中期青铜器上最显著的特征。同时，酒器组合开始在渭河平原的墓葬中彻底消失，尽管有一些仍在陕西以外的区域中心使用了很长一段时间。墓葬青铜器的新组合遂即产生了，包括几乎全部的食器，辅以一套用来洗手的水器。这两个变化结束了

图6.6
西周青铜器的风格演变：1和7为尊；2和6为卣；3为觥（盛酒器）；4为方彝；5为簋；8和12为鼎；9为壶；10为盉；11为簠。1-4属于西周早期，5-8属于西周中期，9-12属于西周晚期

长期以来的商代青铜器制作传统。几乎是在穆王的统治刚刚结束之后，周代青铜器立即有了另一个新的转变——各种形式的鸟纹在结构上开始解体，并且逐渐演变成为不同形式的抽象几何图案。这些新的几何图案经常以粗线条作为单层浮雕，并且可以向四个方向自由复制，因此在青铜器表面装饰中不存在可以作为视觉焦点的图像。[10] 这种艺术表达上的新趋势似乎在西周晚期到来之前就已形成，直到春秋晚期以前一直在中国青铜器艺术中占据主导地位。

10

Lothar von Falkenhausen, "Late Western Zhou Taste," *Études chinoises* 18 (1999): 143-178；关于西周铜器类型和装饰演变的更详细的讨论，见 Jessica Rawson, *Western Zhou Ritual Bronzes from the Arthur M. Sackler Collections* (Washington, DC: Arthur M. Sackler Foundation, 1990), pp. 15-125。

在周代青铜器文化中，中心区域发展出来的新标准赢得了西周国家大部分地区的接受；与之不同的是，西周的陶器文化基本上保持了地方特色。尽管渭河平原的陶器传统在先周时期就已采用了商文化中的某些类型，比如簋和豆，然而在墓葬中"鬲罐组合"的出现频率之高表明了这是一种从根本上与商不同的陶器文化。事实上，即使在整个西周早期，东部平原的陶器组合一直在延续商文化的传统，然而在渭河平原上的西周中心遗址的陶器文化似乎经历了一个对不同来源的陶器类型进行适应和改造的长期过程。例如，在先周时期出现的三种不同类型的陶鬲均融入了在周代都城丰和镐发现的陶器组合之中（图6.7）。进入西周中期，在中心遗址——比如丰和镐，随葬的陶器类型似乎经历了一个规范和简化的过程。在渭河平原地区的标准随葬陶器组合的使用上，单个遗址中的类型变化幅度明显缩小，但是遗址间的变化逐渐明显。例如，西周晚期，陶器类型在制作和使用上的不同甚至都可以在周原以西和丰—镐地区（渭河平原中心）之间看到。

"封建"，而非"Feudalism"

在很长一段时间内，西周国家的政治系统被放在西方历史学家分析欧洲中世纪的 Feudalism 的理论框架下来分析。[11] 在这一框架下，西周国家被看作由契约形成的责任将封臣和周王松散地结合在一起的半独立政治实体的简单集合。在这种关系中，周王对其狭小的王畿之外的区域几乎没有什么权力。另一方面，周朝政府是由几乎等同于周王仆人的一些世袭官员组成的。近年来的研究分析表明，这是对西周政治体系的一种错误描述。一些新近发现的铭文显示，即使在西周晚期，周王仍旧能够指挥地方的军队在远离渭河平原的地区进行作战。很明显，这是一个国家的机制在运转，而且这个机制是被地方成员，并且在很大程度上也是被周王及王室官员所认知的。从根本上说，"西周 Feudalism 论"的失败是由于 20 世纪 70 年代以来 "Feudalism" 的合法性在欧洲历史中受到严重挑战，从而它在全球范围内作为一种重要的社会政治

---

[11] 这种观点最典型的见于 Herrlee G. Creel, *The Origins of Statecraft in China*, vol. 1, *The Western Chou Empire* (Chicago: University of Chicago Press, 1970), pp. 317-387。

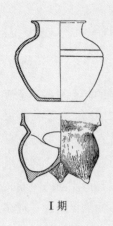
Ⅰ期

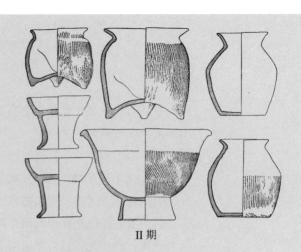
Ⅱ期

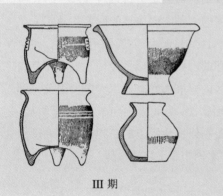
Ⅲ期

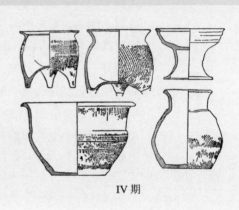
Ⅳ期

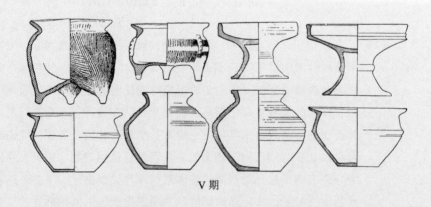
Ⅴ期

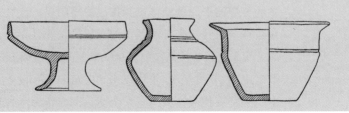
Ⅵ期

第六章　铸造下来的历史：西周国家及其青铜器　　117

模式崩塌了的缘故。现今，只有极少数的学者坚持认为"Feudalism"是描述中世纪欧洲复杂情况的一种合理方式。[12]

代表西周国家特点的政治体系被后来战国时期的政治家们称为"封建"（字面上讲就是划定边界和建立国家），但是形成这一术语的两个特点在西周青铜器铭文中均有来源，并且明显是在与建立地方封国有关的语境中被使用的。一些铭文中甚至记载了地方封国建立时的情形，如20世纪50年代发现的宜侯夨簋在这方面的记载最为全面（图6.8）。[13]

宜侯夨簋（JC: 4320）

隹（唯）四月，辰才（在）丁未，王省珷王、成王伐商圖，祉省東或（國）圖。王卜于宜，入土（社）南鄉。王令虞侯夨曰：郡（遷）侯于宜，易（賜）鬯邕一卣、商甗（瓚）一、□、彡弓一、彡矢百、旅弓十、旅矢千，易（賜）土：氒（厥）川三百□，氒（厥）□百又廿，氒（厥）宅邑卅又五，氒（厥）□百又卌。易（賜）才（在）宜王人□又七生（姓）。易（賜）奠（鄭）七白（伯），氒（厥）盧□又五十夫。易（賜）宜庶人六百又□六夫。宜侯夨揚王休，乍（作）虞公父丁尊彝。

因此，地方诸侯从周王那里接受形成地方政体的一切条件来保卫周朝国都；尤其值得注意的是所授予的人口，他们要么来自周王的财产，要么来自国家财富。没有任何一篇青铜器铭文记录周朝建立的地方封国的总数目，但是战国时期的文献中列出了由武王的兄弟们或武王和周公的儿子所建的26个国家。对于一些重要的封国来说——比如卫、晋、鲁和燕，周王和地方诸侯的宗谱关系可以通过青铜器铭文来证实；因此，通过"封建"，周王的宗族实际上在华东地区建立起了众多宗族分支。此外，地方封国并非随意分布（地图6.3）；他们或者是建立在以前商人的要地上，或者位于华东地区主要交通路线的关键点上，从而形成了一个能够有效保卫周王朝的庞大网络。

地方封国的建立首先是由西周国家大的战略需要所决定的。一旦正式建立，地方诸侯便享有决定各自国家行政事务的所有权力，并且铭文显示周王给予地方诸侯的恩惠和优待明显高于在中

图6.7
张家坡的标准随葬陶器组合

[12]
Li Feng, "'Feudalism' and Western Zhou China: A Criticism," *Harvard Journal of Asiatic Studies* 63.1 (2003): 115-144.

[13]
江苏省文物管理委员会：《江苏丹徒县烟墩山出土的古代青铜器》，《文物参考资料》1955年第5期，第58—62页。

图6.8
宜侯夨簋及铭文

央朝廷服务的王室官员。除了一些关系到周王利益的诸侯继位等事务外，没有证据表明中央朝廷曾试图干预地方封国的内部事务。继位问题会使地方诸侯陷入与周王激烈冲突的境地，并且可能需要通过战争手段才得以平定，正如夷王短暂统治期间发生的齐国（位于今山东）的事件。然而，地方封国并不是独立的王国，而是要积极参与西周国家的政治生活。西周早期的铭文显示，即使可能没有规定，地方诸侯去渭河平原的周朝都城觐见周王的频率也一定非常多，尤其是对新近建立的国家来说。此外，青铜器铭文也显示周王在地方封国内安插了听命于王室的"监"官，这一惯例在整个西周时期一直持续。因此，周朝的政体是一种通过授予地方机构行政权力而实现对那些被视作周"领域"内的整个人口进行政治控制的设计。显然，周王把整个西周国家的整体安全作为其职责所在，若有必要便在组织军事行动中号召地方诸侯一起来捍卫它。地方诸侯不仅享有高度的行政自主权，同时也要对西周国家履行义务。[14]

然而实际上，随着时间的推移，周王和地方统治者之间的纽带自然会被削弱，因为在宗谱上诸侯的位置变得离周王越来越远。当地方诸侯扎根于各自区域的地方社会，就会不可避免地产生一

14
关于地方封国的地位和作用，见 Li Feng, *Bureaucracy and the State in Early China*, pp. 235-270。

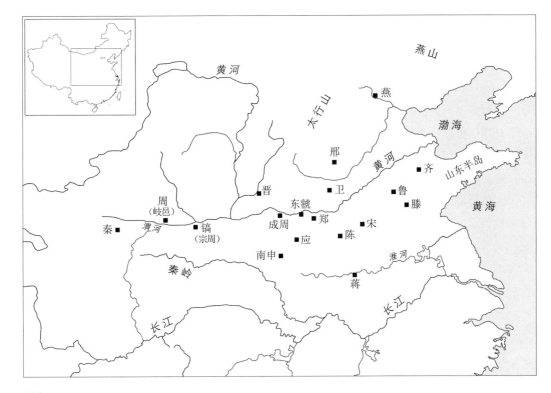

地图6.3
周朝主要地方封国的分布

种造成西周国家衰微的离心力。[15]

地方诸侯国的发现

20世纪80—90年代，地方封国成为西周考古的焦点。在新世纪之初，考古工作者已完全或部分发掘了约10个地方封国的文化遗存，其年代都在西周时期，包括卫、应、虢（河南）、鲁、齐、滕（山东）、邢（河北）、燕（北京）、晋（山西）和秦（甘肃）。其中最系统性地勘探过的遗址为晋和燕。晋国的中心位于山西南部汾河流域下游，20世纪80年代初以来，考古工作者在那里发掘出了大片居住遗址和墓地。1992年在北赵村南部发现的一处重要的墓地中，九位晋国的国君同他们的配偶排成三排被埋葬，其年代在西周早期到春秋早期之间。最近，位于墓地南部的一处大坑被发掘，出现在晋侯死后世界的48架战车连同105匹马一起构成了一幅激动人心的画面。由召公之子所建的燕国位于北京南面的琉璃河，在那里不仅发现了一座包含不同规格墓葬的墓地，而且在墓地不远处还发现了带有城墙的都城。最重要的是，在一座大墓（M1193）

[15] 关于西周衰弱，见 Li Feng, *Landscape and Power in Early China: The Crisis and Fall of the Western Zhou 1045-771BC* (Cambridge: Cambridge University Press, 2006), pp. 110-121。

中发现了两件青铜器（克罍和克盉），上有铭文记载周王最初分封燕国的情形，这座墓葬明显属于第一代燕国国君（图6.9）。这些发现不仅确定了先前从传世文献和铭文中所知的地方封国燕的地理位置，而且也对它们的物质文化特征提供了新的认识。最重要的是，西周地方封国的考古学发现为我们了解东周时期地方文化的根源提供了新的思路。

通常在青铜器纹饰设计方面，距渭河平原上的周朝都城远近不同的地方封国的精英文化同西周中心地区保持了明显的一致性。在历时性方面，地方青铜器似乎紧随中心地区青铜器的发展趋势，这种现象曾使学者们认为地方封国和中心地区保持着紧密沟通的关系，在中心地区发展出的新式样很快就被地方封国所接受和应用。事实上，地方封国的这种物质文化现象也可以通过地方诸侯和他们的官员对周朝首都的朝见来解释，这在地方中心发现的很多西周早期和中期前段的青铜器铭文中常有记载。不同地区之间的青铜器存在的细微差异需要进一步研究来澄清。直到西周晚期，一些地方中心不再继续使用渭河平原的青铜器类型这一情况到来之前，这些差异并不是那么重要。到了这个时候，其他的地方中心开始根据当地陶器的形态来创造一些青铜器的新类型。不过，以更为实用的物品——比如陶器——为代表的物质文化则显示了极为不同的发展趋势，它与当地的传统密切相关。例如，像邢和燕这样的地方中心的陶器组合与伐商之前的文化显示出了强烈的联系——而非周人的制作传统；周文化的陶器传统仅在西周中期以后才开始逐渐被引入那些遥远的地区。然而在晋国所在的汾河流域，陶器组合基本同渭河流域相同。

因此，从纯粹的考古学视角来看，西周国家的形成可以被看作一个渭河流域以外的那些带有强烈本地传统的各个地区植入周人精英文化元素的过程；并且自西周中期以来，周文化传统和不同地方传统的最终融合为东周时期繁荣的地方文化奠定了基础。

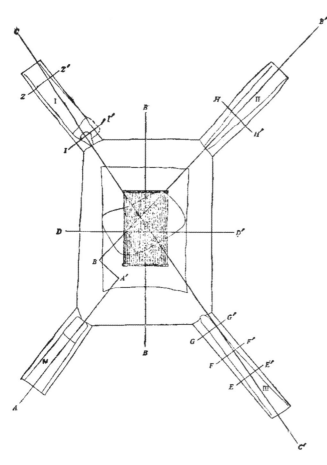

图6.9
琉璃河1193号大墓和从中出土的克罍及铭文

外部世界和西周早期的大扩张

周绝对不是当时中国唯一的强权。如前文明确指出，晚商时期南方长江流域乃至北方草原地区存在发达的青铜时代社会，并且在西周时期继续存在。周王朝曾经通过建立地方封国来加强对沿东部平原边缘的地理空间的控制。有足够的证据表明，分封地方诸侯国的做法在西周王朝后期应对边界不断变化的局势时再次被采用。作为一种制度性的实践，这个过程在成王（伐商后第二代国君）统治时就已基本完成。在康王中期（伐商后约50年），[16] 周朝边疆得到进一步巩固，它成为后来王室军队和地方武装联合进行军事和文化扩张的新前线。

青铜器铭文显示，康王末年曾组织了两场重要远征，征伐的目标可能是位于鄂尔多斯南部的一个社会，它位于周朝以北，跨越陕西和山西北部的复杂地形。敌人是安阳的甲骨文中所记载的先前同商人交战的鬼方。小盂鼎中记载俘获了多达13,081人和352头牲畜以及大量的武器、羊和其他战利品。很有可能这场战争造成了在北部草原边缘繁荣了约200年的青铜时代社会的崩塌。继续向西，在最北到达宁夏平原南部的地区发现了典型的周文化墓葬，其青铜器和陶器与渭河流域的风格一致。很有可能周朝军队曾经活跃在北方草原的边缘地带，并且遭遇了北部和西北部更远地区崛起的游牧或半游牧社会的人群。考古发现表明，一些起源于北方文化的群体可能向南迁移，比如倗国，其墓地近来在山西南部的绛县被发现。也有可能一些远在西部中亚地区的外国人到达了周朝，这可以通过在周原地区出土的两件小型的骨雕人像——其高加索人种的特点很鲜明——来说明。其中一件骨雕头部顶端"巫"（代表萨满）的图形表明他可能是一个巫师（图6.10）。[17] 另外，可能来源于印度和西亚的玛瑙以及料器在西周中晚期墓葬中的频繁出现也显示出了这种遥远的联系。[18]

然而，周朝早期扩张的主要方向似乎还是东部的山东半岛地区，目标是被周人称为"东夷"的当地居民。铭文显示，向这些遥远的东部地区发动的一系列战争主要发生在康王统治时期，并且一直持续到昭王早期。一场主要由驻扎在前商都城附近的周朝

[16] 新近发现的青铜器铭文显示，继续了7年的周公摄政之后，成王至少统治了28年。另外传统上讲，康王的统治约持续24—30年。

[17] 关于这个发现的研究，见 Victor Mair, "Old Sinitic *M'ag, Persian Maguš, and English 'Magician'," *Early China* 15 (1990): 27-47。

[18] Jessica Rawson, "Carnelian Beads, Animal Figures and Exotic Vessels: Traces of Contact between the Chinese States and Inner Asia, ca. 1000-650 BC," in Mayke Wagner and Wang Wei (eds.), *Archäologie in China,* vol. 1, *Bridging Eurasia* (Berlin: Deutsches Archäologisches Institut, 2010), pp. 5-12.

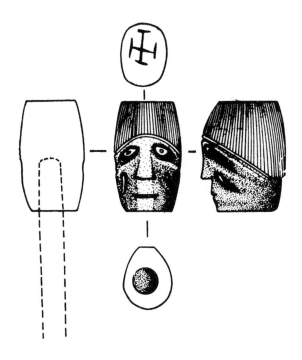

图6.10
周原出土的骨雕

"八师"参与的战争已经到达东部海滨地区,在那里士兵俘获了大量的贝壳,它们是西周国家使用的一种通货。一些铭文也记载了周王在山东西部地区的地方封国领袖的协助下亲自领导战争。虽然我们不能准确地划定这些受到周朝军队进攻的地区,但是铭文中的信息毫无疑问地显示战争的目的是为了征服东部山东半岛的丘陵地区,这些地区历来被认为是"东夷"的腹地。沿半岛北海岸地区的考古学调查,尤其是在这些地区发现的能够显示出与西周中央朝廷有政治联系的有铭青铜器为周朝在东部山东地区的活动提供了有力的支持(图6.11)。

小臣谜簋(JC:4238)

> 叡!東尸(夷)大反,白(伯)懋父
> 吕(以)殷八白(師)征東尸(夷)。唯
> 十又一月,遣自(自)𦰩𨸥,述
> 東陕,伐海眉。雩厥复
> 歸才(在)牧白(師),白(伯)懋父丞(承)
> 王令易(賜)白(師)逵征自五
> 齵貝。小臣謎蔑曆(曆)眔
> 易(賜)貝,用乍(作)寶障(尊)彝。[19]

[19] 马承源:《商周青铜器铭文选》(北京:文物出版社,1986—1990年),第三册,第50—51页。

图6.11
小臣谜簋（高24.5厘米，口径20.0厘米）和其上记载征东夷事件的铭文

西周早期，周与东南部地区的关系历来存有争论，尤其是长江三角洲地区。至今没有可靠的证据表明周与太湖附近的长江三角洲地区（后来吴国的中心）有政治上的联系。在传统史学中，吴国的王室血统可以追溯到周王室宗族，但是，这似乎更有可能是一种牵强附会——公元前5世纪早期，是吴国为了能在仍受周朝思想控制的地区实现统治的合法化而采用的手段。然而，西周中期前段的许多铭文记载，周与淮河流域的联系是通过与所谓"淮夷"之间的一系列战争来实现的。但是，在成王以后直到西周中期开始，没有任何铭文提到同"淮夷"的战争。

战争是西周早期铭文中记载最为频繁的主题，这足以表明在周王朝开始的第一个世纪里，战争对周朝精英的重要性。然而，在随后昭王统治期间，周开始了征服长江中游地区的计划。正如第五章所提到的，这一地区的青铜器文化及其国家形成比东部山东地区有着更久的历史，并且也形成了一支更为强大的对抗周朝的力量。昭王十九年在发动可能针对"虎方"政权的战争时，周师大败。不仅代表近半数周朝军队的西六师在汉水中灭亡，而且昭王也在战争中被杀。当然，没人会铸造一件青铜器来庆祝昭王统治的灾难性结束，但有足够的铭文可以帮助我们重现这一导致周王最终战败的历史发展过程。

尽管昭王最终失败了，然而在周朝铭文中，他仍被作为一位开疆拓土的贤王而得到称颂。1980 年，考古学家在汉水以东、长江以北的黄陂发掘出一处墓地。墓葬中满是周文化遗存，包括一些表明与周朝中央朝廷的人员有密切联系的有铭青铜器。因此，尽管周向南方的进一步扩张由于本土居民的顽强抵抗而受到限制，然而昭王统治的时期也许确实是向长江中游地区扩张的一个重要时期。

建议阅读

- Rawson, Jessica, "Western Zhou Archaeology," in *The Cambridge History of Ancient China: From the Origins of Civilization to 221 B.C.*, ed. Michael Loewe and Edward L. Shaughnessy, pp. 352-449, Cambridge: Cambridge University Press, 1999.
- Shaughnessy, Edward L., "Western Zhou History," in *The Cambridge History of Ancient China: From the Origins of Civilization to 221 B.C.*, ed. Michael Loewe and Edward L. Shaughnessy, pp. 292-351, Cambridge: Cambridge University Press, 1999.
- Hsu, Cho-yun, and Katheryn Linduff, *Western Chou Civilization,* New Haven: Yale University Press, 1988.
- Li, Feng, *Landscape and Power in Early China: The Crisis and Fall of the Western Zhou 1045-771 BC,* Cambridge: Cambridge University Press, 2006.
- Li, Feng, "'Feudalism' and Western Zhou China: A Criticism," *Harvard Journal of Asiatic Studies* 63.1 (2003): 115-144.

第七章

创造典范：
西周的官僚体系和社会制度

西周时期出现了传承至今的古代文献的核心部分。另一方面，在过去的半个世纪里，由于考古学家们的发掘和盗墓者的盗掘，有铭青铜器的数目在稳步增长。与商代甲骨文在安阳以外的地区数目非常有限这一情况不同，有铭青铜器在整个华北地区和部分南方地区的周人或非周人的墓葬和居址中都有发现。这使西周成为中国历史上在书写传播方面最重要的时期之一。同那些常常是破碎的且彼此缺乏逻辑联系的商代占卜记录不同，至少有一组核心的数百篇青铜器铭文是相当长的。的确，许多铸铭青铜器是在祭祀祖先的宗教环境中使用的；然而，它们所记载的历史事件通常与青铜器被使用时的祭祖仪式无关。相反，它们记载的主题范围广泛，比如军功、官员政绩、周王命令、婚姻、家系宗谱、经济交易、外交和法律条约等。当然，在西周社会中青铜器的实际用途也并不限定在宗教场合。比之商代，书写证据在质量上的提高可以使我们对西周的政治和礼仪制度以及社会状况等方面有更好、更连续的理解。

姓和氏：周朝贵族的社会组织

周朝是中国首次采用"姓"的时期，它是宗族系统的标志。一个姓是由共同的祖先凝聚在一起的亲属团体，而且姓通常与本族远祖的母系起源有关。另一方面，氏代表的则是周朝贵族的新近且同时代的社会、政治和经济实体，通常是相对较小的单位，并且彼此通过姓的关系连接在一起。按照惯例，周朝的男性贵族称"氏"，女性贵族通常以"姓"作为她们个人名的一部分，这在青铜器铭文中可以明显地看出来。青铜器铭文还显示，在周朝贵族之间流行的、实际上的一夫多妻制的惯例下，姓作为女性名字的一部分，其使用是基于婚姻区别原则的。学者们认为，姓的引进可能是出于周人联盟内各族群之间对婚姻关系进行规制的需要。[1] 这如果是事实的话，那么姓的发明也可能与先周王朝政体的本质有关——它是以周人为中心的、在渭河流域及相邻区域的众多族群的一个集合体，这些族群帮助周人实现了灭商计划（见第六章）。比如，周王室宗族为姬姓，并且在整个西周时期的 12 位周王中有半数之多的王的妻子来自姜姓宗族——似乎起源于遥远的西方，可能与古代羌人有关。当然，姬姓成员在王室领域建立了许多宗族，并且在东部建立了绝大多数的地方封国。除了姬姓和姜姓以外，青铜器铭文中经常提到的还有大约 10 个互相通婚的宗族，西周时期实际的宗族数目必定非常庞大。

然而，"姓"并不是社会实体，"氏"（即宗族）才是。作为基本的社会单元，周朝贵族中一些有名望的宗族的历史可以追溯到先王朝时期——当他们第一次从王室宗族分裂出来的时候；王室宗族则由一代代的周王连续继承下来。宗族是拥有土地和人民的基本社会单元，并且彼此之间为了政治权力和经济利益而相互竞争。青铜器铭文显示，土地以聚落的形式被占有（在铭文中称"邑"）——即周围被田地所环绕的聚居中心的自然村落。多数宗族在其控制范围内有许多小的邑，是其控制下的农民居住并进行生产活动的地方。在嫡长子继承制下，尽管其他儿子可以组建单独的家庭并且在宗族共同的宗庙中祭拜，然而每代人中只有嫡长子有机会成为宗族的首领。通过铭文也可以看出，尽管宗族的中心和它们控制的大部分土地位于广袤肥沃的渭河平原的乡村地区，然而大部分有势力的宗族也在周王室的中心聚落拥有宅地；这就是为什么在这里频繁发掘出由宗族成员铸造的青铜器（见第六章）。随着时间的流逝，这类的宗族分支可以发展成新的宗族。造成宗族分支

[1] 最近一个关于宗族制度在西周国家形成中的作用的研究，见 Edwin Pulleyblank, "Ji and Jiang: the Role of Exogamic Clans in the Organization of the Zhou Polity," *Early China* 25 (2000): 1-27。

化的另一个可能因素是贵族之间频繁的土地贸易和交换，这不可避免地造成了宗族土地的分裂。也就是说，离宗族中心较远的聚落容易被转化成为新宗族分支的基地。²

后世的儒家经典这样描述宗族分化的过程：每隔五代，宗族中的新支族的男子就需要离开原宗族，建立自己的新宗族，即所谓"有五世则迁之宗"（见《礼记》），由此宗族的人口增长就会保持在可控制的范围内。³自然地，主要宗族和派生宗族之间是有区别的，并且次生的宗族根据其在宗族世系谱上的位置，需要听从主要的宗族（即大宗）的命令。青铜器铭文并不能证实"五世而迁"的实践，但是它们提供了足够的证据表明，在西周时期确实存在着大宗和小宗的区别。也有证据证明，如果发生了需要在周王朝廷上解决的法律纠纷，大宗可以代表小宗参与处理。因此，世系关系是支撑西周时期社会关系的基本逻辑。

世系规则并不只是对个人适用，而主要是宗族之间关系的基础，同时也存在于王室宗族中。从某种程度上说，西周早期建立起许多地方封国的"封建"制度可以看作王室宗族的分化过程。在整个西周时期，周王年幼的儿子们在陕西王畿内不断地接受封地，因此建立起新的宗族；或者，少数情况下成为新的地方封国的统治者。他们因其自身在王室世系上的位置，因而需要遵从周朝都城内的王室宗族的领导。

意识形态与宗教信仰

长期以来，历史学家将商周之间的转变当作中国历史上的一次"革命"。关于这次革命意识形态方面的基础，学者们把"天命"概念的发明归功于周人，与商人的"上帝"（High God）相对立。商周之间意识形态对立的理论被近来有关商代"天"的本质的研究所修订。⁴由于周代缺乏像商代那样的大量王室占卜记录，我们不能用研究商人的方式去了解周人的信仰。然而，作为赋予了人性的神的"天"——宇宙的终极力量，这看上去无疑是周人的一个发现。现代学者进一步为这一概念的出现提供天文学基础——

---

2 氏族分化的过程在位于渭河平原西部的井氏宗族的例子中可以明显看出。在西周中期，井氏兄弟之间分为"井伯"和"井叔"两支。由于"井叔"的一支居于郑地，而另一支居住在周朝都城丰，在西周中期后段，"井叔"又进一步分为"郑井叔"和"丰井叔"两个分支——这两个称呼均被他们各自分支的成员所使用。

3 关于儒家礼书中这个制度及其与西周宗族制度关系的讨论，见 Lothar von Falkenhausen, *Chinese Society in the Age of Confucius (1000-250 BC): The Archaeological Evidence* (Los Angeles: Cotsen Institute of Archaeology, 2006), pp. 64-70。

4 顾立雅首先讨论过这个理论，之后其他学者也讨论过。见 Herrlee G. Creel, *The Origins of Statecraft in China*, vol. 1, *The Western Chou Empire* (Chicago: University of Chicago Press, 1970), pp. 81-100; Cho-yun Hsu and Katheryn Linduff, *Western Chou Civilization* (New Haven: Yale University Press, 1988), pp. 101-111。在他对"天"的观念的研究中，伊若白（Robert Eno）指出"天"作为一个天神在商代存在的可能性，但它和商人观念中的上帝是不同的。见 Robert Eno, *The Confucian Creation of Heaven* (Albany: State University of New York Press, 1990), pp. 181-189。

公元前 1059 年，在周朝都城可以清楚地看到太阳系的五大行星在天空中聚集，这显然被周人当作天命的征兆，并且深入人心（见第六章）。[5] 这一事件促使文王——西周早期青铜器铭文中公认的天命的唯一接受者——宣布称王，从而开启了周朝的王权。

因此，周人灭商不仅是一场军事战争，而且还是一次意识形态甚至是心理上的战争。我们读《尚书》的一些篇章得知，最后一位商王纣被冠以昏庸残忍的暴君之名；他的官员也是整日放纵且嗜酒成性，理应被彻底消灭，而周人则有难以推卸的责任来执行上天对他们的惩罚。正如《诗经》中所讲，"周虽旧邦，其命维新"。这个新的使命不仅要推翻邪恶的商朝政权，而且还要建立一个"新民"的社会，并且那些胆敢与之作对的人将会得到应有的惩罚。基于天命的观点，周公进一步推论，商朝在他们的贤王统治时期也曾经得到过天命——正如夏人被商人讨伐之前那样。因此，被征讨的商人不应该为此怨恨周，是他们自己的王和官员的劣行让他们失掉了天命。

在整个西周时期，青铜器铭文持续不断地歌颂周伐商这一事件的神圣开端，并且由灭商而建立的西周国家被看作一个实现天命的机构。由于天命只能由上天授权——具体讲是授予文王，因此随后的周王中没有人再声称自己是天命的接受者。相反，他们作为王的合法性首先是依靠自己与文王在世系上的血缘联系，它也可以通过仿效先王、恪守良好的品行得到加强，从而保持上天授予周人的天命。另一方面，从夏到商、然后到周的这种天命转移的历史理论实际上也使西周政权的未来处于疑问之中。因此，天命不仅是合法性的来源，也是巨大忧虑的来源——如果周王不以一种负责任的方式规制自己的行为，周人就有可能在将来某个时间失去天命。因此，在西周文献中，特别是西周晚期文献中总有一种对将来可能发生的事情持续的恐惧感。[6]

在关于周人宇宙观和宗教的问题上，"上帝"或"帝"的概念及其同"天"的关系是一个争论的热点。从周原出土的先周时期的甲骨文中判断，周人明显采用了商人"上帝"的概念。正如第五章中所提到的，帝最初可能就是指北极。无论周人对上帝持什么样的态度，似乎可以确定的是，在伐商之后，周朝贵族为了使

---

[5] 见 David W. Pankenier, "The Cosmo-Political Background of Heaven's Mandate," *Early China* 20 (1995): 121-176。

[6] 关于这点见 Eno, *The Confucian Creation of Heaven*, pp. 23-27。

"帝"的概念适应自己的政治目的而对其进行了大规模的修改。一方面,"帝"失去了对于整个人类和自然界的无所不在的权力,这种权力由上天来接管;另一方面,周人似乎创造了自己和"帝"的世系关系,将自己的起源直接追溯到"帝"(就像《诗经》中的"生民"),因此将"上帝"转变成了自己的守护者。周人传至后世的传统更进一步将自身置入一个更有利的局面:他们把周人的女性始祖姜嫄作为传说中帝喾的妻子,并且将商朝女性始祖作为其妃子,这一安排其实明显受到周人嫡长子继承制惯例的影响。因此,在周人的文献中,尽管上天代表了终极的宇宙秩序,然而随着西周王朝的衰落,它渐渐被描述成为一种灾难、死亡和毁灭的根源。与之形成鲜明对比的是,"帝"总是作为周王和周人民的保护者出现,而非一种灾祸的源头。"天"和"帝"的共存是周人信仰的一个重要特征。

"帝"不仅是周人的守护者,而且他还会接待死去的周王——当他们的肉体从世俗的世界中消逝后会升入"帝"的天庭中。在天庭中陪伴"帝"的周王在祭祀期间偶尔也会下降到祭祀他们的宗庙中——也就是由他们的子孙所统治的世俗世界里。因此,祖先祭祀形成了西周国家的基础,它也将周王同有王室血统的各个地方诸侯连接在一种政治和信仰的"共同体"中。由于在宗庙中举行的仪式经常被简略地记载在青铜器铭文中,因此,学者们曾努力地去复原周庙的系统。尽管在不久的将来有些疑问似乎依然不能得到解决,然而对现有资料的分析可以使我们得到王室宗庙组织的一个轮廓。周人的宗庙基本由两大群体组成。第一群被称作"太庙"或"周庙"(位于周或岐邑),可能在先周时期已经建成,由太王占据中心位置,随后增加了王季、文王、武王和成王,五座宗庙形成一个整体。在灭商之后,这个宗庙体系在所有主要的王室中心城市乃至地方封国的中心城邑被重复建造,在周朝贵族之间形成了一个统一的祖先祭祀礼仪(图7.1)。第二群被称为"康宫",始于作为中心点的康王宗庙(太王之后的第六位王),随后依次增添了昭王、穆王、夷王和厉王四位后世王的宗庙。[7]尽管我们尚不知穆王和夷王之间的三位王是否与厉王之后的两位王形成了另一个不同的序列,或者他们是否在一起被祭祀,然而铭文中明显提

---

[7] 关于周朝宗庙体系的新论述,见 Martin Kern(柯马丁),"Bronze Inscriptions, the *Shijing* and the *Shangshu*: The Evolution of the Ancestral Sacrifice during the Western Zhou," in John Lagerwey and Marc Kalinowski (eds.), *Early Chinese Religion,* Part I, *Shang through Han (1250 BC-220 AD)* (Leiden: Brill, 2009), pp. 156-164. 柯马丁认为周朝宗庙的新组织可能在所谓"西周中期改革"中起到重要作用。关于"康宫"及其对西周青铜器研究的重要性,见 Edward L. Shaughnessy, *Sources of Western History: Inscribed Bronze Vessels* (Berkeley: University of California Press, 1991), pp. 199-201。

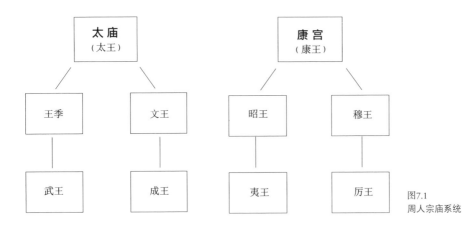

图7.1
周人宗庙系统

到了以"康宫"为首的五座宗庙连成一组，并且他们总是位于一个固定的地方——周（岐邑）。这五座宗庙的安排可能是后世儒家文献中所谓"五世而迁"的最初模型。

必须指出的是，祖先祭祀并不是王室针对王室祖先所独有的，远离王都的以各宗族中心的宗庙为核心的周朝贵族们都在普遍实行。实际上，我们今天所见到的绝大多数祭祀用的青铜器是在宗族祭祀的背景下被铸造的，只有很小一部分为周王所作。近来的研究也认为，宗族（不限于那些从王室世系上分化出去的宗族，也包括他们的姻族，通常为非姬姓的宗族）是通过他们过去曾为文王或武王服务的"关联先祖"（nexus ancestors）与王室联系起来的；并且他们最初与周王室的关系决定了其家族祖孙后代的社会地位。为王室效力或与王室联盟的最初瞬间需要通过仪式来具现化（instantiated），正是仪式的需要，促进了那些奉献给家族祖先的祭祀专用的各种青铜器的铸造。[8] 换句话说，对"关联先祖"的崇敬和持续不断的纪念形成了一个基本的逻辑，为宗族宗庙中祖先祭祀奠定了思想基础，也成为王室宗庙中由各宗族成员参与的宗教典礼的思想基础。这些宗教实践在创造和维持西周的社会秩序方面起着至关重要的作用。

8
见 Nick Vogt（侯昱文），"Between Kin and King: Social Aspects of Western Zhou Ritual" (PhD dissertation: Columbia University, 2012), pp. 35-48, 67。

王室政府的官僚化

与以王室占卜者为中心角色的商朝政府极为不同,周朝中央政府自始便以行政官员为中心,比如司徒、司空、司马,他们被进一步组织成一个常设的政府行政部门,即"卿事寮"。商朝的王室占卜机构是否像吉德炜所主张的那样,已经显示出了原初官僚政治的某些原则,这是一个有待讨论的问题。即使说有的话,它也不会有实质性的发展。但是毫无疑问,一种为实际行政目的而建立的官僚政府在商朝必定是不存在的。在周朝,政府中有大量负责起草和管理文书记录的"史"和"作册"来辅助行政官员。这其中除了"作册"一职可以追溯到商朝,其他官职可能都是周朝的发明。这表明在灭商以后,为了在一个比商朝更大的区域空间内支撑军事及"殖民"事务,周人可能通过改进民事行政而引进了一种管理政府的新方法。在西周早期的大部分时间内,政府是以寡头政治的形式运作的,决策权掌握在一个——或者有时两个——"公"的手中,他们通常是在位周王的叔叔或兄弟,并且明显地掌控卿事寮。正是在意志坚定的几位"公"的领导下,这样的政府管理着西周早期大扩张时的国家事务。

到了西周中期,周朝中央政府明显经历了一个官僚化的过程。这首先表现在周朝中央政府的划分上,形成了三个平行的结构性部门(图7.2)。卿事寮进一步扩展,包括担任"三有司"中各个官职的多名官员。在铭文中与卿事寮相对应的是"太史寮"——周朝政府的主要秘书机构,以太史为首,由众多的史官协助工作。"王家"和其众多的地方财产的管理发展成为一个以宰为首

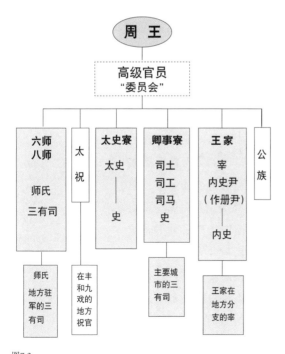

图7.2
西周中期中央政府的组织

的单独的行政系统。另一个并行的机构是从太史寮中分离出来的内史署。内史署以内史尹为首，位于王宫之内，协助周王处理各项事务。另一个重要的发展为军事系统；在西周中期，著名的八师和西六师都已发展成为一个庞大的行政系统，并由其自己的官员来管理隶属于军队的财富和土地。屹立在这四个部门之上的是以固定顺序出现的五到六位高层官员，他们构成了中央政府的决策机构，并且在法律事务中担任裁判。这进一步显示了一种非个人性质的行政原则的发展。9

　　重要的是，任命官员的程序也变得官僚化了，遂产生了一种新的青铜器铭文类型——"册命金文"。有约 100 余篇铭文持续不断地记载着册命仪式，它们通常发生在周王占据的各种建筑设施或由个体官员控制之下的各个官署中。在这一基本全部由周王主持的册命仪式中，周王以书面形式的任命一般由内史向候选官员们宣读；候选官员们通常由一位上级官员引领带入庭院，遂引荐给周王。然后，被任命者接受写有王命的简册，将其带回家中后，转铸到青铜器上。无论是参与的官员还是每一环节的具体执行，整个过程都是高度规范化的。为纪念王室册命而铸造大量铭文（我们所见到的可能只是西周中期到晚期所有册命铭文的一小部分），这样的事实强有力地表明了周朝贵族赋予政府服务高度的社会价值（Box 7.1）。在西周中期之前，许多铭文是用以纪念军功或接受周王赏赐，它们中没有一件是用于记录王室册命的实际过程。10

　　官僚政治的特点在政府官员的选拔过程中也很明显。尽管传统文献倾向于将西周描绘成一个官职世袭的时期，然而青铜器铭文则描述了一个更为复杂的情况——虽然周王做出了许多世袭性质的任命，他仍然有相当大的自由来操纵这个系统，任命那些家族里没有在政府任职历史的官员，或任命他们担任与其祖辈不同的官职。这一趋势与周朝政治的另外一种实践相吻合——晋升。对铭文的更进一步分析显示，年轻的贵族通常被任命担任高级官员的辅佐之职，经过一些年的服务之后，这些年轻的贵族才被提升为正职官员。研究显示，尽管家族背景很重要，然而在政府任命中，个人才能也是一项重要的考虑因素；这一系统最晚在西周中期就已经建立起来，官员们的优秀表现成为引导他们迈向官僚阶梯中

9
见 Li Feng, *Bureaucracy and the State in Early China: Governing the Western Zhou* (Cambridge: Cambridge Vniversity Press, 2008), pp. 42-95。

10
关于最近对册命制度和仪式的研究，见 Li Feng, *Bureaucracy and the State in Early China*, pp. 103-114。

Box 7.1

册命金文的例子：颂鼎

这篇149字（不计重文）长的铭文铸在至少三件半球形的鼎上，它们构成了原初铸造的一套鼎中幸存的一部分，其风格类似且稍晚于多友鼎（图7.3）。铭文对昭王宗庙（康宫宗庙群体的一部分）里举行的册命仪式做了最为详细的一次描述。作器者"颂"也被认为是一短篇铭文中的"史颂"，这篇短铭被铸在至少两件史颂鼎和五件史颂簋上。颂鼎铭文如下：

隹（惟）三年五月既死霸甲戌，王才（在）周康卲宫。旦，王各（格）大室，即立（位）。宰弘右颂入门，立中廷。尹氏受王令（命）书，王乎（呼）史虢生册令（命）颂。王曰："颂，令（命）女官嗣（司）成周贮廿家，监嗣（司）新寤（造）贮，用宫御。易（赐）女（汝）玄衣黹（黼）屯（纯）、赤市、朱黄、鏓（鸾）旂、攸（鋚）勒，用事。"颂拜頴首，受令（命）册，佩呂（以）出。反（返）入堇（瑾）章（璋）。颂敢對揚天子不（丕）顯魯休，用乍（作）朕皇考龏（恭）弔（叔）、皇母龏（恭）姒寶障（尊）鼎。用追孝，蘄（祈）匄康鲞屯（纯）右（祐），通祿（祿）永令（命）。颂其萬年眉（眉）壽，畯（畯）臣天子，需冬（終）。子子孫孫寶用。[11]

[11] 马承源，《商周青铜器铭文选》，第三册，第302—303页。

更高层次的条件。[12]

尽管官僚政治的趋势在西周晚期持续发展，西周政府官僚化的整个过程似乎并不是一种对主要发生在西周早期的军事扩张的回应，而是大扩张结束以后西周国家内部重组的一个自然过程，这个过程随着王朝的衰落而加强。这种官僚政治的发展模式在古代世界中有许多相似的例子。然而还应注意的是，官僚化政府的特点似乎并没有影响到那些地方封国的政府，后者即使在春秋早期依然保留了大量私人性质的和非官僚化的特点。

西周中期的转变

历史学家、艺术史学家和考古学家对于发生在西周中期的变革各自采用不同的研究方法。早先，考古学家在西周贵族墓葬的随葬

[12] Li Feng, *Bureaucracy and the State in Early China*, pp. 190-234.

青铜器中发现了一个重要的变化——在西周早期颇为流行的酒器组合逐渐被一种几乎全部由食器所组成的新的器物群所替代。艺术史学家的兴趣主要集中在对青铜器本身的研究上；他们假设在西周中期发生的变化可能是某种"礼制改革"或"礼制革命"的结果。[13] 这些变化十分明显，并且在重塑起源于商代的青铜艺术传统方面起到了非常重要的作用。西周中期结束时，周代青铜艺术已经形成了一种全新的面貌（见第六章）。然而，这里关键性的缺失在于，在青铜艺术中可观察到的这些变化是否与在周朝政治礼仪系统中由一个（或多个）主体所推行的体系性的变化有关，或者它们仅仅是一

13
见 Jessica Rawson, "Western Zhou Archaeology," in Michael Loewe and Edward L. Shaughnessy (eds.), *The Cambridge History of Ancient China: From the Origins of Civilization to 221 B.C.* (Cambridge: Cambridge University Press, 1999), pp. 414-434。也见 Lothar von Falkenhausen, "Late Western Zhou Taste," *Études chinoises* 18 (1999): 155-164。

图7.3
多友鼎及其铭文。铭文记载周与狁犹在周朝都城西北沿泾河流域的四个地点发生的战争

种"流行样式"的改变——这种"流行样式"可能逐渐在周朝的工匠之间形成,并最终被周朝贵族接受。在周朝礼制体系中可能发生的事情真正得到证明之前,这种所谓的"改革"理论依然只能是一个假设。

近年来,对西周时期礼制传统和礼制实践的一项系统研究为恢复这一缺失的环节迈出了第一步——这个环节至少在某种程度上与青铜器艺术的变化有关。根据这一分析,西周中期经历了一个转变,从结合了许多自商朝继承而来的礼制技术(ritual techniques)的礼仪实践——以周王为中心并且加入各宗族成员,转向一种试图在周朝贵族之间创造并实现内部分化的礼制系统。在西周早期大扩张结束之后,当战争不再是贵族赢得荣誉和名望的主要途径时,这种新的趋势可以使周王持续给贵族分配荣誉和名望。因此实际上,这个新的系统起着强化周王权力并维持周朝贵族团结的作用。在周朝礼制传统的变化上,这一重要变革的时间被确定在穆王统治晚期——实际上是礼制技术多元化的高峰期,此后许多礼制技术迅速消失。[14] 在西周中晚期的青铜器群上所观察到的新的标准和模式——与贵族的个人等级和地位的关系更为密切——是这一相似趋势的反映。

总的来说,西周早期大扩张的结束似乎使西周国家和社会处于一种不同的发展趋势,而这种趋势在接下来的100年间得到发展。政府体制和礼制实践的变革是发生在西周中期的更大范围的社会政治变革的两个方面。在王室的历史上,五位周王在位的总年数比一个贵族家族的三代所持续的时间还要短。[15] 造成这种短暂统治的原因可能是自西周开始以来发生的第一次非常规权力继承的小插曲——孝王继承他的侄子懿王之位成为第八位周王。在对外关系上,西周中期,周人经历了自西周王朝开始以来的第一次大规模外族入侵——来自淮河流域土著居民群体的入侵对周的东部都城(现今洛阳)的安全构成了严重威胁。随着周王室力量的衰弱,王室和地方封国之间的关系也受到一些地方诸侯野心的挑战,比如齐侯,他是夷王时期由王室主导的一场战争中的主要攻击目标。这些迹象显示,周王朝已经不再有能力将敌人阻挡在疆界之外并使地方诸侯和王室利益保持一致了。从社会层面上讲,大扩张结

---

[14] 见 Vogt, "Between Kin and King: Social Aspects of Western Zhou Ritual," pp. 316, 329-332。

[15] 这就是2003年在眉县发现的单氏家族铜器,包括逨盘,它提供了一个和周王在位期间相连的家族世系。

束最重要的影响是它排除了将渭河流域的人口迁移到新占领的地区，从而建立新的区域政体以扩大周朝领土的机会。青铜器铭文显示，周王不再有能力授予宗族们大块土地，而不得不零碎地分发那些彼此相距甚远的小片土地。另一方面，宗族之间也买卖小块土地，这反过来加速了上文所讲的宗族分裂的过程。这种转变本身就是一种对土地资源激烈竞争的迹象，它发生在大片的边际土地被耗尽之后。和土地所有权相关的纠纷乃至对农产品进行掠夺的事件被频繁地报告到周王室，并且被那些赢得了各自法律案件的人记录在青铜器上。这些铭文为我们提供了一幅激烈争夺经济资源的生动画面，它反映了西周中期王畿内的社会冲突。简言之，现有证据表明，西周中期是社会变革的一个重要时期。

西周国家的本质

正如第六章所讨论的，西周国家长期以来被放在"Feudalism"（曾被误译为"封建制度"）的框架中来考察，这是与欧洲中世纪的一个错误对比，由此导致了对西周政治系统的一连串错误理解。最重要的是，这种比较使先前的学者们错误地认为周王和各地方诸侯之间的关系如同欧洲的君主与封臣的关系，是建立在契约规定的互惠基础之上的；这也误导学者们用"feudal fiefs"的术语来解释西周地方封国的本质。然而，这些主张都是不对的。近年的研究也进一步显示，在描述西周国家的特征方面，其他的社会政治模式如"城市国家"和"领土国家"也是不恰当的。[16]

为了把握西周国家的本质，并且凸显其对于比较研究的价值，我近来将其描述为一种以"代理原则"为基础的"邑制国家"。一方面，现任的周王以一种力量来实行统治——在周人的政治哲学中这种力量被理解为来自文王，他是周王朝的真正创建者，也是天命的唯一接受者。另一方面，周王将其行政权力授予那些地方封国的诸侯们，他们是周王在地方上的代理。在这样的政治体系中，地方诸侯在其各自国家内决定所有内部事务的权力完全被周王所认可，但是地方诸侯并不是独立的"有主权的"统治者。王室宗

16
见 Li Feng, *Bureaucracy and the State in Early China*, pp. 271-299。

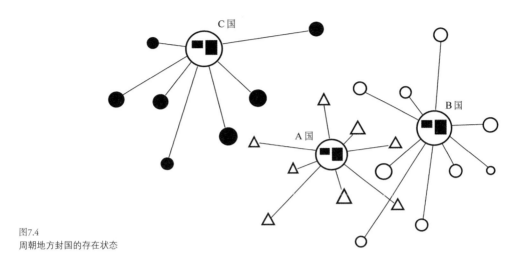

图7.4
周朝地方封国的存在状态

族的亲属结构提供了一条主线，沿着这条主线周王分配了政治权力，将这些权力给予地方封国。因此，地方诸侯不仅是周王的地方代理，同时也是周王宗族的成员（如果是非姬姓诸侯国，则是姻族），他们由共同的祖先祭祀捆绑在一起。他们对周王保持忠诚并且参与西周国家的事务不仅是因为惧怕周王的军事力量（这当然也很重要），而且还在于他们对自己权力来源的理解，这种理解要求他们履行道德和法律上的义务，并对其共同的祖先保持敬畏。

西周国家的基本使命就是控制那些散布在中国北部山谷和平原上的数以千计的邑。西周国家的政治力量及它的许多地方代理将这些邑编织成一个巨大的网络；这就是邑制国家，而且这个邑制国家是基于血缘的有序组织。西周国家可以被看作一个巨大且有层次的邑的网络，这在地缘政治关系中有两个重要的含义：（1）国家并不是以一个由边境线所划分的完整的地理板块的形式存在，而是以在其控制下的许多邑的实体存在为特点；（2）由于国家是作为一群群的邑而存在的，并且这些邑界定了国家，因此在国家所认为的"领土"范围之内有许多空间地带。属于不同地方封国的邑在空间上也多有重叠（图7.4）。地方国家的这种存在状况为发生在西周国家政治权力衰弱之后的社会经济的全方位改变提供了一个重要的出发点（见第八章的讨论）。

在陕西中部的周王室王畿是西周行政管理的一个独立区域，

其国家的空间结构略微不同于东部地方封国存在的常规模式。在这里，像丰、镐和岐邑这样的王室都城是政治权力和社会整合的焦点。围绕王室中心的是各个贵族宗族的据点，它们通过宗族的社会和经济纽带与王室中心联系起来。正如铭文中所显示的，每一个宗族中心——通常位于渭河河谷的乡村地区——依次被许多较小的且附属的邑所包围，并且在一个个邑中进行生产活动。到了西周晚期，很可能渭河河谷西部的一些有名望的宗族——比如散氏——已经在他们的邑的组织中发展出了内部的权力分层及控制各自邑的中心管理机构。

读写能力的传播及古典文献的创作

考古材料显示，西周是中国（或东亚）文字书写扩张的一个关键时期。在中国北部和南部部分地区发现的西周铸铭青铜容器和武器，很好地表明了这一过程，这与商朝时期的书写在地理空间上的有限存在形成了鲜明的对比。这种对比显示了，伴随着周朝贵族从渭河平原向偏远地区的迁移——他们可能同时带着那些受过良好教育的商朝遗民，读写文化被广泛植入许多地方中心。然而，读写文化的扩散并不限于地理空间，同时也延伸到西周的各社会领域。青铜器铭文显示出，在周政府的行政过程中，书写发挥着至关重要的作用，就连周王对官员的任命也要通过书写的文本来传递。显然，在西周王畿内出土的百多篇册命金文的关键信息都来自候选人在册命仪式中所接受的这种任命文件。青铜器铭文进一步显示，在竹木等易腐坏材料上进行书写的文件被广泛使用在王室以外，特别是在一些有关重要经济成果的活动中，例如，商品或财产的买卖，贵族间交易土地所使用的登记簿甚至契约。当然我们也有例子说明，青铜器的铸造是为了达成诸如此类的交易，或者说它仅仅是作为相关领土条约的原始文件的副本。[17] 在跟军事有关的文本中，我们也可以看到史官被要求记载战争中一些不顺从的士兵的不端行为。[18]

此外，青铜器上的铭文本身就是一个范围广泛的读写文化的

[17] 这类铭文的典型例子见于著名的散氏盘。它记录一场散氏同矢人的土地争端；两者都位于陕西渭河谷的西部。之后双方签署了条约，由散氏铸造青铜器来保存条约原文本。

[18] 关于西周时期书写文化的讨论，见 Li Feng, "Literacy and the Social Contexts of Writing in the Western Zhou," in Li Feng and David Branner (eds.), *Writing and Literacy in Early China: Studies from Columbia Early China Seminar* (Seattle: University of Washington Press, 2011), pp. 271-301。

证据。许多青铜器被用在祭祀祖先的宗庙之中,其上的金文被各自的宗族成员所目睹。其他青铜器则在家族内部举行的各种社交聚会中使用,铸造在青铜器上的祖先美德乃至近时家族成员的功绩受到他们亲朋好友的珍视。在这两种情形下,有铭青铜器都有利于创造一个广泛的读者群体,这对维护和进一步扩大西周社会的读写文化都是有必要的。尽管读写能力为人数相对较少的贵族精英所掌握,然而我们可以推知,西周社会中一定有相当数目的人拥有识读和欣赏书写及书法艺术的能力,所以才有大量带有长篇铭文的青铜器的铸造。

与我们从有铭铜器中所了解到的有关读写文化的情况完全一致,一些写在易腐坏材料上的书面文字显然在西周衰落之后保存了下来,并且流传至孔子时代。这其中最重要的是《易经》《尚书》的一部分和《诗经》。由于这些文本主要在儒家传统中流传,因此被称为"儒家经典",它们对其后的中国文明乃至中国以外的文明都有着极大的影响。然而必须指出的是,这些文本中至少很大一部分是在孔子出生约 300 年前被创作的,因此它们在起源上与孔子学说其实毫不相关。

《易经》

《易经》(《周易》)是所谓"经典"中最"古老"的。一般来说,此书是许多互不相干的占卜记录的集合。其中部分记录可能早至先周时期,与周原出土的甲骨文相类似。每组占卜记录都以一个六条线组成的卦符为首,并有解释它们的卦辞;类似的卦符也见于晚商至西周早期的青铜器上。每卦后面是六条爻辞,每一条都与卦符中的一条线(或数字)相对应。这些爻辞很可能在西周中期到晚期被编在一起形成一个完整的著作,并且在之后被用作实际占卜的指南。然而,它在占卜中究竟是如何被使用的,2000 多年以来仍然是一个谜。上海博物馆所藏的新近发现的《易经》的竹简本显示,最迟在公元前 4 世纪时此书已经形成了与我们今天所见版本相类似的形式。[19] 在汉代早期,此书已经有了被认为是孔子所作的最早注释《周易》的十篇著作。更多的注释于 1973 年在公元前 1 世纪中期的一座汉墓中被发现。

---

19 见 Edward L. Shaughnessy, "A First Reading of the Shanghai Museum Bamboo-Strip Manuscript of the *Zhou Yi*," *Early China* 30 (2005-2006): 1-24。

《尚书》

严格说来，这是一部古代政府文书的集合。它被视作文王和武王美德的体现，或者说是由文王和武王所创立并由周公巩固的可作为典范的西周政府的体现。《尚书》最早的部分通常被称为"五诰"，是最有可能在西周最初的数十年间由政府的史官所作的关于西周的真实史料，并且都与周公有关。这些政府文书是否曾被铸造在青铜器上，我们无从知晓；答案或许是否定的，因为它们的内容与个体贵族的生活并没有直接关系。但是从古代语言的特征上讲，它们与青铜器铭文之间的相似性却是明显的。它们同《尚书》中那些较晚的却在谈论早期历史——夏代和商代——的篇章的语言形成鲜明对比；后者中有些部分可能作于战国时期。另外，《尚书》中大约七章讲述西周早期历史的可能是在西周中期或晚期所著。至于《尚书》中的各种文献是在何时并且以何种方式编辑在一起而形成一部整体的著作，对于这一问题仍旧存在争议。传统的观点认为是孔子挑选了这些章节并整理成书，但目前的证据不能证实。然而，由于这些章节的一些句子在战国时期的文献中被频繁引用在"夏书""商书"或"周书"的名目下——这种情况仍存在于现行的标准版本中，因此很有可能直至公元前4世纪晚期，有关篇章已经作为整体著作的一部分来传播了——如果不是作为三本不同的著作。

《诗经》

《诗经》是世界上最古老的诗集，其中的305首诗歌被分为《雅》《颂》《风》三部分。由于这些诗歌的创作背景有许多不明确之处，因此要想准确地断定《诗经》中每一首诗的年代是不可能的。然而，关于这些诗的创作年代，多数现代学者同意一个相对宽泛的时间范围，即公元前1000—前600年。上海博物馆新近发现的战国文献中记录了孔子（公元前551—前479年）对这些诗歌的系统评论，因此与现行文本相类似的一本诗集可能在公元前6世纪中期就已经在流传了。《诗经》中最晚的部分为《国风》，总计160首诗，可能来自公元前7—前5世纪之间的各地方封国。《雅》的年代相对较早，尽管其中的每首诗歌并非都早于《国风》。很有可能《小雅》中那些明显表达政治情绪的诗歌是在西周晚期至春秋早期之间,由那些与周王室有关的人创作的,并且诗中的内容与西周晚期青铜器铭文所载历史事件相一致。《大雅》中有些诗歌的创作年代略早,但是另外一些则可能与《小雅》中最晚的诗歌年代相近。此外,《周颂》是曾经在周朝都城的宗庙中吟唱的诗歌。其中一些诗歌可能是从早至周人伐商的时期流传下来的,而另外一些可能是在后期回顾性地颂扬周人祖先的美德时所创作的。尽管这305首诗歌在时间上有差异,然而,它们为我们理解从周朝开始到公元前6世纪之间的社会和文化提供了有价值的观点。[20]

西周的灭亡

自公元前9世纪的大部分时间至公元前8世纪早期,西周国家陷入了来自多方面的危机。在东南方向,曾经在穆王期间大举入侵的淮河流域的族群在随后的年代里持续对西周国家的安全造成威胁。在厉王统治期间,原本臣事周王朝在长江中游安全的鄂侯掀起了叛乱,而之后由淮河流域和山东南部的各个族群所发动的大规模动乱可能正是对鄂侯叛乱的回应。然而,来自西北高地的被称为"猃狁"的人群所形成的新的威胁似乎更为紧迫,并且十分靠近周人的家乡。自西周中期后段以来,周朝贵族被迫开展了一系列抵御这些入侵者的战争。《诗经》和青铜器铭文——比如多友鼎——都对这一系列旷日持久的战事提供了文字性的描述,并且指出,距周朝都城只有100多公里的泾河河谷是重要的战场(图7.3)。面对如此危险的局面,周王几乎没有能力号令那些远在东部并且此时已经摆脱王室而相对独立的地方封国前来增援。另一方面,周王室本身被一些政策性的争议所削弱,这些争论旨在瓦解西周贵族的团结。

西周的灭亡——发生在最后一位周王(幽王)统治的第11年(公元前771年)——在传统文献中以一种极为戏剧化的方式被讲述。根据这一叙述,幽王有一位宠妃名叫褒姒。这位年轻的妃子秉性异常,寡言不笑。幽王用尽数百种方式取悦她,然而最终未能博得一笑。有一日,碰巧有误报说西北的戎人要袭击周朝国都。

---

[20] 关于这些文献的历史,见相关篇章 Michael Loewe (ed.), *Early Chinese Texts: A Bibliographical Guide* (Berkeley: Institute of East Asian Studies, University of California, 1993), pp. 216-228, 376-389, 415-423。

情急之下幽王登上都城附近的骊山，点燃烽火召集东部的地方诸侯前来救援。然而当众多诸侯急忙赶到王都时，发现并没有敌人，由此陷入一阵混乱。在山上的褒姒被眼前诸侯们惊慌失措的样子逗得大笑。幽王终于发现了一个取悦宠妃的办法，于是一次次地点燃烽火，直到最后再也无人来救援。几年后，当戎人真正攻击周朝国都时，幽王却未能召集到任何援助，最终被杀死在骊山脚下，西周因此走到尽头。

近年来，批判性的分析研究表明，这基本上是个虚构的故事。最终导致西周灭亡的问题自有其缘由，它存在于宣王（公元前827—前781年）的长期统治向幽王统治的世代更替之中。这是以宣王统治期间占据要职的"皇父"为首的老臣们和新崛起的幽王及其党羽之间的一场激烈的政治斗争的结果。两个政治堡垒于公元前777年公开决裂，导致皇父离开王都向东而去，太子宜臼被放逐到其母亲的母国——可能位于泾河河谷上游的西申。利用政治上一时的胜利，幽王开始整顿西周中央政府，并于几年后派王室军队攻打西申，索要王子，这是为了确保其宠妃褒姒所生的另一位幼子顺利继位所采取的行动。然而，西北边境上的两个国家——西申和曾——的联军在周朝传统敌人猃狁的帮助下击败了王室军队。随后，西北联军进军泾河河谷，并于公元前771年的一月占领了周王室都城，仓皇逃跑的幽王和其随从人员被杀死在骊山脚下。自此，西周灭亡。

建议阅读

- Li, Feng, *Bureaucracy and the State in Early China: Governing the Western Zhou*, Cambridge: Cambridge University Press, 2008.
- Li, Feng, *Landscape and Power in Early China: The Crisis and Fall of the Western Zhou 1045-771 BC*, Cambridge: Cambridge University Press, 2006.
- Hsu, Cho-yun, and Katheryn Linduff, *Western Chou Civilization*, New Haven: Yale University Press, 1988.
- Shaughnessy, Edward L., *Sources of Western History: Inscribed Bronze Vessels*, Berkeley: University of California Press, 1991.
- Loewe, Michael ed., *Early Chinese Texts: A Bibliographical Guide*, Berkeley: Institute of East Asian Studies, University of California, 1993.

第八章

霸主与武士：
春秋时代的社会转型

¹
《春秋》以鲁国为中心，并以鲁国国君的在位顺序为年代标尺，简要记录了公元前722年到前481年间中国所发生的主要事件。这些资料无疑是抄录自鲁国的官方记录。现行本的《春秋》中这些记录被分割并分别置于《左传》每一年的开头；《左传》的记录实际止于公元前468年，它成书于100年以后的战国时期（公元前480—前221年），为《春秋》中记录的时间提供了细节。见Michael Loewe, *Early Chinese Texts: A Bibliographical Guide* (Berkeley: Institute of East Asian Studies, University of California, 1993), pp. 67-76。

²
按照战国时期哲学家韩非（公元前280—前233年）的历史分期，商周时期属于"近古"，三皇五帝的时期属于"上古"，夏代和其前的几个世纪属于"中古"。关于韩非，见第十章。

《春秋》一书赋予这一时期一个史诗般的名称，书中记录了公元前771年西周灭亡后300年间所发生的历史事件（《左传》又对其进行了详述）。¹ 不论孔子是否是此书的原编纂者，他确实生活在春秋末年，并且在《春秋》的记录终止（公元前481年）后仅三年去世。孔子将西周及其之前的时代看作他那个时代的文化上的过去。因此，早期中国的学者对中国历史的概念中，从西周（公元前1045—前771年）到孔子所生活的春秋（公元前770—前481年）之间的过渡实际上代表了从"古代"（Antiquity）向"后古典时代"（Post-Antiquity）的重要转变。² 在此期间所发生的变化是广泛且根本性的；并且，把它们放在一起，这些变化完全重塑了黄河流域地区的社会，为一个即将到来的庞大帝国的新纪元准备了条件。

尽管先前的学术研究为在不同领域分析这些变化提供了重要的基础，然而这些变化所发生的逻辑序列及其间的复杂关系并没有被完全理解。这在很大程度上应归因于一个问题，那就是学者们未能准确地理解西周晚期的政治和社会体系，而这一体系是春秋时期所发生的一系列变化的起点。根据第六章和第七章中讨论的近年来学术研究所获得的对西周国家和社会的新知识，我们现在可以重新评价这些变化，并且能够更为逻辑地解释春秋时期社会转型的根源。

霸的制度：地缘政治和权力平衡

春秋时期的历史始于新的周王——平王（先前被放逐的周朝王子）复辟后于公元前770年将周王室迁至河南西部洛河和伊河之交的洛阳。此次迁都是周朝的西部防御崩塌的必然结果，尤其是泾河上游河谷的丧失；同时，它也受到新的王室与西虢（西虢在现今陕西和河南之间的狭窄走廊地段的三门峡建立了新的据点）在周朝旧国都所拥立的另外一位周王的政治斗争的驱动。然而，当渭河平原的贵族们在西部将珍贵的青铜器埋藏于本地的窖藏之后，他们在东部地区的重新安置带来了历时很久的大范围迁移。再加上那些将周朝贵族驱逐出渭河平原的各种非周人族群的迁移，春秋时期的政治转型也许导致了中国历史上人口从西部高地向中部和东部平原迁移的最重要的浪潮之一。

因此，接下来笼罩中华大地五个世纪之久的政治和军事冲突恰好在那些试图在东部地区巩固其据点的新来的国家中找到了原动力，最为典型的当数郑国，它最初是由宣王之弟郑桓公建立，他从周王手中接收了位于渭河河谷西部的一块王室中心居邑——郑。由于长期任职周王室在东部中心（成周）的司徒，桓公逐渐将财产转移到他在成周郊外的临时据点。西周灭亡后，其子武公于公元前767年攻灭了郐和东虢，并在这两个国家的领土范围之内重建了郑国（地图8.1）。这一转变不仅意味着国家财富从西部渭河河谷的撤离，还代表了一个重要的转变，通过这个转变，西部王畿中的一个贵族宗族取得了在东部地区建立地方封国的资格。在接下来的半个世纪里，郑在政治上和军事上成为周朝各诸侯国中最有活力的国家。首先，郑国内部的斗争将河南北部地区的卫国——它支持郑伯（庄公）的政治对手——卷入矛盾之中。卫国因此于公元前719年请求宋国和陈国一起攻打郑的东大门。另一方面，郑也组成了自己的联盟，其中包括位于山东西部、强大而富裕的齐国和鲁国（公元前715年之后），从而形成一个强大的势力轴心。然而，一方面由于郑国内部的不稳定，另一方面它在中部平原上脆弱的战略位置使其极易暴露在各方的攻击之下，这使郑国不可能维持长期的统治地位，因此最终走向衰落。

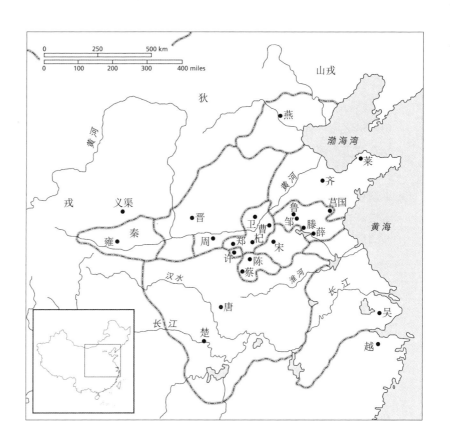

地图8.1
春秋时期的主要国家

从长期的发展来看,春秋时期的政治是由规模较大的边缘国家的野心所决定的。这类国家大多位于周朝统治区的边缘,受到山脉和河流的保护,有回旋的余地,或者位于经济不发达的非周人族群之中。他们享有战略上的有利条件,并且能够从不发达的边缘区域吸收同中原地区的国家竞争所需要的社会和经济资源,尤其是人口资源。

第一个实现此目标的边缘国家是齐国。齐国位于今山东的西北部,近渤海湾,其天然盛产的海洋渔业和盐业资源历来可以很容易地销往中部的国家。近来在渤海湾区域的盐业考古发掘有力地证实了这一点。³ 公元前6世纪中期,齐国兼并了东部海岸地区的纪国和莱国,有力地将其控制范围扩大到山东半岛的大片区域。这意味着活跃在商周时期的"东夷"族群成为齐国的新居民。公元前662年,当北狄部落从北部大举涌入中原并摧毁邢国和卫国时,只有齐国的军事力量和政治影响足以组成一个"华夏联盟":其沿黄河南岸修筑的堡垒要塞一直通向位于现今洛阳的周王都。两年前,当戎人袭击位于北京附近的燕国时,齐桓公还曾亲自率兵北上援救燕国。公元前656年,当南方楚国对郑国发动的袭击被成

3
包括大片的制盐遗址,年代从商代直到汉代,近年来考古工作者对其进行了系统的调查。参考燕生东等:《渤海南岸地区发现的东周时期盐业遗存》,《中国国家博物馆馆刊》2011年第9期,第68—91页;王青:《山东莱州湾南岸盐业文化遗产的现状与保护》,《东方考古》2011年第1期,第85—92页。

功击退之后，齐桓公率领多国诸侯联合伐楚。公元前 651 年，桓公在位于今河南东部的葵丘召开了一次会盟，原属于西周国家的六个地方封国的诸侯们参加了此次会盟。周王甚至还派代表送去了祭祀文王和武王的胙肉。面对日益衰弱的王权，这是得到周王室最高青睐的信号，意味着王室对齐桓公作为华夏国家（或前属西周的各个地方封国）临时领袖的"霸主"地位的正式认可。

此后的很长一段时间内，对霸主地位的争夺主要发生在位于汾河河谷的强大的北方国家晋国和长江中游地区的新兴的南方势力楚国之间，他们分别于公元前 6 世纪晚期在各自邻近的领域内征服了大片的土地。晋国的霸权地位始于文公，公元前 632 年的城濮之战中晋国击败楚国，晋文公在同年的一次会盟中得到周王室对其"霸主"地位的认可；晋的霸主地位延续至下一代国君，直到公元前 621 年文公之子离世。公元前 597 年，楚穆王击败晋国，楚国建立了霸主地位，一直延续约 20 年后晋国再一次崛起。数十年来，饱尝晋楚斗争之苦的中原地区的独立小国试图在两个超级大国之间达成一个和平协议，这一目标最终于公元前 546 年得以实现。协定确保了他们在接下来的 30 余年间不再发生大规模战争。但也因此，晋、楚都目睹了各自势力的衰退和位于东南部长江下游地区的两个新兴霸权国家——吴和越——的崛起。吴和越的国王在各自势力的巅峰期都曾向北方发动过一次进军，并且在中原地区召集会盟。

以上所概括的历史发展是极其重要的，并且在各方面都值得深入研究。历史政治学者将这一发展看作是在一个稳定的结构中所发生的，即其中强大国家的接连崛起受到不均匀的发展机会，尤其是获得新的边缘领地的机会的促进，并且由于"政治势力的平衡机制和扩张费用上涨"的影响，他们的衰弱也随之到来。在中国，这样的历史发展过程非常少见，然而它可以被认为同早期现代欧洲的历史发展极为相似。[4] 对于历史学者来说，霸主制度提供了一种由霸主地位所确保的新的权威结构和新的政治联合形式。[5] 同样地，霸主的作用不只是彰显其强大的军事力量和号召其他统治者参加会盟的影响力；在最高合法权力（周王）缺席的情况下，它同时也发挥着建立和维持社会秩序的作用。

4
见 Victoria Hui, *War and State Formation in Ancient China and Early Modern Europe* (Cambridge: Cambridge University Press, 2005), pp. 55-64。

5
见 Cho-yun Hsu（许倬云）, "The Spring and Autumn Period," in Michael Loewe and Edward L. Shaughnessy (eds.), *The Cambridge History of Ancient China: From the Origins of Civilization to 221B.C.* (Cambridge: Cambridge University Press, 1999), pp. 556-557。

尽管在早期的学术研究中，大家对霸主的政治角色已经有了充分认识，然而在近来的研究中，学者们更加关注霸主角色在制度方面的作用。例如，公元前651年葵丘会盟的结果，齐桓公和其他六国诸侯之间的协议并没有太多关注他们之间的军事联盟，而是制定了一些旨在联盟国家内部提升社会行为规范的普遍法则，有些甚至介入到贵族的家族事务中去，比如"毋以妾为妻"。[6] 另外有研究认为，传统上被归于西周时期的著名的"五等爵"可能是霸主制度形成的副产品，在春秋时期用来规范国家之间的相对地位，并确定他们需要向霸主缴纳贡品的标准。[7] 在广义上或者在更大的历史范围中讲，春秋时期出现了这样一种情形，那就是新的力量兴起于旧文明的边缘，而非旧文明的中心；它从文明之中借鉴经验，并从文明之外吸收新的资源，这个过程在古今世界的历史发展中有许多相似的例子。

县的兴起：重新定义行政管理体系

理解春秋时期社会制度变迁的关键在于"县"的出现。自现代史学兴起，县作为所谓的"郡县制"体系——即秦统一之后的中华帝国的基本行政体系——的起源，其重要性已经被充分认识，[8] 并且近年来学者们也做了大量的研究来揭示有关这一制度的历史细节。但是对于"县"出现的社会意义，学者们却仅有肤浅的认识。战国时期的文献——尤其是《左传》——明确地将春秋早期以来出现在一些强大国家的"县"描述为一种新型的行政单元，从本质上不同于第七章所讨论的传统的宗族土地。文献还明确记载，那些县由国君所任命的地方官员直接管理，并且直接对中央王室负责。

根据西周时期的青铜器铭文，从公元前10世纪到前8世纪，周王曾任命官员管理位于陕西渭河河谷的王畿内的某些乡村地区，并授予这样的地方官员一般性的官职，比如司土和司工。尽管周王室的行政惯例可能已被那些地方诸侯所熟知，然而"县"与西周时期的王室行政系统之间并没有显示出直接关系。县的本质和

---

[6] Cho-yun Hsu, "The Spring and Autumn Period," pp. 556-557.

[7] 尽管五个称号（公、侯、伯、子、男）在西周时期均已经出现，但是它们并没有形成一个爵位系统。到了春秋时期这五个称号被合在一起，形成了所谓的"五等爵"。见 Li Feng, "Transmitting Antiquity: The Origin and Paradigmization of the 'Five Ranks'," in D. Kuhn et al. (eds.), *Perceptions of Antiquity in Chinese Civilization* (Heidelberg: Edition Forum, 2008), pp. 103-134。

[8] 在西方，顾立雅有关县的起源的文章广为人知。见 Herrlee G. Creel, "The Beginning of Bureaucracy in China: The Origins of the *Hsien*," *Journal of Asian Studies* 23.2 (1964): 155-183。

政治地位可以在它的历史和地缘政治背景中得到很好的阐释。从公元前 740 年到前 690 年之间，楚武王在征服了楚国西部边境上的一个小政权之后，[9] 他没有延续旧制将其赏赐给自己的亲属，而是任命一名地方官员直接代替楚王去管理。楚随后又征服了位于河南南部南阳盆地的曾经属于周朝的许多地方封国，并逐一将它们转变成县。[10] 在这之前，已经在渭河平原西部定居的秦国于公元前 688—前 687 年重新占领甘肃东南部，并在那里和陕西东部设立了许多县。[11] 在公元前 7 世纪到前 6 世纪之间，晋国的大臣被频繁授予权力去管理那些新近征服地区的县。总之，早期的县都位于战略上有重要地位的边境地区，其中的很多县吸收了那些新近征服地区的土地和人口。通常，县也包含一些未开垦荒地的地区，国家急切想要开垦那些新的土地，以此从县里的自由劳动力那里征收更多赋税。冶铁技术的传入和随之而来的铁制农具的使用加速了这一过程（Box 8.1）。

在青铜器铭文中，"县"字和代表悬浮或者悬挂意思的"悬"字相同。因此，对一个国家来说，县是在军事上十分重要的"悬着"的边境地区。在西周以来持续影响土地占有形式的旧的国家模式里，新近征服的土地会由国君赏赐给他的儿子或兄弟，并成为他们的财产。县是那些新近获得或征服的以可控制单元存在的地区，这些地区在国君按照亲属关系向贵族赏赐土地这一传统的土地重新分配程序中被"悬挂"了起来。换句话说，县是在国家和国君直接控制下的保留地。为了与其他国家竞争，国君需要这些土地处在其直接管理之下，并亲自任命行政官员县令来管理，这样可以提供国家随时可用的税收和人力资源。据说楚国的一个县可以提供一支规模等同于一个小国家的军队，标准是最少有 100 辆战车。

先前的研究曾尝试确定公元前 5 世纪一些主要国家的县的相对数目，大约楚国有 30 个、晋国 50 个、秦国 40—50 个。[12] 显然，这些数字可能被夸大了，甚至一些可证实的县在规模和结构上并不一定都是相同的。

然而，作为一种新型的社会政治组织，它们拥有某些共同的特点，其中最重要的是直接落在个体农民身上的统一的税收和兵役。传统宗族的力量——如果他们能够在土地征服过程中幸存并

[9] 这个小国是"权"，位于今湖北北部的宜昌地区，在汉水流域。

[10] 它们是南申、息和吕。

[11] 它们是上邽、杜和郑，后者在陕西东部。

[12] 公元前 5 世纪时秦国县的数目不可知，但在公元前 4 世纪中期商鞅变法后其数目为 41 个。见 Denis Twitchett and Michael Loewe (eds.), *The Cambridge History of China*, vol.1, *The Ch'in and Han Empires, 221 B.C. - A.D. 220* (Cambridge: Cambridge University Press, 1986), p. 35。

中国铁器时代的到来

冶铁术是在技术方面最有革命性的进步,它给前帝国时代的中国带来意义深远的社会和政治影响。尽管先前人类已经发明了冷制铁技术,然而,由于铁的熔点极高(1538摄氏度),因此在铸铜技术出现1000年后,人类社会才掌握用液体形式来处理铁这种材料的方法。同世界其他地区类似,在中国制铁的早期历史以陨铁的使用为特点,最早的铁块发现于河北省台西的中商文化层(约公元前1300—前1200年)。冶铁技术的首要证据就是在河南西部三门峡虢国贵族墓地中发现的三件带有铁刃或铁柄的青铜武器,年代在公元前800—前750年。据报告,在中国东部地区发现了大约100件铁器,其年代在春秋末期以前(公元前481年),并且分析显示,冶铁和液相铸造技术在公元前5世纪开始就已经普及。但是总体来说,青铜器在中国春秋时期的社会生活中仍旧扮演着重要的角色。

战国时期,尽管青铜仍旧被用来铸造礼仪和娱乐性的器物,然而铁作为一种最容易获得的金属,取代了青铜被用来铸造武器,比如剑、戟、箭头及农业用具,比如斧、凿、铲、锤、锄和镰等。铁也被用来制作头盔、战车配件和马具。甚至一些容器也是用铁来铸造的,比如湖南长沙和湖北江陵楚国墓葬中出土的铁制容器。毫无疑问,在许多国家,铁制工具和武器是在政府直接控制的作坊里被大批量制作的。考古学家们已经辨认出了20多座铸铁遗址,其中全部或部分属于战国时期,并且许多铸铁遗址位于列国的都城内。一些国家的都城显然有多处铸铁中心,比如位于河北省的燕国下都(图8.1),尽管这些中心也许同时在制作青铜、玉和骨制产品。仅燕下都21号遗址就出土多达1678件铁制工具、武器和其他类型的铁制物品及大量的铁锭、模具和碎片。铁的大批量生产和广泛应用使许多国家的农产品产量显著增加,并提高了作战的杀伤力。

图8.1
河北省燕下都44号坑内出土的铁制器具:1,武器柄部;2,锄头;3和4,戟;5,短剑;6,头盔

且转化成新的县民的话——被控制在最小的限度内。在县里，国家从未像现在这样接近农民，农民也从未如此接近国家。当然，有一些县可能由某些权臣家族连续几代成员所控制，尤其是在晋国。不过，这样的情况较少，实际上此时期的政治环境也不允许一个县被一个家族世代拥有。文献中提供了许多地方县令被调动、去职甚至由于其不端行为被国君处死的例子。即使在一个县被赏赐给某位官员的例子中，奖赏给他的更像是从这个县的土地上可以获取的税额。这与西周时期传统宗族所接受到的世袭的土地完全不同。简言之，县的产生和推广完全改造了以居于国家和平民之间的宗族组织为基础的古代中国社会。在中国的社会和政治史上，县的出现无疑是一个关键的转折点。西周灭亡后，列国间的战争为边缘土地向县的转变提供了最初的动力，也为国君直接拥有它们提供了充分的理由。

世族系统的衰落和士的崛起

以往研究中时常忽略的一点就是县对传统宗族制度带来的破坏性影响。随着西周王权的衰落和西周国家的崩塌，周人的世界尽管在文化和礼仪上依然存在，然而它已经失去了道德上的支撑点。列国间的战争不是春秋时期的贵族所进行的唯一斗争；更多时候他们的战争在列国国内进行。因此，除了列国间的战争和外交外，这一时期我们最常听到的就是那些被大臣谋杀的国君或者被家臣谋杀的大臣们的故事。内斗是一般社会的一个共同特征，但是在春秋时期这一特定的社会和政治环境下，它又拥有了一个新的特点：内斗不再只是上层社会的游戏，来自社会底层的群体也越来越多地被卷入其中。

半个世纪以前，许倬云先生对宗族衰退时期这一向上的社会运动做了详细的分析。他的分析结果显示，春秋初期，在政治上活跃的大约500个人中，国君的儿子和兄弟占总数的53%，这一比例到了春秋末期几乎降至零。伴随这一衰退趋势而来的是，春秋中期在大多数国家建立起自己统治的卿士家族的崛起——它们通常与国君毫无血缘关系。另外一个发展就是下层贵族（称为"士"）数目的稳定增长（见下文）；至春秋末期，其数目从零增长到所知人名总数的22%。如果我们对进入战国后的100年间（公元前4世纪中期之前）做个统计的话，可以看出那些出身不明的个体数目增长到官员数目的60%—70%。[13]这一分析充分反映了公元前8—前4世纪期间中国所发生的空前的社会变革。此外，蒲百瑞（Barry B. Blakeley）的区域性分析揭示了列国之间社会变革的不平衡，比如宋、郑、鲁和楚国更为保守，其国君和附属宗族仍较为强大；晋、齐和周更为激进，其独立宗族（与国君没有血缘关系）在300多年间居于更高的优势地位。[14]蒲百瑞同时也指出，比如说在齐国，那些出身不明的人在不同层级的官僚机构扩大势力，甚至在较为保守的鲁国和楚国，他们的数目也逐渐增长——尽管在那里他们身居低位的情况更为普遍。

为了理解这一历史进程的性质，我们应该近距离地了解一下晋国的形势——蒲百瑞所分析的较为激进的国家之一。公元前7世纪，早期晋的公族和其支系曲沃之间的斗争导致了晋国大部分老宗族被消灭。不久以后，得胜的武公的儿子们所建立的新的宗族于公元前671年被晋献公消灭；再后来，献公又进一步将他所有的儿子驱逐，以确保得宠的公子奚齐顺利继位。公元前636年晋文公返晋，晋的霸权地位迅速崛起，晋国的政治版图也重新划定；在文公流亡期间伴其左右的大臣们获得实权并在接下来的世纪里继续相互斗争。公元前607年，权臣赵氏家族刺杀了晋灵公，并掌握了晋国的实权，同时消灭了其他一些有影响力的家族。公元前6世纪初期，激烈的政治斗争进一步摧毁了许多卿士家族，最后只剩下六大宗族（韩、赵、魏、范、中行和荀）。公元前514年，六大家族联合消灭了祁和羊舌氏家族，并将他们的领地拆分成十个新的县。公元前490年，赵消灭了范氏和中行氏，30年后荀被韩、赵和魏——晋国斗争的幸存者——所灭。春秋时期波及许多国家的政治斗争的确是一个贵族宗族高度自我毁灭的过程，从整体上给传统的宗族制度带来了毁灭性的打击。

在列国国内斗争加剧的情况下，"县"对传统宗族系统的侵蚀性影响可以从两个不同的方面来看待。首先，曾经由于列国间

13
见 Cho-yun Hsu, *Ancient China in Transition: An Analysis of Social Mobility, 722-222 BC* (Stanford: Stanford University Press, 1965), pp. 25-39。

14
Barry B. Blakeley, "Functional Disparities in the Socio-Political Traditions of Spring and Autumn China, Part III: Ch'u and Chin," *Journal of the Economic and Social History of the Orient* 22.1（1979）: 107-113。

战争而被发明的"县"这一组织，为国君或大臣提供了一个获取它所带来的经济和军事优势的模式，正如上面所提到的，公元前514年晋国将缴获的国内政敌的土地重新划分为县。国内战争以取得如此有利的土地单位为其目的之一也并非不可能。尽管这一点并无明确记载，然而可以肯定地说，由于内部冲突，县逐渐从边缘转向国家内部。其次，在经济上，县是宗族的竞争者。在县里宗族传统薄弱，农民除了向国家缴纳赋税和提供军事服务之外没有其他义务。尽管不同国家之间的具体情形可能有所不同，然而我们确知许多国家实际上为那些在县行政控制之下的偏远地区的人民豁免赋税。因此，县可能对那些想要寻求经济机会和摆脱宗族族长控制而逃离原属宗族的农民具有极大的吸引力。思想史方面的研究显示，春秋战国时期的国君和大臣们尤其关心人口流失的问题，并且寻求使流动人口恢复到农业生产中的方法。[15] 在山西出土的侯马盟书中有一类特殊的盟辞，称为"纳室"盟辞，它禁止参盟人（大概是赵氏各支族的首领）接受敌人的土地和人口（Box 8.2）。尽管学者对这类盟辞的目的持有不同的意见，[16] 然而盟辞本身似乎揭露了一个不可否认的事实，那就是在晋国有相当数量的农民与其宗族脱离了关系，并且构成了一个社会问题。

"士"被不同学者理解为"官吏"、"武士"或"贵族家臣"，其崛起一定要放在上文所描述的激烈的政治斗争和意义深远的社会经济变革中去理解。在第七章中我们已经说明，在西周时期，即使下层贵族也有机会在周王室朝廷中任职；然而，下述的事实将那些在春秋战国时期崛起的自称为"士"的社会团体成员区分开来，那就是他们的生计仅仅依赖于自己能够为国家或有权势的人所提供的服务，而不再依靠他们宗族世袭的权利（如果他们的宗族依旧存在的话）。孔子就是一个恰当的例子。他的祖先是宋国的贵族，但是由于陷入公元前692年与华氏宗族的夺权冲突之中，他的曾祖父被迫逃至邻国——鲁国。从那以后，孔家沦落为"士"，并且孔子的父亲成为鲁国臧氏的一名武士。这种情况在春秋时期大概是非常普遍的。当宗族覆灭以后，他们的土地和人口被其他的宗族兼并，或者并入正在征战的国家，宗族的年轻子弟在未来所能依赖的只有贵族的遗赠——其中最重要的是教育和武士精神，

15
见 Robin McNeal, "Acquiring People: Social Organization, Mobilization, and Discourse on the Civil and Martial in Ancient China" (PhD dissertation: University of Washington, 2000), pp. 78-107。

16
见 Susan Roosevelt Weld, "Covenant in Jin's Walled Cities: The Discoveries at Houma and Wenxian" (PhD dissertation: Harvard University, 1990), pp. 401-405。

因为国家和国君们也正在寻找有才能和勇敢的年轻人来为政府服务。当然，还有一些人从平民阶层上升到"士"。据说孔子的学生之中就有一些这样的人，比如他著名的弟子曾子。[17] 在政治急速变革的时代，最初意味着下层贵族地位的"士"已不再是一种与生俱来的或理所当然的社会身份，而是在不同的视角下被严肃的辩论和持续不断的争论。[18]

尽管他们在起源上存在着差异，并且他们的地位有时也不明确，然而在春秋时期，"士"作为一个有强烈自我意识的社会群体的确存在着，并且还扮演着越来越重要的社会角色。大家普遍认为，这个群体将他们自己放置在贵族社会的最底层，但是他们的社会身份肯定要高于那些平民。然而，随着时间的推移，许多"士"实际上成功地跻身于国家权力的高层。因此，"士"的概念渐渐地被用来定义那些彼此之间恪守道德高线，并且由于其作为社会的知识和政治领袖而有几分"自尊心膨胀"的群体。[19] 正如孟子所说，当经济境况发生变化的时候，只有"士"能够一直保持"恒心"；平民们肯定会失去这种"恒心"。在孟子的时代，"士"是社会上普遍存在的活跃元素。最有权力的政治人物——如果他们自己最初不是"士"的话——都会招揽大量的"士"作为随从；并且新近正在崛起的官僚国家体制为"士"服务于国家并且展示他们的才能提供了越来越多的机会。

法律思想的转型：政治契约的出现

另一个重要的变化发生在法律实践和法律系统之中，导致了成文法律的出现。在法律系统中出现的这种转型一定要放在春秋时期广泛的历史背景中去理解。青铜器铭文显示，西周中央王朝在那些引起其注意的法律事件中扮演着积极的角色，并且地位高的朝臣经常在贵族宗族之间的争论中做出自己的判决。宗族内成员间的纷争则完全依赖宗族族长的自主裁决。但是，当纷争发生在他的宗族成员或分支宗族成员与另一个宗族的成员之间的时候，这个宗族的族长就要代表宗族成员站在法庭上。根据先前对西周

---

[17] 据说曾子曾种瓜；孔子另外一个学生宓子贱，据说在马路上帮其父亲推车。

[18] 这一点，麦安迪（Andrew Meyer）曾经有很好的讨论。见 Andrew Meyer, "The Baseness of Knights Truly Runs Deep: The Crisis and Negotiation of Aristocratic Status in the Warring States," paper presented to the Columbia University Early China Seminar on October 1, 2011。

[19] 见 Yuri Pines, *Envisioning Eternal Empire: Chinese Political Thought of the Warring States Era* (Honolulu: University of Hawaii Press, 2009), pp. 115-135。

Box 8.2

侯马盟书

1965—1966 年间，在山西侯马晋国国都以东约 3.5 公里处的小型墓地中，326 个灰坑里共出土了约 5000 件玉制或石制物件。这些玉制或石制物件连同其他牲畜一起被埋在经过特殊准备的小型灰坑中。这些牲畜作为盟约仪式中的祭祀品而被宰杀，包括牛、马和羊。墓地西北角的 43 个灰坑中出土了约 600 件玉石片，上面用红色颜料书写的契约文书依旧清晰可见（图 8.2）。大部分的盟书属于"宗盟"类（例如文本 1：9），盟人、赵氏宗族的成员或非成员承诺效忠盟主赵嘉。其他盟书有"委质"类，敌人的前同盟者宣布终止他们的关系，并且将个人财产抵押给新的领主赵嘉（例如文本 156：20）；"纳室"类盟辞的目的是要防止小宗族用被驱散的敌方人口来扩充自己的土地、人口和财产；"诅咒"盟辞对那些胆敢违背所立盟约条款的人加以诅咒。这些盟辞为我们理解春秋晚期的社会关系及政治动力提供了新的资料。[20]

文本 1：9

　　胡敢不尽其腹心，以事其宗，而敢不尽從嘉之明定宫平時之命，而敢或鼓改助，及肉畀，不守二宫者，而敢又志，復赵尼及其子孫于晋邦之地者，及群虖盟者，虞君其明殛視之，麻夷非是。

文本 156：20

　　盒章自贒于君所。敢俞出入于赵尼之所，及子孫——[22 位政敌氏名]——及群盟者，章覲嘉之身及子孫，或復入于晋邦之中者，則永殛視之，麻夷非是。既贒之後，而敢不巫覡史厭綐繹之皇君之所，則永殛視之，麻夷非是。閲發之子孫，遇之行道，弗殺，君其視之。

20
见山西省文物工作委员会：《侯马盟书》（北京：文物出版社，1976 年）。

第八章 霸主与武士：春秋时代的社会转型

图8.2
侯马盟书156: 20号

时期法律传统的分析，那时的法律只是在一个主要基于共同的文化传统、价值观和经验的法律体系中运行的，而这个法律体系通常需要受到现行的社会文化规范和政治合法性的验证。[21]

然而，宗族制度的衰退，进而宗族族长权力的衰弱渐渐消除了以传统宗族为基础的法律系统的着力点。一般来说，许多地区宗族势力的逐渐消失使国家与它的新民人有了直接的联系。这一点在"县"这个行政单位中非常重要。但是，即使在较为中心的聚落，比如国家都城，新近的都邑化和商业化的扩张创造了一个新的自由的公民群体——所谓的"国人"，他们也需要一个新的法律体系来保护和控制。这种不再根据政治的需要由宗族族长进行调停，而是由政府向居民们张贴禁令条文的做法，渐渐被许多国家接受。尽管今天的法学家有理由认为中国历史上大部分时期法典的书写和颁布是通过强加给国民一些规则来保护国家的利益，而不是为了捍卫国民的权利，然而毋庸置疑，成文法律的颁布无疑是早期中国法律思想史上一个重要的里程碑。它的影响是认可了个体国民的"自主权"，即国家把他们看作有能力规划自己的生活并且能为自己的行为负责的个人，而不是某个宗族的一员。当然，有智慧的国民可以学到这个系统的一些诀窍，并且利用它们来保护自己的利益。

因此，我们在传世文献中看到，公元前536年郑国著名的大臣子产令人将"刑书"铸在一件大鼎上，以此来规范人们的行为；约20年后，邓析因为私自编了一套新的法规，并将其书写在竹简上而受到惩罚。公元前514年，在处于霸主地位的晋国，赵秧将范氏家族于公元前577年到公元前531年间所作的刑书铸在一件大鼎之上。即使在较为保守的南方楚国，据说楚王也公布了一些法规来阻止人民对官府隐瞒自己的存在，以及防止士兵从战场上逃走。这些并不是孤立的例子，而是显示了列国间一个普遍的趋势，他们都在积极且直接性地干预国民的生活。然而，在一些关乎现有宗族成员的事件中——尤其是那些新近由权臣所建立的宗族，这类案子是否属于宗族法律的管辖范围，或者还是应该由国家裁定，这一问题也导致了不少的争论。

在宗族内，曾经使成员依附于主持共同祖先祭祀的族长的传

[21] 关于这一点，见 Laura Skosey（郭锦）, *The Legal System and Legal Tradition of the Western Zhou* (ca. *1045-771BCE*) (Chicago: University of Chicago, 1996), pp. 284-287。

统社会规范衰落了,这导致了由契约所确立的新型政治关系的出现,也就是"盟誓"。春秋时期,这类"盟誓"被那些宣誓效忠霸主的诸侯频繁地用于国家间的会盟中。到了春秋晚期,作为对抗宗族权力日渐衰落的一种策略,这种盟誓所缔结的契约式政治关系渐渐地被用于宗族内的政治斗争中。1965 年,在山西侯马——晋国都城——城外发现大批量用红色颜料书写在玉或石片上的盟书(Box 8.2);1976 年,一批更大数量的盟书在河南北部的温县被发现。在侯马发现的盟书记载,晋国各小宗的宗族成员宣誓效忠赵嘉,他是公元前 424 年之前颇有权势的赵氏宗族的族长。[22] 有趣的是,根据盟书条文,大多数盟誓所针对的敌人也是一位姓"赵"的人,他应该是赵氏宗族中一个小宗的首领。隐藏在这些政治盟约背后的社会文化含义是深刻和复杂的:一方面,这些盟书无疑说明了宗族在努力维持现状,或者在与其他宗族竞争时保持其传统的凝聚力;另一方面,这种情况的发生仅仅是因为传统的纽带已经不再能够保证宗族成员对他们的族长俯首听命了。因此,作为维持宗族团结的唯一方式,宗族的族长需要在书面盟约的基础上重新构建一个包括赵姓和非赵姓成员的更广泛的社会政治网络,并且邀请超自然的神灵来进行监督。具有讽刺意味的是,这种联盟的形成却是为了打倒赵氏宗族内部某些叛逆的成员。

民族关系和"华夏"概念的出现

春秋战国时期是这样一个时代,持续不断的社会和政治变革使华北地区的人们看待自己的方式发生了剧烈的转变。这种转变与周人世界之外发生的事情不无关系。实际上,周代一直到公元前 5 世纪初的这段时期在时间上与首先发生于中亚地区,后逐渐扩展到东欧和东亚地区的戎人向游牧生活的大转变是并行的。西周的崩溃和随之而来的周王室从渭河平原向东部洛阳的迁移引发了戎人从西北高原向西周旧地流动的移民浪潮。据记载,一些这样的戎人族群甚至占据了陕西东部靠近黄河和渭河交汇的地区。有些戎人族群的迁移或许已经远至洛阳王都附近的河南西部地区(见上

[22] 根据魏克彬(Crispin Williams)的新研究,侯马盟书埋葬于公元前 441 年到前 424 年之间。见 Crispin Williams, "Dating the Houma Covenant Texts: The Significance of Recent Findings from the Wenxian Covenant Texts," *Early China* 35-36 (2012-2013): 247-275。

文地图 8.1）。在北方和东北方向，被确定为是狄人的族群沿着太行山脉南下迁移，并且在扫荡了周人的邢国和卫国之后建立了许多小的政体，比如河北和河南北部的无终和鲜于。公元前 7 世纪末期，一些部落成员甚至可能占据了河南东部和山东西部的地区，比如身材高大的长狄族群。[23] 在公元前 7 世纪即将结束之际，即使位于前西周国家核心地区的那些地方封国也都在其附近发现了戎狄族群；那些处于边缘区的国家更是历来就被各种戎人所围绕，比如秦国和晋国。

那些由戎或狄人建立的政权同本土周人国家之间的关系是非常复杂的。战争并不是他们之间的关系所表现出来的一成不变的形式——我们偶尔会发现某些戎或狄的群体跟随周王室的盟国一起出征攻打其他周人国家。在由王子朝篡位所导致的周王室动乱中，戎人在晋国的军队中参与作战，而晋国在公元前 520 年拥立周敬王登上王位。一个世纪以前，另一位预谋篡位的王子（王子带）则带领狄人军队攻击周的都城，并将周襄王赶出王都。也有的戎或狄人政权建立了成功的外交关系，在周人的封国间进行斡旋。尽管戎人或狄人政权与本土周人国家之间有频繁的接触，然而，对于双方来说种族和文化的差异依然相当明显，而一群被称为"姜氏之戎"的戎人，其经历可以说明这一点。根据《左传》中记载的戎人首领所说的话，姜氏之戎最初生活在遥远的西方。在被雄心勃勃的秦国驱逐出自己的领地之后，他们东迁至晋国的范围——可能在山西南部，并且作为晋的附属生活在那里。戎人饮食衣服不与华夏同，贽币不通，言语不达。公元前 627 年，戎人向晋提供援助，在著名的崤之战中与晋一起击败了秦军（见第十一章）。尽管戎人与晋有着长期的联系，然而在公元前 559 年，他们在诸侯国会盟中与晋一起参与"盟誓"的权利却被晋的大臣们否决。对于此事，戎人首领提出了强烈抗议。

如果这样一种种族和文化共生的状况在考古学记录中能够体现出来的话，那将是非常有趣的。然而，考古学在论证中国北部地区这种文化混合的规模和强度方面是不够的。能够说明这种历史进程的证据主要有两个方面。首先，在渭河河谷西端的宝鸡益门村发现一座墓葬，从中出土了大量的在北方草原游牧文化中常

[23] 关于各种戎和狄人族群的迁徙，请阅读 Jaroslav Průšek, *Chinese Statelets and the Northern Barbarians in the Period 1400-300 B.C.* (New York: Humanities Press, 1971), pp. 70-87, 119-149。

见的金制物品以及许多铁质工具、武器和马具。这使我们有充分的理由相信这是一位迁至秦地的贵族骑士的墓葬。其次，一些典型的北方草原风格的青铜器在秦和晋地的墓葬中被发现，比如圜底釜、有纹饰的剑和北方草原风格的带板。这些物件被认为是通过贸易输入的，曾被秦和晋的贵族们所占有或欣赏。[24] 尽管考古学还未能提供一幅历史记载中的文化和种族混合的大的图景，然而，它的确为我们提供了春秋时期人口流动的一个基本的认识。

不管"外来"文化因素是否被"华夏"人群——这个称呼指来源于周人国家的本土人口——所欣赏，毫无疑问的是，传世文献反映了对戎和狄人的一种普遍文化偏见。戎人被无礼地看作没有任何人类感情且生性贪婪的鸟兽，甚至他们的血液和呼吸（气）都被认为与生活在周人世界里的人有区别。然而，在这种明确表达的对戎和狄——春秋时期这两个名词的寓意非常接近英语中的"Barbarians"（野蛮人）——的种族和文化偏见背后，是一个生活在中国北方的人们对自己重新进行定义的意义深远的过程。正如"华夏"一词中的"夏"字代表了中国国家的起源，"华"指的是华山，位于陕西的周王都和河南洛阳的东都之间的中间点上。当他们在地理上由于移民浪潮而与这些"野蛮人"混合的时候，是西周国家内部的共同起源赋予了他们共同的身份。从这一点来说，春秋也许是中华民族的概念（华夏）形成且被明确表达的一个关键时期，尽管这个表达是以在概念上对"野蛮人"进行排斥为代价的。[25]

24
见 Lothar von Falkenhausen, *Chinese Society in the Age of Confucius (1000-250BC): The Archaeological Evidence* (Los Angeles: Cotsen Institute of Archaeology, 2006), pp. 224-233。

25
关于这一点，见 Li Feng, *Landscape and Power in Early China: The Crisis and Fall of the Western Zhou 1045-771BC* (Cambridge: Cambridge University Press, 2006), pp.279-296; 也见 Falkenhausen, *Chinese Society in the Age of Confucius*, pp. 164-167。

建议阅读

- Hsu, Cho-yun, *Ancient China in Transition: An Analysis of Social Mobility, 722-222 B.C.,* Stanford: Stanford University Press, 1965.
- Hsu, Cho-yun, "The Spring and Autumn Period," in *The Cambridge History of Ancient China: From the Origins of Civilization to 221 B.C.,* ed. Michael Loewe and Edward L. Shaughnessy, pp. 570-576, Cambridge: Cambridge University Press, 1999.
- Creel, Herrlee G., "The Beginning of Bureaucracy in China: The Origins of the Hsien," *Journal of Asian Studies* 23.2 (1964): 155-183.
- Blakeley, Barry B., "Regional Aspects of Chinese Socio-Political Development in the Spring and Autumn Period (722-464 B.C.): Clan Power in a Segmentary State," PhD

dissertation, University of Michigan, 1970.
- Weld, Susan Roosevelt, "Covenant in Jin's Walled Cities: The Discoveries at Houma and Wenxian," PhD dissertation, Harvard University, 1990.
- McNeal, Robin, "Acquiring People: Social Organization, Mobilization, and Discourse on the Civil and the Martial in Ancient China," PhD dissertation, University of Washington, 2000.
- Li, Feng, *Landscape and Power in Early China: The Crisis and Fall of the Western Zhou 1045-771 BC,* Chapter 6, Cambridge: Cambridge University Press, 2006.
- Falkenhausen, Lothar von, *Chinese Society in the Age of Confucius (1000-250 BC): The Archaeological Evidence,* Los Angeles: Cotsen Institute of Archaeology, UCLA, 2006.

第九章

领土国家的时代：
战国时期的政治与制度

在周王室东迁后的几个世纪里，中国东部的整个政治和军事形势可以被概括为"大鱼吃小鱼"。当面对征战的时候，如果说国君们——特别是那些在春秋时期已经实现了至高无上"霸主"地位的国君们——仍旧对那些共同来源于周室的兄弟国家还有同情之心，那么这样的情感在战国时期残酷的军事现实面前似乎就变成不合时宜的政治天真了。到了公元前5世纪初，最初有记载的约60—70个国家中只有20多个国家在先前3个世纪的冲突中得以幸存。至公元前5世纪末期，只有十余个国家仍旧为了生存而斗争。这样一种残酷的征服和兼并趋势到了公元前4世纪时变得更为激烈，再到公元前3世纪初期，在中国形成了由七个强大的领土国家主导的一种相对稳定的多极权力结构，包括魏、赵、韩、齐、秦、楚和燕，以及一些散落其间的小国（地图9.1）[1]。这些重要的大国通过政治和社会改革接连上升到支配地位，并且由于体量太大而不容易被敌人吞并。当中国不可逆转地被分为七个巨大的杀戮机器，同时也发展出一种认识，正如同时代的哲学家和政治家们所表述的那样，这样一种状态对任何人来讲都是不合乎人意且不理想的，许多国君梦想征服其他国家而成为唯一的君主。这个梦想最终在公元前221年由秦王实现，这一年是秦帝国建立的标志。因此，战国也可以被看作支持未来帝国的统治手段和机构被逐渐发展起来的一个时期。

[1] 它们是周（公元前367年分为东周国和西周国）、宋、鲁、滕和郑。

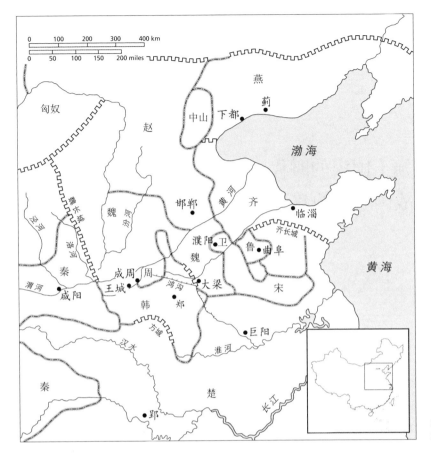

地图9.1
战国时期图

"领土国家"的概念

乍一看,"领土国家"一词在概念上是重复的,因为在任何对国家的定义中,"领土"是同主权国家相关联的一个必不可少的因素。[2] 然而,国家是存在于不同空间形态中的政治—社会组织,例如,西周国家就是没有明确划分边界的层叠的聚落群。通常,历史学者倾向于把"领土国家"设想为帝国前的发展阶段,尽管对早期中国"领土国家"的起源存在争议:"领土国家"究竟是从一种可以被很好地描述为"邑制国家"的先行社会条件发展而来,还是通过所谓"城市国家"的扩张而创建的?笔者认为,尽管一个"城市国家"的体系在春秋早期到中期这个短暂时期内的确有可能存在,并且只存在于东部平原的核心区域,然而从总体上讲,"城市国家"的模式不适合指称商和西周时期中国的政治和经济形势。[3] 总之,"领土国家"作为更高级别的政治和社会发展阶段指的是一个相对较大的连续统一的领土实体；在其上，一个相对较小的核心（都城）行使着不间断的行政控制。通常它拥有由军队进行防御的明确的边界线，进出该边界时有严格的检查，并且边界内的政治秩序简明统一。由于其领土上的完整性和有一个在它之上的绝对政治权力的控制，因此"领土国家"是帝国的合格先驱。

在公元前 5 世纪到前 3 世纪之间的中国存在的实际上就是这样一种由世袭王权所统治的有着明确边界的领土实体。[4] 此外，特别是在中国，"领土国家"有一个更加典型的物理特征，那就是绵延数百里的土制或石制城墙。早期中国时代的历史学家和政治家们一定能够理解这种雄伟建筑在政治和军事上的意义，因此留下了建造它们的系统记载。最早的所谓城墙即"方城"，是楚国为了防御从中原通往长江中游地区的入口而筑（地图9.1）。这座城墙始建于春秋时期，至公元前 3 世纪初期时逐渐延伸到 300 公里，形成一个四方围场的三条边。齐长城是第一座获得"长城"称号的建筑物，于公元前 5 世纪晚期到前 4 世纪早期之间建造，跨越山东中部的山脉地区，绵延 400 多公里，远至黄河的西岸，界定了今山东境内的齐国的南部边缘。为了保卫领土，抵御西面的秦国，魏国于公元前 4 世纪中期在陕西境内沿洛水修建了另外一座长城；魏国为了使自己免受韩国的侵扰，在河南中部也修建了一座短城墙。其他国家皆建造城墙来保卫自己与别的领土国家之间的边界，比如赵、燕和独立的小国中山国。特别是那些与北方草原地区接壤的国家，都会在北部建造长城，以此防御北方游牧民族的侵袭（图9.1），例如秦、赵和燕；这些早期城墙为秦帝国在公元前 221 年统一后为巩固北部边界而建造的万里长城打下了基础。在战国时期留下的传世文献中，我们经常可以读到政治家或外交家在穿越国家之间的城墙时需要付通行费的事情。毫无疑问，领土国家的崛起是先前几个世纪里发生的国家间兼并战争的结果，这一点在第八章中已有论述。

因此，在此前三个多世纪里我们在中国看到了一个非常重要的地缘政治的转变：从由周王权的力量编织在一起的层叠式的聚落群所构成的西周国家模式（图7.4）转变为有明确领土边界的新型国家（图9.2）。当然"县"是这种新型领土国家的基本建筑模块。正

---

[2] 在崔格尔关于早期国家的人类学研究中，"领土国家"是从先前的酋邦社会发展出来的两种社会政治组织模式之一（另一个是"城市国家"）。见 Bruce Trigger, *Understanding Early Civilizations: A Comparative Study* (Cambridge: Cambridge University Press, 2003), pp. 94-113; *Early Civilizations* (Cairo: American University in Cairo Press, 1993), pp. 10-12。

[3] 见 Li Feng, *Bureaucracy and the State in Early China: Governing the Western Zhou* (Cambridge: Cambridge University Press, 2008), pp. 284-287。

[4] 公元前 336 年魏国国君首先称王；到公元前 323 年，所有大国国君都采用了王的称号。过去只有周王可以称"王"，现在周王的地位已经下降到和别的国君一样了。

图9.1
宁夏回族自治区固原秦长城

图9.2
领土国家(与图7.4的邑制国家相比较)

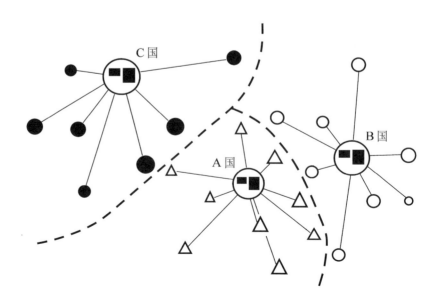

如第八章中所阐述的那样,县是统一行政机构下的小面积的领土单元,它的出现是国家间的战争和国内冲突所导致的宗族结构消失的结果。当县被广泛推行并且填满了远离先前国家中心的周边区域时,领土国家成为必然的结果。因此,向领土国家的转变既是一个军事征服的过程,又是国家中心行政体制扩张带来的内部社会重组的结果。

政治和军事的发展

"领土国家"最重要的使命就是获得新的领土,这一目标几乎只能通过战争来实现。领土国家这种压倒一切的优先事项催生了这样一个时代,在这个时代,主要的历史发展是以一系列军事胜利为标志的,通常伴随着大量的伤亡;我们从出土文献中得知,一些国家通常用著名的战役来标记那个时代的日历。统计研究发现,公元前535年到公元前286年,国家间发生的战争共计358场,平均每年1.37场。[5] 实际上,历史记录显示,在两个和多个领土国家之间,每两年内不发生重要战事的情况很罕见,并且在很多年间每年都会发生多场战争。这样一种高频率的战争状态必定对国家的政策和人民的心理带来深远的影响。

战国时期最初的100年见证了魏国的霸权,魏国是由瓜分前霸主国家晋国的三个卿士家族中的一家来统治的。魏文侯在位期间,公元前445年魏国任用政治家李悝开展了一系列变法。变法的细节并没有在同时代的记录中流传下来,但是汉代的文献指出,这次变法为了提高农业生产而广泛地调整了土地的使用,稳定了市场价格,以成文法的施行为基础建立了法制系统。受变法推动,魏文侯于公元前413年派遣著名大将吴起攻打秦国,并占领了靠近黄河西岸的大片领土。在东部,魏于公元前405年联合韩、赵攻至齐国长城内,迫使齐国投降。魏国的军事势力远及河北北部的中山国;实际上在公元前406年,为了征服中山国,魏国军队不得不横穿赵国的领土。魏国取得的这些胜利牢牢地确立了它的霸主地位,且一直延续至公元前4世纪的最初几十年。

---

5 见 Chiang Chi Lu(蒋济陆), "The Scale of War in the Warring States Period" (PhD dissertation: Columbia University, 2005), pp. 74-75。

然而，赵国嫉妒魏国获得了黄河以南的领土，于公元前383年（魏文侯死后13年）出兵攻打今河南北部的卫国，从此魏、韩和赵之间的联盟崩塌了。利用魏国将主力调转至东北部援救卫国的机会，新近逃至楚国的吴起率领楚国军队向北迅速出击，切断了魏国主力与他们位于山西南部的都城安邑之间的联系，有效地将魏国一分为二。这场有五个主要国家卷入的冲突完全改变了华北地区力量均势。受总体形势所迫，但更直接的是受另外一场由秦国于公元前364年所带来的军事灾难的影响——据说魏国损失六万人马，魏国在公元前362年将都城从山西南部迁至河南东部的大梁，这成为战国历史上的分水岭。

公元前4世纪下半叶，魏国力量的衰弱为西方的秦国和东方的齐国开启了崛起之路。在秦国，这是一个由商鞅变法（公元前359—前338年）所带来的社会和政治发生重大变革的时代（见第十一章）。公元前340年，商鞅亲率秦国军队击败魏国并俘虏了魏国的公子昂，魏国被迫割让黄河西岸的大片土地。在商鞅之后，秦国继续对魏国发动一系列战争，并掠得了魏国在陕西东部的所有城池。在其他方向，秦国征服了北方的"蛮夷"政权——义渠，将其领土向北扩张至鄂尔多斯南部；公元前316年通过兼并巴蜀，秦国进一步向南占领了整个四川地区。至公元前4世纪末，秦国的领土大致相当于魏、韩、赵三国领土面积之和，成为战国时期无可争辩的超级大国。在东方发生的两场重要的战争中，齐国军师孙膑分别在公元前354年的桂陵之战和公元前341年的马陵之战中设计击败魏国军队。趁北方燕国内乱之际，齐国军队于公元前314年攻破了燕国都城。

公元前4世纪晚期至公元前3世纪初期的几十年间，国家间的政治受到两个战争策略主导——著名的"连横"和"合纵"策略。简单地说，这是一场有关地处中心地带的国家应该采取的宏大战略的辩论，其背景是中国的政治逐渐演化成西方秦国和东方齐国两极之间的较量。"连横"战略是站在任何一个东部国家的视角上，提议为了自身安危而联合其中一个超级大国（一般是秦国）来对抗其他的国家；"合纵"战略则强调那些位于中部地区的相对弱小国家之间的联合，以此共同抵御西方秦国或东方齐国对他们的威胁。实际上,"连横"战略通常是由秦国的外交家策划的,它更好地服务于秦国的领土野心,这可以通过公元前 320 年左右秦魏的联盟来证明。"合纵"战略得到应用的一个例子是公元前 318 年五国——魏、韩、赵、燕和楚——联合攻秦。但是秦相张仪很快拆散了这一联盟,并将魏和韩收入秦国的麾下;因此他进一步发展出"连横"战略,作为对抗楚国和齐国的有力武器。公元前 312 年至公元前 311 年楚国遭受了一场重大的军事灾难,从而彻底削弱了楚国的力量。"合纵"战略还可以通过公元前 296 年至公元前 287 年东部国家对抗齐国的两场战争显示出来。但是两年后,赵、燕和韩使用同样的战略,在秦国的帮助下攻打齐国,彻底毁灭了齐国力量。战国国家间通过运用"合纵""连横"战略,最终使秦国成为唯一的超级大国。

简言之,战国时期是世界军事史上的一个重要篇章。持久的战况和力量的不断重组催生出伟大的政治智慧和军事策略,还诞生了诸多中国历史上外交活动的杰作。在战国时期拥有共同文化和语言背景的多国系统中,其国家间冲突的动力,与产生出依然支配现今国际关系的规则和外交惯例的早期现代欧洲政治极为相似。[6]

作为新国家支柱的小农阶级

公元前 7 世纪到前 5 世纪社会转型的最重要影响也许是将中国社会完全重新改组为成百上千个小农家户。"小农"指的是一夫一妻的家庭和他们的直系亲属,也就是父母和子女;一家一户中的人口一般不超过十人,家户里的人通常耕种属于他们自己的土地或者租种别人的土地。这样作为独立社会单元的核心家庭是古代美索不达米亚和地中海世界的经济基础,但是在中国战国时期的背景下,则是一个新的现象。

古代和现代的历史学家曾多次谈及所谓"井田制",认为这是西周时期土地制度的模式。在孟子(见第十章)的解释系统中,"井田"是将一块土地整齐地划分为九块,形似"井"字;八个家庭每家耕种周围的一块田地,同时一起耕种中间的一块土地作

[6] Victoria Hui, *War and State Formation in Ancient China and Early Modern Europe* (Cambridge: Cambridge University Press, 2005), pp. 54-108.

为"公田"为领主和他的家庭提供收入。孟子的这个说法作为周代经济关系的特点在传统的中国历史学中被讲述了 2000 多年。因此，在马克思主义的历史学中，春秋战国时期的社会转型被看作"井田制"向自由小农家庭土地私有制的转变。根据我们现在掌握的关于西周时期的资料，这样严格的土地管理系统几乎是不可能存在的。[7] 然而，儒家对"井田制"的解释模糊地，但也准确地传达了可能是西周真实实践的两个方面：（1）劳役而非实物形式的地租；（2）在这样一个系统中，至少在理论上土地是被宗族所拥有的，族长将其分配给属于宗族的个体家户，同时保留大部分土地为宗族所用。保留的这部分土地由宗族成员合作耕种，以之维持宗族的包括宗庙祭祀在内的"公共"功能。

以此为出发点，一些重大的变化必定发生在土地所有权和围绕土地的整套经济关系之中。在文献中，当战国时期的政治家和哲学家谈论他们时代农民的生存状况时，显然指的是那些新近从宗族获得独立的小的自由农民家户或家庭，并且这种作为农业中基础生产单元的小农家庭土地私有制被认为是领土国家的经济基础。文献中所记载的李悝的农业理论认为，一个据地 100 亩且拥有五口之家的男子应该成为国家赋税的基础。李悝的改革使魏国在公元前 4 世纪早期变得强大。历史学家们试图用古代的单位计算这样的土地占有多大面积，粗略地得出应为 5.14 英亩（约 31.2 亩），似乎是一个农民可耕种土地的平均面积，且能维持一个五口之家的生存。

在一些国家，作为向国家缴纳赋税的基础，小农家户的规模通过法律被严格限制。在公元前 4 世纪中期秦国变法期间，商鞅向那些拥有两个或两个以上成年男性的家庭征收双倍赋税；之后，甚至是一个父亲（可能仍然处在生产年龄中的）和一个成年儿子也被禁止生活在同一个家户中。[8] 一些学者将这看作为了加强总体的国家管理秩序而打破家庭团结的一种方法，但是对于国家来说这个政策带来的经济利益是很明显的。从社会历史的角度看，国家通过立法来规范小农家庭的规模，这在中国历史上可能是首次出现。不管怎样，秦国的实践有力地表明了国家将小农家户作为基石来支撑领土国家上层建筑的重要性。

[7] 有学者推测儒家如此严格的土地方块的想象可能反映了战国时期新兴国家在县中分配标准的土地单位的实践，但是这样的制度却被时代错乱追溯到了西周时期。见 Mark Edward Lewis, "Warring States Political History," in Michael Loewe and Edward L. Shaughnessy (eds.), *The Cambridge History of Ancient China: From the Origins of Civilization to 221 B.C.* (Cambridge: Cambridge University Press, 1999), p. 609。

[8] Derk Bodde, "The State and Empire of Ch'in," in Denis Twitchett and Michael Loewe (eds.), *The Cambridge History of China*, vol. 1, *The Ch'in and Han Empires, 221 B.C.—A.D. 220* (Cambridge: Cambridge University Press, 1986), p. 37.

对小农的控制：法律、税收和普遍爵位

　　上述讨论的是农民社会地位的变化。这对国家来说究竟意味着什么？摆脱了传统宗族作为中介的小农已经成为国家的新公民，国家将他们视为在社会上独立且有能力计划自己生活、组织农业生产并且能为自己行为负责的个体。同样的道理，国家现在进入了同个体农民直接接触的阶段，并且对他们的福祉有道德上的责任。另一方面，小农的存在构成了一个巨大的人力资源储备，国家急切地要利用他们服役从而在战争中赢得卓越的胜利。国家和农民之间的关系可以通过多种途径来实现，但是最重要的是法律的颁布、赋税和兵役。为了奖励军功而设置的普遍爵位系统则创造了国家和个体农民间另一个持久性的纽带。

　　正如第八章中所讨论的，自公元前 6 世纪初期以来，我们频繁听到法律被编纂并铸在青铜器上向国家的新公民进行展示的事件。但是，那时的法令没有一条能够流传下来（如果它们真正存在过）并被写进我们现今所看到的传世文献中。1975 年在湖北睡虎地的古墓中发现秦律（见第十一章）以来——年代约在公元前 216 年（秦统一中国以后），学者们多认为秦帝国法律文本中包含的一些法令如果不是源于公元前 4 世纪中期的商鞅（公元前 395—前 338 年）变法，那么它们可能在战国晚期的秦国就已经被使用了。然而，这只能是一种可能性的猜测。我们现在所能看到的最早的秦国法律文书是 1980 年四川青川郝家坪 50 号秦墓出土的《为田律》，年代在公元前 309 年的战国中期，可惜只有一枚残存的木牍。存留在传世文献中的关于先前几个世纪法律实践的琐碎信息似乎表明了法令的创立是为了解决公共安全问题。这些模糊的信息当中有一些线索将所谓的《法经》归于公元前 4 世纪早期魏国的改革家李悝所作。据说这部《法经》由六篇组成，分别涉及盗窃、人身伤害和欺瞒官府之类的罪行；它似乎还包括朝廷进行裁判的规则、杂律以及惩罚的增加和减少等内容。一些条例的确与睡虎地出土的秦帝国法律相类似，但不幸的是没有任何一条律令的细节被流传下来。总之，我们很少有实际的律令或有关法律的综述从战国时期流传下来。然而，现存的信息仍足以说明，在秦大一

统之前基于成文律法的法律系统显然是存在的。

另外，幸运的是，1987年湖北江陵包山2号墓竹简的发掘使我们知道了战国时期南方楚国法律实践的少量具体信息；根据墓中竹简的记载可以将其年代确定在公元前316年，略早于青川的木牍。包山出土的大部分法律简包含对实际法律案件的描述和所谓的"受期"——向政府初次登记备案后所提供的审理案件的日期。例如，对那些由楚国王庭接纳的案件来说，它们初次备案之后根据案发地点通常将审判的时间安排在10到90天之内。在此期间，当地的官员和有时从王庭来的特派官员要受命调查案件，等待下次开庭。原告和被告都可以列举各自的目击证人来构建证据，但是他们的亲属则被排除在证人之外。有时，先前的案件可以有二次审判的机会，并且必要时可以根据王命将其转移给另一位官员处理。但是，官员们最终解决某些案子的时间似乎是有期限的。[9] 包山出土的竹简显示楚国已经建立了非常完善的法律程序。

我们从包山竹简中了解到的另外一个国家高度关注的问题就是人口登记的准确性，这是国家计税的基础。楚国的地方官员受命去核实记录；一旦某些人从记录中消失，尤其是当失踪的人口为壮年时，地方的下级官员为了避免自己受到惩罚理应对此事展开调查。在睡虎地的秦律中也能找到类似的人口注册失误或青壮年人口登记失察等罪名。他们就像是李悝《法经》里所包括的处理逃离政府人口这一法令的回响。当然，准确的户籍登记对于新兴国家最大限度地调动资源来支持它日益扩张的官僚机构和边界地区的军事行动来说是至关重要的。这似乎对所有国家来说都是很重要的。

然而，学者们大致估算的地税的实际数目最多只能说是模糊的。在流传下来的李悝的农业理论中，10%的实物地税被当作计算一个五口之家收入和消费的基础。出土文献显示，军事家孙武曾指出，在公元前6世纪的北方晋国，权臣强加在他们所拥有的土地上的税率通常是20%；孙武认为，这样一种高额税率将会不可避免地导致一些宗族走向衰亡。[10] 另一个极端是，哲学家孟子曾评论说，5%的税率太低，这样的低税率只适合土地收成少且官员稀少的"蛮夷"民族，但对支撑华夏世界里进行竞争的那些国家

9
Susan Roosevelt Weld, "Chu Law in Action," in Constance A. Cook and John S. Major (eds.), *Defining Chu: Image and Reality in Ancient China* (Honolulu: University of Hawaii Press, 1999), pp. 87-95.

10
这是《吴王问》，它是1972年银雀山汉墓中和孙子《兵法》一起发现的有关孙武的两篇失传文献之一。该墓年代在西汉时期（公元前206—公元8年）。

的官僚和礼制机构来说必定是不足的。基于这一信息，有些学者认为，将变量考虑进去，战国时期的税率在10%左右。当然这仅仅可被看作乐观的推测。

服兵役是小农们的责任。事实上，许多早期的"县"的设立就是为了组织当地的农民参战。但是随着战争规模渐渐扩大，通常能够合并若干个县的"郡"成为调动农民参与军事行动的正规管理机构。虽然我们并不知晓服兵役的法定年龄，也没有相关的律令，但是这一时期的伤亡数目表明，在某些情况下，一个县或郡的所有男丁都可能被要求投入到战斗中去。例如，公元前260年在秦赵之间发生的著名的长平之战，河内郡（今河南西北部）的每位年龄在15岁以上的男丁都要参战。然而，由于这记录的是秦国在面对极端战事状态时非常见的举措，因此在战国时期这种征召如此低龄男丁入伍的征兵制度通常不会实施。理论上，全体男丁都是被征入伍的对象，因此他们在因战绩所获得的奖赏方面也是一视同仁的。例如，秦国创立了二十等爵制，最低一级爵位为公士。斩获敌人一个首级可获奖励100亩（约合5英亩）田地。爵位可以随时间累积，一旦触犯法律也可以用来支付罚金。与传统的贵族爵位制度相反，任何一个平民都可以根据其立下的军功而得到新的爵位。

政府的官僚化与君主专制

在第七章中讲到西周国家的中央朝廷自公元前9世纪早期以来逐渐官僚化，并且这一过程为陕西王畿地区的政治和社会生活创造了新的动力。然而，西周时期许多地方封国的政府尽管在结构上复制了西周早期中央朝廷的功能性角色，但他们在春秋早期依然保持着个人化和非官僚化的特点。因此，在西周国家退出历史舞台许久之后，当官僚化的浪潮再次在中国出现时，官僚制度本身就成为建立和管理领土国家的关键性制度。

战国时期广泛存在的行政官员一定是县令，尽管他们被冠以各种不同的称谓。秦国商鞅变法以后，大约有350个这样的县令。

为了辅佐县令，许多国家还设立丞（秦国）或御史（韩国和魏国）这样的官员来掌管各自县里的土地登记或其他文书事务。在更加官僚化的国家，比如秦国，为了掌管军事和安全事务设立尉；设立县司寇（韩国）负责监督法律事务。在他们之下，还有一些次一级的官员，一直到负责村邑事务的官员。郡的军事行政单位并非普遍存在，它通常由郡守来统领；在拥有这一单位的国家里，它只存在于军事重镇的边疆地区。相在春秋时期已经出现，并且在战国时期作为中央官僚机构的首长而逐渐正规化；在南方楚国，令尹扮演丞相这一角色，最初为军事官员，后来发展为集中央政府的军事和民事职权为一身的官职。[11] 中央政府中的其他民事和军事官职还有史官、司徒和司马等，它们都是从西周的官僚机制中继承下来的，但是他们的职责随着国家和时代的变化而有所不同。

除了功能性官职的发展，战国国家的显著特点还在于它们发展出了用来控制官僚机构的机制；就目前的证据来说，这一元素在西周官僚机制中是不存在的。其中一个举措就是"上计"制度的出现，它成为战国时期多数国家的一个标准行政实践。这样一种"上计"制度包括多种内容：田亩面积，赋税配额，县里粮谷的结余以及官员、学者的名簿和农民中男人、女人、老人和壮年的数目，还有当地治安情况的报告等内容。文书大概由县丞书写到木牍之上，并在每年的第12个月由县令亲自呈递给朝廷，交与国君或大臣查验。这个系统能够使国家有效地监管可利用的地方资源，并且检查官僚机构的表现。当然，国君也会在一年四季频繁任命特使，并且有必要时也会亲自前往各县视察情况。

总之，战国时期官员享实物俸禄，并且受制于标准的赏罚制度。下至县级的所有官员都由中央朝廷任命；如果他们被发现有失当行为会被随时免职。一些著名的哲学家，比如申不害和之后的韩非，曾就如何通过惩罚官员的"言"和"功"不符来有效地控制他们向君王们进言献策（第十章）。哲学文献中存在的诸如此类的声音显示出战国时期政治实践上的某种残酷性，同时也凸显出战国时期君王们真正关心的问题。一般来说，战国时期的君王比春秋时期的国君权势更大，作为国家的统治者，这并不是因为他们此时称"王"比此前称"公"的国君更有权力，也不是说他们控

[11] 见 Barry B. Blakeley, "Chu Society and State," in *Defining Chu*, p. 56。

制的军队规模更大,而是由于以在国家权力结构中对权力的控制程度来衡量,他们掌控更大权力。由于所有官员的命运都取决于君王的好恶(而不是像早期那样取决于他们世袭的权利),[12] 因此在许多国家中君王成为唯一的权威。无论是对他们所统治的士兵和农民,还是对帮助其实施统治的大臣和官员,他们的权力都是绝对且无中介的。

战争的转型

如上文所述,在战国时期,战争是社会生活最重要的内容,直接关系国家事务和政府政策。毫不夸张地说,至战国晚期(公元前 3 世纪),战争已经上升到了这样一种程度,即整个国家是为了战争的目的而组织起来的,并且这是所有国家的真实境遇。在中国历史上没有一个时期能像公元前 4—前 3 世纪那样富有战斗性。另一方面,在战国近三个世纪的时间里,战争作为一种受人类和物质因素影响的社会行为,其本身无论是在目的性上还是在方式上都经历了根本性的改变。

西周至春秋的大部分时期,战争是以车战为主的贵族们的特权。平民有时参与战争,但通常是作为战车御士(一般是他们的宗族首领)的附属。因此,在西周金文中,除了著名的六师和八师外,西周中央朝廷的常备作战力量经常由宗族来组织。此外,维持一支由大量马匹牵引战车所组成的军队耗资巨大;平民也难以负担他们在战争中使用的青铜武器。这些因素明显限制了战争的规模,因此在春秋的大部分时期,战争依然只是一项"贵族运动"。然而,自公元前 5 世纪以来,铁制武器的广泛应用使平民(大部分是生活在新兴县的自由农民)更易负担战争的花费,新的国家也急于让农民投入战争来征服敌人(图 9.3)。学者的研究显示,战国初期许多变法的真正目的就是将服兵役扩大至主要由小农组成的全部人口。[13]

由于这一变化,士兵的类型也发生了剧烈的变化,军队的规模急剧膨胀。战争不再是武士之间的战斗技能之争,实质上无非是一个拥有众多人口的国家在人数上对敌国的征服。春秋时期,

---

[12] 关于这一点,战国时期的国君经常喜欢任命"外国人"在官僚政府的高层任职。这些人在国中没有根基,他们完全忠于国君;国君可以随时雇用他们,也可以随时将他们解职。

[13] Mark Edward Lewis, *Sanctioned Violence in Early China* (Albany: State University of New York Press, 1990), pp. 54-61.

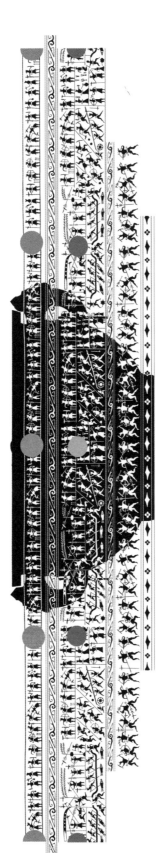

图9.3 河南北部山彪镇出土青铜鉴上的水陆攻战场景（高30.1厘米，口径54.6厘米）

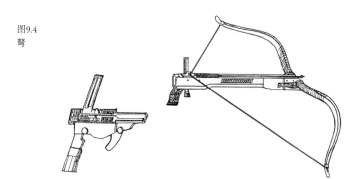

图9.4
弩

战争经常在数千名士兵之间展开。晋文公在位时，晋国的常设军队由三军（上军、中军、下军）组成，每支人数约在 12,500 或以上（或总数为 37,500 人）。楚国王室军队也分为三部分（左军、中军和右军），总体力量与晋国军队相当。这些都是春秋时期最重要的军事力量。到了战国晚期，据说力量最为强大的国家秦国、齐国和楚国各自拥有一支人数近百万的军队，连强国中最小的国家韩国军队的人数也在 30 万。[14] 单次交战中，双方士兵人数分别在 10 万—20 万的情况并不罕见，一场战役的士兵死亡人数轻易可达 3 万人。此外，由于对农民士兵的训练要求最低，必要时，一个国家会将全部适龄男丁投入到重大战争之中。公元前 260 年，在秦赵之间发生的那场战争是个极端的例子。在现今山西东南部一个名叫长平的狭窄河谷中，约 40 万人的赵国军队在其统帅赵括战死之后被迫投降。数目巨大的战俘给秦国造成了极大的困难。于是，秦军统帅白起下令坑杀所有的赵国降卒，只放回 240 个年轻士卒去东方国家散播恐怖的消息。尽管学者们质疑秦军坑杀赵卒的庞大数目，还是有学者基于全面系统的分析认为，在公元前 4—前 3 世纪发生的 26 场重要战争中，有总数约 180 万的战败国士兵惨遭杀害（这其中并不包括战胜国的死亡人数）。[15]

当然战争的方式也发生了改变。比起任何时代的战车来说，步兵是一种更为彻底的毁灭性的力量。铁制兵器的使用不仅使广大的农民参与到战争中来，而且也提高了武器的杀伤率。此外，弩的引进更提高了战国军队的杀伤能力，将一张弓固定在带有金属扳机的中央弩臂之上可以使弓箭手瞄得更准、射得更远，并且可同时发射多个箭头（图9.4）。春秋晚期，弩在南方被发

14
Lewis, "Warring States Political History," pp. 626-627.

15
Chiang Chi Lu, "The Scale of War in the Warring States Period," pp. 107-110.

> Box 9.1

孙武逸事和银雀山军事典籍的发现

西汉史学家司马迁记述了孙武的生平逸事：

孙子武者，齐人也。以兵法见于吴王阖庐。阖庐曰："子之十三篇，吾尽观之矣，可以小试勒兵乎？"

对曰："可。"

阖庐曰："可试以妇人乎？"

曰："可。"

于是许之，出宫中美女，得百八十人。孙子分为二队，以王之宠姬二人各为队长，皆令持戟。

令之曰："汝知而心与左右手背乎？"

妇人曰："知之。"

孙子曰："前，则视心；左，视左手；右，视右手；后，即视背。"

妇人曰："诺。"

约束既布，乃设鈇钺，即三令五申之。于是鼓之右，妇人大笑。

孙子曰："约束不明，申令不熟，将之罪也。"

复三令五申而鼓之左，妇人复大笑。

孙子曰："约束不明，申令不熟，将之罪也；既已明而不如法者，吏士之罪也。"

乃欲斩左右队长。吴王从台上观，见且斩爱姬，大骇。趣使使下令曰："寡人已知将军能用兵矣。寡人非此二姬，食不甘味，愿勿斩也。"

孙子曰："臣既已受命为将，将在军，君命有所不受。"

遂斩队长二人以徇。用其次为队长，于是复鼓之。[16]

1972年在山东临沂银雀山1号墓中出土一篇名为《见吴王》的竹书，其内容与上述《史记》中司马迁的记载极为接近；

明出来并最初为楚国、吴国和越国的军队所使用。到了战国中期，弩在北方军队中得到广泛应用。另外一项军事"发明"是公元前4世纪晚期赵武灵王的骑兵，实际上这是赵国向北方草原地区扩张期间引入的一种游牧民族的骑战方式。尽管相对于步兵来说骑兵的角色是辅助性的，但骑兵的确是一股能够有效突破敌军防御且切断敌人供给线的强大而灵活的力量。至公元前3世纪中期，骑兵甚至被南方的楚国引入。据说楚国的军士中有约一万骑兵；据记载，秦国和赵国的骑兵数目大致与楚国相当。

随着军队规模的扩大和效率的提高，战争的目的也随之改变。春秋时期车战的主要目的是征服敌人。事实上，公元前7—前6世根据墓中陶器和钱币的类型学特征可将其年代定在西汉早期。与此同出的还有多达4942支竹简。令人惊讶的是，这些竹书中包括两种不同文本的《兵法》。其中孙武的《兵法》内容与传世文本极为接近，尽管墓中竹书只有全部十三章中的八章。另外一部是孙膑的《兵法》；孙膑是齐国的一位身体残疾的将领，曾指挥齐军大败居于霸主地位的魏国。孙膑的《兵法》中不仅详细阐述了孙武《兵法》中列出的一些原则，而且记录了孙膑的生平及齐国与魏国的斗争。同出的其他古籍还有《尉缭子》《晏子》《六韬》《守法守令》，所有这些军事类文献都被认为是战国时期的作品，并在1975年被完整公布。[17]

当银雀山汉墓竹简的第二卷于2010年1月出版时，它提供了另外一组约50篇先前未知的政书和兵书，以及其他有关自然哲学和占卜的古籍。从墓中出土文献的性质来看，墓主人可能是一位专业的军事指挥家，卒于武帝早期（约公元前141—前87年）。恰巧墓中出土的两件漆杯的底部书有"司马"两字，这是一个众所周知的军事头衔。尽管这些文本是用汉代隶书来书写的，并且是汉代文本，然而它们中的许多文献无疑是从战国时期（如果不是更早的话）传承下来的。

孙武的《兵法》、《尉缭子》和《六韬》属于著名的"武经七书"；"武经七书"有完整的英文版本。[18]

---

[16] 司马迁：《史记》（北京：中华书局，1959年），第65卷，第2161—2162页。

[17] 见银雀山汉墓竹简整理小组编：《银雀山汉墓竹简》第一编（北京：文物出版社，1975年）；《银雀山汉墓竹简》第二编（北京：文物出版社，2010年）。

[18] 见 Ralph D. Sawyer (trans.), *The Seven Military Classics of Ancient China* (Boulder: Westview Press, 1993).

纪在一些重要国家发起的许多著名战事，其唯一目的是在小国中赢得更多盟国。然而战国时期的战争是为了征服新领土，并且在有些已经征服的领地不能被永久占据的情况下，为了消除敌方的战争能力，斩杀敌军将士就是战争的目标。因此，战争在战国时期变得更加致命，并且这种毁灭性力量所带来的恐惧也明显地被国王和军事家们估算进战争的政治利益中。

这也导致军事指挥权发生重大变化。旧的贵族经过训练在作战时可以自主行动，但是许多短期应征的农民士兵则没有接受过这样的训练。许多农民兵在掉队的情况下甚至不知道作为士兵应该如何行动。因此，战国的军队是具有严格明确的等级和职权体

图9.5
曾侯乙墓中出土的尊、盘组合（尊高30厘米，直径25厘米；盘高23.5厘米，直径58厘米）

系的精心构建的组织，并且由可能从未亲身经历战场厮杀的职业军事战略家来指挥。孙膑就是个著名的例子，他是公元前4世纪晚期指挥齐军取得大捷的一位身体残疾的军事指挥家。战国时代诞生了一系列早期中国的军事论著，其中最著名的是春秋晚期南方吴国的军事家孙武所著的《孙子兵法》(Box 9.1)。两千余年来这部兵书激励了历代军事家，包括美国的西点军校在内的现今世界的许多军事机构仍在教授《孙子兵法》的理论。

青铜文化的转变

尽管引进了用来制作农具和武器的铁，青铜依然是表达精英社会秩序之欲望的媒介。西周王室贵族的青铜文化以贵族墓中标准组合器物的使用为特点，春秋时代以这一文化的延续为始。春

图9.6
中山王墓出土的错金青铜虎（长51厘米，高21.9厘米）

秋早期，随着这种装饰粗犷几何纹饰的标准组合器物的使用，从渭河河谷遍及遥远的东部国家，在周文化范围内的每一个角落，贵族们的地位首次可以通过物质文化作为载体来比较、衡量。因此，尽管有政治上的分裂和与日俱增的军事冲突，周文化却可以通过大家对周青铜文化的采用和坚持而保留下来。[19]

公元前6世纪失蜡法的引入改变了中国青铜文化的面貌。新的技术似乎首次出现在中国南方（可能是楚国）；它简化了铸造程序，产生了更为复杂的形状和图案。由于公元前4000年以来同样的技术一直在美索不达米亚和南亚地区被使用，那么很有可能这项技术是从南方进入长江流域的。最早的失蜡法制作青铜器的例子发现于河南淅川县的楚墓中，年代在公元前552年左右；湖北北部随县的曾侯乙墓中也出土多件此类青铜器，年代在公元前422年左右。一些青铜器的铸造技术非常复杂，比如淅川的青铜禁和曾侯乙的尊盘组合（图9.5）。根据总体设计和铭文来看，它们显然是在

[19] 关于这一点，见 Lothar von Falkenhausen, "The Waning of the Bronze Age," in *The Cambridge History of Ancient China: From the Origins of Civilization to 221 B.C.,* p. 543。

当地制作完成的。至公元前4世纪，这项技术无疑也被北方人获知，正如现藏于南京博物院的一件青铜壶所显示的那样；壶上的铭文由齐国的一位将军所刻，他于公元前314年齐军入侵燕国期间（如上所述）将此壶作为战利品从北方的燕国掠得。[20]

更进一步的技术发明提升了传统的分范法铸造的青铜器的外观。西周晚期之前，某种硬质金属已经被发现，这可以使工匠直接在青铜器表面雕刻铭文。刻铭因此成为春秋时期制作青铜器铭文的主流技术。另一方面，铭文的内容在大部分情况下变得更为简单，因为曾经内容丰富的铭文创作随着西周王室消解也一去不返了。渐渐地，雕刻方法的使用从青铜器铭文转移到装饰花纹的制作上。当这一转变发生的时候，青铜器上装饰的不再是传统的几何图案，而是有关社会生活的更为真实的写照（图9.3）——通常为攻战或贵族宴饮的场景，这更考验工匠的创造力。此外，当嵌金或嵌银（错金银）技术被引进时，青铜器的面貌发生了完全的改变，即由单色走向多色。除了从西周王室继承下来的传统类型的青铜器外，春秋晚期和战国时期的工匠们热衷于将现实世界中所见到的形象再现在青铜器上，巧妙地创造出一种充满活力和多彩的新的青铜器艺术，正如在公元前296年被赵国征服的中山国的国王墓中出土的青铜杰作所生动展示出来的那样（图9.6）。

20 这是陈（田）璋壶。

建议阅读

- Lewis, Mark Edward, "Warring States Political History," in *The Cambridge History of Ancient China: From the Origins of Civilization to 221 B.C.*, ed. Michael Loewe and Edward L. Shaughnessy, pp. 587-650, Cambridge: Cambridge University Press, 1999.
- Lewis, Mark Edward, *Sanctioned Violence in Early China*, Albany: State University of New York Press, 1990.
- Hui, Victoria, *War and State Formation in Ancient China and Early Modern Europe*, Cambridge: Cambridge University Press, 2005.
- Cook, Constance A., and John S. Major eds., *Defining Chu: Image and Reality in Ancient China*, Honolulu: University of Hawaii Press, 1999.
- Falkenhausen, Lothar von, *Chinese Society in the Age of Confucius (1000-250 BC): The Archaeological Evidence*, pp. 293-369, Los Angeles: Cotsen Institute of Archaeology, UCLA, 2006.

第十章

作为政治家的哲学家：
新近出土文献的启示

中国历史上，从孔子（公元前 551—前 479 年）出生的公元前 6 世纪中期到公元前 221 年战国终止，这段时间常常被誉为"哲学家的时代"。尽管这个时期庞大的领土国家之间一直进行着无休止的战争（见第九章），然而中国在这一时期经历了前所未有的思想文化的创造与发展，而士处于这一发展的中心位置（第八章已讨论）。那些能够系统地发展自己的理论——通常由一组核心著作所代表，并且能将自己的学说以私学的方式传给学生的学者就是被历史铭记的哲学家。春秋晚期和战国时期的哲学家创造与发展出来的根本性哲学理念在此后的两千年内一直支配着中国的人文生活，并且成为中国文明最典型的特征。

这一现象不仅在中国历史的范围内非常有趣，对理解全球人文精神的早期发展也很重要。或许正是由于这个原因，早期中国哲学一直是西方汉学界关注的中心。这一趋势在过去 30 年间由于中国南方战国墓葬中发现了重要的新哲学著作而加强。当然我们这里不可能全面讨论为数众多的哲学家所提出的各种观点，也不可能在遗留的非常丰富的战国时期的哲学著作中去追溯各家学说的发展线索，但已经有学者为此目的写了专著。[1] 作为对早期中国文明概述的一部分，本章将集中讨论几个主要的哲学传统形成的过程，把它们当作一种社会与文化现象，并将介绍一些基本的哲学概念——这是他们对自身所处时代与社会之问题的回应。同样，本章也将讨论一些新发现的哲学著作以及它们对了解中国早期人文传统发展带来的新启示。

[1] 汉学家常读的一本关于早期中国哲学的概论是：Fung Yu-lan, *A History of Chinese Philosophy*, translated by Derk Bodde (Princeton: Princeton University Press, 1952-1953); abridged edition: *A Short History of Chinese Philosophy*, edited by Derk Bodde (New York: The Free Press, 1966)。初学者可以读一本新著：A. C. Graham, *Disputers of the Tao: Philosophical Argument in Ancient China* (La Salle: Open Court, 1989)。

意识形态危机与全球背景

某些哲学概念，譬如"德"，起源很早，至少在西周时期就已经出现。如第七章已经讨论的，几个世纪以来周人的世界建立在"天"的理念之上，而"德"是"天"给予周文王的美好品质，并在其后的周王中世代相传。[2] 于是，周王被称为"天子"，对天这个圣域的接触是其排他性的权利。他们的这一地位即使在周王室的王权衰落后的几个世纪内也未曾受到挑战；在汉帝国兴起前的中国没有其他君主曾经以礼制上的这个极限自称。周王死后将变成上帝之庭的侍者，而上帝则是"天"的拟人化表现。周王进行的各种征伐被宣传为"天之伐"，而整个周朝制度的正当性也建立在唯一的支撑点上，这就是"天命"。但是，就像伊若白（Robert Eno）所指出的，"正是这些制度的成功实际上留住了'天'"。[3] 在一个互惠的关系中，西周国家的好运绵延依靠的是周王室在宗教上的优越性，而反过来，对作为周王室宗教优越性来源的"天"的笃信也依靠着周王朝制度的良好运转而得以维持。实际上，周王朝的政治制度不但表现不佳，而且在公元前771年戎人攻入周朝都城时彻底崩溃了。因此，在这一年西周王朝灭亡的影响远超过西周国家的分崩离析；在一个更深的层面上，它也标志着支撑中国早期王朝国家运转的宗教—礼制体系崩溃的开始。

因此，为了证明在西周国家废墟上兴起的新兴国家的政治权利的正当性，思想家们必须寻找新的资源。在某种意义上，任何一个西周王朝权力的继承者自然都可以像周人曾经做的那样充分利用天命理论的政治红利来支持自己。但是没有一个诸侯国可以使自己的军事霸权超过一个世纪（经常是两三代以内就消失了），这样的政治现实却会使这种主张不具说服力乃至毫不相干。更不用说直到公元前256年，在洛阳的小朝廷中一直有一位周王存在；虽然在政治上是一个傀儡，但他在宗教上仍然很尊贵。从这个意义上讲，那些多样的哲学传统，包括儒家、道家、墨家、法家等，都可以被看作为了应对这一思想危机而在理论上构建替代天命观的意识形态的不同途径。实际上，所有那些在历史上留名的哲学家在他们思想的底层都有着一个默认的野心：重建周王室曾经以

[2] 关于西周时期"德"的概念及其可能在商代的来源，见 David Shepherd Nivison（倪德卫），"Virtue in Bone and Bronze," in Bryan W. Van Norden (ed.), *The Ways of Confucianism: Investigations in Chinese Philosophy* (Chicago: Open Court, 1996), pp. 17–30。

[3] 见 Robert Eno, *The Confucian Creation of Heaven: Philosophy and the Defense of Ritual Mastery* (Albany: State University of New York Press, 1990), p. 27。

上天意愿所承诺的理想的社会秩序；不同的只是怎样做到这一点。这一背景给予中国早期哲学一个共同的立场，哲学是解决现世社会问题的一个办法，而不是像在希腊哲学中那样，哲学探索的常常是人和神之间的关系。即使稍微后起的自然哲学也根本不是纯粹关于自然界的哲学；相反，就像在邹衍（公元前305—前240年）的哲学中所反映的那样，它与人的世界和其历史息息相关。[4]

在世界范围内的思想界中，我们也并不难找到并行的发展，德国哲学家卡尔·雅斯贝尔斯（Karl Jaspers）提出的"轴心时代"的概念为我们理解这种并行背后的原因提供了一个重要的途径。在希腊，苏格拉底（公元前469—前399年）和柏拉图（公元前428/427—前348/347年）生活在公元前5世纪—前4世纪，大约与中国的墨子（公元前468—前376年）和孟子（公元前372—前289年）同时。在印度，佛祖（公元前563—前483年）生活在公元前6世纪中期—前5世纪早期，他只比孔子大12岁。在古代世界这三个不同的地区，这几个世纪的哲学家们所建立的基本哲学概念都成了各自文明的标志性特征，没有一个伟大的文明可以离开这些根本的思想观念而存续。雅斯贝尔斯把轴心时代的起源归结为三个地区共同的社会和政治条件：（1）每个地区都处在政治上分裂的小邦小城时期；（2）这个政治分裂的时代伴随着无休止的冲突；（3）破坏并不是全面性的或剧烈的，战争在一个地方所造成的悲惨境况同时伴随着另一个地区的繁荣；（4）先前的存在条件受到了质疑。[5]

对历史学家来说，惊人的相似实际上是时间的巧合——世界上的这三个地区都处在我们可以称为"后早期文明"的时期。在希腊，迈锡尼人和他们的竞争者早已逝去，而有关他们的故事只有在后代的荷马史诗中才能听到；即使近世的雅典帝国的霸权也在苏格拉底时期进入了衰落阶段。在印度，对先前印度河文明的记忆可能仍旧在本地区的传统中延续。在中国，对过去的记忆集中表现在有关夏代和商代的传说中，特别是关于近世的西周。每一个地区早期文明的崩溃都提出了一些基本的问题，这也使得古人为之惆怅并努力寻找答案：我们是谁？我们为什么在这里，又要到哪里去？如果早期文明不是人类幸福的答案，那么答案到底是

---

[4] Donald Harper（夏德安），"Warring States Natural Philosophy and Occult Thought," in Michael Loewe and Edward L. Shaughnessy (eds.), *The Cambridge History of Ancient China: From the Origins of Civilization to 221 B.C.* (Cambridge: Cambridge University Press, 1999), pp. 818, 865.

[5] Karl Jaspers, *The Origin and Goal of History*, translated by Michael Bullock (New Haven: Yale University Press, 1955), p. 18.

什么？具体在中国，与周朝不同的道路到底是什么？

孔子和儒家

汉代历史学家司马迁以与世袭诸侯王同样的长度和细致程度来叙述孔子的生平；这反映了儒家学说在汉代变得日益重要的现实。乐于质疑司马迁的现代学者只是把他的叙述当作研究的起点以求能确认有关孔子及其时代的一些可靠信息。最近的一项研究显示，孔子生于鲁国接近南部边境的地方，他的父亲是鲁国有名的臧家的一名年老武士，而他的母亲则是本地颜氏的一名年轻女子。由于颜氏来自属于本地"东夷"起源的小国，这个历史的联系说明孔子年轻时有可能是一个文化上的混血儿。[6] 以传承古代礼仪而著名的臧氏的支持对于孔子早期受到的教育可能非常重要；但是作为一个年轻贵族孔子显然是很不成功的，并且他一生没能免于贫困。学者们一直在争论孔子一生究竟最高做到什么官阶。战国的史料显示，尽管时间或许很短暂，但孔子可能确实是鲁国朝廷的一个重要角色，他的影响力之大足以成为长期以来削弱鲁国国君地位的"三桓"的政敌。通过学生子路的行动，孔子可能是促使这三个宗族自毁其城邑的主使，并且他曾亲自派遣军队镇压了卿士孟孙氏家族的叛乱。[7] 在公元前 497 年孔子 54 岁时，或许是受鲁国国内政治形势所迫，孔子在他学生的陪同下离开鲁国出去周游，到达了当时中国几乎所有的重要国家，最远一直到南方的楚国，直到 14 年后才回到鲁国。从此，孔子专注于在鲁国的学习和教学。

关于孔子的生平，我们可以有把握说的也就这些了。在历史传统中，孔子被认为曾经编辑过《尚书》和《诗经》，注释过《易经》并编纂过《春秋》（见第七章）。尽管现代学者想要尽可能地去质疑这一传统，然而我们确实没有理由怀疑无论是对同时代的人还是后代的人来说，孔子都是一位颇有影响力的学者。在汉代马王堆墓葬中发现的新的《易经》注中，孔子或被直接当作作者，或被当作权威声音而加以引述；并且一篇新出土文献中还引用了

6 见 Robert Eno, "The Background of the Kong Family of Lu and the Origins of Ruism," *Early China* 28 (2003): 1–11。传统记载将孔子的家世追溯到今河南东部的宋国，为商人之后裔。

7 见 Annping Chin（金安平）, *The Authentic Confucius: A Life of Thought and Politics* (New York: Scribner, 2007), pp. 26–32。

他对《诗经》的评论。[8] 他和《春秋》的关系或许更为可信,因为他很有可能把有关史料从鲁国的档案中抄写出来。[9] 孔子在中国历史上的真正重要性在于他不仅是一个哲学家,还可能是他那个时代熟知这些古典文本的最为博学的学者;以他对自己的定位"述而不作",他很可能在课堂中向学生教授这些古代经典。从这个角度,我们甚至看到一个用现代学术语言可以形容为"孔子中心课程"的设计,这正是他给自己学生的教育的中心内容。

严格来说,我们其实看不到孔子所写的任何一篇对某个具体的哲学问题进行细致论述的单篇文章。但是,在《论语》中有几个反复出现的哲学论题,其他哲学著作中引述的孔子言论对它们也多有印证,这至少可以帮助我们捕捉到这位哲学家的大脑思维的某些片段。《论语》共二十篇,它汇集了孔子的言论,以孔子回答学生提问的形式进行。《论语》的最后成书不大可能早于战国末年,但至少其中的一些条目可能有更早的来源。因此,《论语》被认为是孔子和儒家的核心典籍。[10] 对孔子来说,一个非常重要的论题是"正名",他将此视作国家和政府的基础:

> 名不正,则言不顺;言不顺,则事不成;事不成,则礼乐不兴;礼乐不兴,则刑罚不中;刑罚不中,则民无所措手足。(《论语·子路》)

孔子自己对"正名"的解释见于《论语·颜渊》,当齐景公问政于孔子时,他回答说:"君君,臣臣,父父,子子。"这当然不是一个有关名字的文字游戏;相反,他真正关心的就是这些名字所指的实事,即这些实事是否能够符合这些名字的要求。也就是说,如果一个君主的行为不像君主,臣民的行为不像臣民,国家肯定就会陷于混乱之中。换言之,名字是一个社会政治秩序的指示系统,一个政府,只有在其中的每一个人都准确地按照他的名字所要求的来行事,才能指导人民的生活。

有趣的是,孔子认为要做到这一点并非通过强加一种行政秩序,而是要容易地或者自愿地通过"礼"的实施;礼是自然的,甚至是礼的实践者自己所喜好的。从西周金文的语源上讲,礼指的

---

[8] 此即上海博物馆藏楚简中的《孔子诗论》,见下注26。

[9] 见 David Shepherd Nivison, "The Classical Philosophical Writings", in *Cambridge History of Ancient China: From the Origins of Civilization to 221 B.C.*, p. 753。

[10] 见 Michael Loewe (ed.), *Early Chinese Texts: A Bibliographical Guide* (Berkeley: Institute of East Asian Studies, University of California, 1993), pp. 313-323。

是祖先祭祀中的奉献品；到了西周晚期，这种奉献品开始出现严格的等级制度，它规定了一个宗教礼仪群体中所有成员正确的行为方式。通过遵守这些规定来使行为得当，个人在这个群体中的地位和责任可以得到确认。《论语》本身并没有对"礼"给出明确的定义，而是给出了一些孔子非常严肃地认为是"非礼"的实例。譬如，当孔子得知鲁卿季孙氏家宴中用了属于国君标准的八列舞女，他生气地对季氏说："八佾舞于庭，是可忍也，孰不可忍也？"（《论语·八佾》）

关于"礼"的社会影响，孔子说："上好礼，则民莫敢不敬"（《论语·子路》），"上好礼，则民易使也"（《论语·宪问》），这是从君主的角度而言的。作为个人的君子，则要"非礼勿视，非礼勿听，非礼勿言，非礼勿动"，"君子敬而无失，与人恭而有礼。四海之内，皆兄弟也"（《论语·颜渊》）。对于这点，晚出的儒家著作《礼记》中有很好的解释：

> 礼尚往来。往而不来，非礼也；来而不往，亦非礼也。
> （《礼记·曲礼上》）

对于孔子而言，每天的日常生活就是在一个广泛的社会网络中的表演，人和人之间的互动不仅是不可避免的，而且是实现"礼"的必要途径。一个人不仅要和别人互动，而且必须按照礼制来这样做，这将自然地在他心目中养成一种实现与他的身份相应的社会责任的使命感。如果社会上的每个人能够忠实地演好自己作为"君主""臣民""父亲"或"儿子"的角色，总之须与他们在一个既定的社会等级体系中的名称相符合，美好的社会秩序即会到来。孔子强调一个人不仅应该扮演自己的角色，而且要带着真诚和深情来演出,这与他的另一个重要哲学概念"仁"相关，而"仁"对于人民来说就如同水和火，缺之则不可生存。孔子自己对"仁"的解释就是"爱人"。他也谈到"仁政"，而这一点在儒家传统中的第二位大师孟子那里做了进一步的论述。孔子还建议了一个办法来检验一个人是否为"仁"，这就是儒家的"黄金定律"："己所不欲，勿施于人。"在这个公式中，每个人只需用自己的心作为标准来衡量什么是有害，什么是有助，从而不去对别人做有害的事。因此，"仁"离我们并不遥远。

就像其他"轴心时代"的哲学家一样，在孔子看来他所处的世界从根本上说是错的。对他来说，理想的社会秩序只存在于过去，即西周时期。那个时代，有德行的周王将自己凌驾于一个由孔子心目中的英雄周公所创造的、并通过完美的礼制体系来维系的政治体系之上。孔子认为，解决现世问题的唯一办法就是回到王权强大且诸侯顺从的西周时代。"礼"是这样做的基础，而"正名"则是达到这个目的的适当手段。

据某些记载，由孔子建立的这一哲学传统在其死后分成了八个支系，其中以孟子为代表的一支影响最大。因为孟子将自己的学术渊源追溯到孔子的孙子子思，因此子思和孟子（公元前372—前289年）实际上代表了儒家传统中一个非常重要的流派。孟子出生于孔子离世100年之后，他出生的地方可能离孔子的出生地非常近。但是，他显然来自一个富有的家庭，并且由于总有一些君主愿意听他的议论而一生好运。公元前320年，他到达位于今河南省东部的魏国都城（大梁），受到欢迎并在此居住多年。离开魏国后他又到了齐国，成为当时由齐国国君资助的所谓稷下学宫的领袖人物。[11] 他的言论集中收录在《孟子》这部哲学著作中，大部分学者认为此书编辑于孟子晚年——如果它并非孟子本人所编著。

与孔子对和谐的社会秩序的追求不同，孟子虽然也有同样的目标，但他在一个更为基本的层面上建立了自己的学说，这就是对"人性"的探讨。孟子认为，每个人生下来都有"善"的本性，也都有成为圣人的潜能。为了说明这一观点，孟子举出，每个人看到一个孩童将要掉入井内时都会有一种怜悯之心，同样每个孩童也都会爱自己的父母。有些人变成了"恶"人主要是因为他们任凭自己的"善"性受到困顿，从而使自己受到了恶的影响。平庸的人终不免失去自己的"善"性，而只有真正的君子——即士——才能够保存它。人的这个"善"性集中表现在四个美好的德行上，他分别称其为"仁""义""礼"和"智"。根据孟子的理论，这四种美好德行的种子已经存在于每个人初生之时，而人们所要做的

---

[11] 稷下学宫是由国家资助的一处学馆，位于齐国都城的稷门附近。在一种由国家保证的早期形态的"思想自由"之下，稷下学宫吸引了许多学者和学生，他们在那里自由地争辩自己的学术主张。稷下学宫由齐威王于公元前4世纪中期创立，一直繁盛到3世纪中期。

只是发现和发展它。在这一点上，孟子与儒家传统的另一位大师荀子（公元前313—前238年）完全相反。荀子坚持认为人性本恶，只有通过礼仪的学习才可以与禽兽区分开来。孟子尤其以倡导"义"的概念而著名，"义"被看作在一个没有政治-道德权威存在的时代的行为准则。在这一点上，他旗帜鲜明地反对政治和道德的实用主义。"礼"的概念在孟子的哲学中专指个人的行为方式，而失去了它在孔子思想中的那种作为支撑合理社会关系之基础的美好的"礼"仪秩序的意义。

对人性的这一基本理解在政治哲学中的自然延伸就是"仁政"，而仁政之下通常有一支以"仁"和"义"作为行为准则的军队；孟子对此多有论述。生活在孔子之后100年的孟子很少因为"礼"被破坏而烦恼，因为这种非礼现象实际上无处不在。同样与孔子有所区别的是，孟子对于回归西周的政治制度没有兴趣，因为周王室早就被证明是没有希望的，况且，在孟子到达魏国前三年的公元前323年，所有主要领土国家的国君都已称"王"，即与周王在政治上和礼仪上对等。孟子所面临的问题是如何找到一位好的君主，并且这位君主可以消灭其他所有的君主，从而在"仁"和"义"的基础上重建社会秩序；至于这位君主是谁并不重要。根据孟子的理论，由这样有德行的王所主持的政府要把人民的利益放在首位。这就是孟子对他自己的时代所面临的根本问题的答案，即政治权力合法性的来源问题：

> 民为贵，社稷次之，君为轻。是故得乎丘民而为天子，得乎天子为诸侯，得乎诸侯为大夫。诸侯危社稷，则变置。牺牲既成，粢盛既洁，祭祀以时，然而旱干水溢，则变置社稷。（《孟子·尽心下》）

那么，如果一位国王危害他的人民该怎么办？孟子当然不能说"则变置王"，因为他正在和一位国王谈话；但是他说有三代的例子，即坏的国王被好的国王杀掉。这里最重要的一点是孟子并没有说"天子"的权力来自上天，而是来自一般人民的惠顾。从这点上讲，孟子确实是在"天命"的观念以外发现了政治权力正当性新来源的第一位哲学家;在他的时代,"天命"已经不能给予一位君主进行统治的权力了。孟子的观点和现代民主政治思想中有关"主权"来源的理论非常接近。因为君主权力的正当性来自一般的人民,如果他愿意和人民共享他的愉悦,他就能更久地拥有这个权力。

孟子的最后一点,他仍然是彻头彻尾的儒家,因为他把仁政基础的来源归结于君主自觉自愿的心,而不是君主没有别的选择必须这样做。这把我们带到孟子和齐宣王之间一场有关王对即将被用来祭祀的牛表现出怜悯之心的对话。孟子指出,王只要能够把自己的同情心从可见的事物推广到不可见的事物,从他身边的事物推广到离他远的事物,就已经有了成为一位圣王的潜能。如果他能够把对自己家人的爱推广到别人的家庭,能够把自己的同情心发展成为对臣民的一种普遍关怀,他将会为这个世界带来良好的秩序。在孟子看来,这其实很容易做到,因为这样做的善心已经在他的心里了。真正的问题在于他要甘愿去做自己所能做的事。

道家对自然秩序的追求

但是,也有一些人对世界的看法却与上述儒家的观点有着惊人的不同,他们对中国当时的社会政治问题有自己的解决办法,这些人就是哲学思想以"道"为中心的哲学家。根据中国著名的哲学史家冯友兰先生的观点,道家哲学的发展大致经历了三个阶段:杨朱代表早期;《道德经》代表中期;庄子的哲学代表晚期。[12]

关于这位最早的道家哲学家杨朱,其年代和生平均不为后人所知,但是他一定生活在孟子之前。由于孟子曾经感叹,在他的时代,哲学的世界被杨朱和墨子的学说平分秋色,因此杨朱在公元前4世纪早期应该是很有名的。杨朱没有留下任何学术著作,我们知道的只有几条其他哲学家对他的评论。孟子说:"杨子取为我,拔一毛而利天下,不为也。"(《孟子·尽心上》)在法家的韩非那里,他也受到了同样的讥讽。但是在道家的哲学传统中,杨子作为建

[12] Fung Yu-lan, *A Short History of Chinese Philosophy*, pp. 65-67.

立了"全性保真"概念的哲学家而被尊重。如果没有人愿意拔毛以利天下,那么也就不会有人欲取天下以为己利了。杨朱哲学的精髓乃是保存人的真性,而不让其与世俗相混乃至为其所伤。正如葛瑞汉(A. C. Graham)指出的,杨朱的哲学与其说是利己主义,不如说是彻底的个人主义,他所关心的是怎样让自己的身体受益,并且也让别人去做同样的事。[13]

我们从传统中得知的关于《道德经》的作者哲学家"老子"的记载基本都是虚构性质的。其中一条说他是东周王朝的史官,并且在孔子访问东周都城洛阳时曾经给孔子上了一课。冯友兰认为历史上确实可能有过老子这个人,大约与孔子同时代。但是以他命名的《道德经》一书的成书时间可能很晚,大约接近战国晚期——如果不晚于公元前 221 年秦统一的话。[14] 但是这一观点在 1993 年被郭店的发现推翻,郭店的发现证明了这部书在公元前 4 世纪有很长的流传历史,其年代不会晚于公元前 320 年(见下)。《道德经》以下面这段话开始:

> 道可道,非常道;名可名,非常名。无名天地之始;有名万物之母。故常无欲,以观其妙;常有欲,以观其徼。此两者同出而异名,同谓之玄,玄之又玄,众妙之门。(《道德经》第 1 章)

《道德经》一书阐述的中心是"道",即永恒之"道",也就是"无",他是在"有"之前的一种存在(见下)。这当然不是所谓的先王之"道"(就像儒家所主张的那样),而是在圣王出现以前早就存在的宇宙之道。道是宇宙中不可见、不见言之"道"。"德"则是道的体现,是万物受之于道的本性,是自然之德。尽管使用的是同样的词汇,如"道"和"德",但它们在道家哲学中的意义与儒家哲学截然不同。与儒家学说相比,尽管道家哲学——至少如我们在传世的《道德经》中所看到的——有很强的形而上学色彩(如果不是自然主义色彩的话),然而从根本上讲,它仍然是一个政治哲学。根据《道德经》的观点,"道"这个美好的存在长久以来在中国被屏蔽了:

[13] Graham, *Disputers of the Tao*, p. 59.

[14] Fung Yu-lan, *A Short History of Chinese Philosophy*, pp. 93-94. 这一论点的理由见于他的早期著作,他认为《道德经》不可能早于《论语》和《孟子》;见 Fung Yu-lan, *A History of Chinese Philosophy*, p. 170。

> 大道废，有仁义；智慧出，有大伪；六亲不和，有孝慈；国家昏乱，有忠臣。（《道德经》第 18 章）

这里我们可以看到，世界处在一个从原先的完美状态不断衰败的过程中；衰败的结果是产生了"仁""义""孝""忠"这一系列教条——如果这些教条没有造成世界的衰败。这些均是儒家哲学中所倡导的价值观。而孔子念念不忘的"礼"，在老子看来，"夫礼者，忠信之薄而乱之首"（《道德经》第 38 章），则是祸乱的开端。因此，真正的圣人实际上要摒弃这些人为的所谓品德。他认为不看重稀贵之物，民众就不会偷窃；不提倡贤能，民众就不会相争。所以"圣人之治，虚其心，实其腹；弱其志，强其骨"（《道德经》第 3 章）。很明显，这里大部分观点都把儒家哲学作为批评对象，因为后者关于圣人的想法对世界造成了太多困扰。因此，道家的圣人就是要——消除儒家所做的这些事，或者说，他干脆什么都不做。通过"无为"，万事都可以回归到原初的理想状态。

这就是道家对中国政治秩序问题的答案。同样的道理，最好的政府就是那些什么事都不管的政府，最好的社会就是原始的社会，在那里物质丰富充裕，书写没有用处，人民各守其土，老死不相往来。这就是世界应该回归的完美自然的社会秩序，它与儒家的（至少是孔子的）理想世界形成鲜明对比；后者主张的理想世界是由层层的社会网络构成，其中所有的社会关系通过礼乐的盛行达到和谐的状态。

但是，"道"作为完美的宇宙秩序和宇宙起源的这个概念在战国时期的长篇哲学著作《庄子》中却发生了很大变化。庄子（公元前 369—前 286 年）作为传说中这部书的作者或至少是其核心篇章的作者，可能与孟子大致同时期或略晚，并且熟知当时其他哲学家的思想。但是这部书，特别是外篇包含不同来源的材料，其中一些材料显然是晚于庄子的。在《庄子》中，"道"不再是那个触摸不到的，只有真正的圣人（甚至不是一般的圣人）才能理解的永恒之"道"。相反，它已经潜入了万物并且无处不在，每个人可以靠自己的经验感觉得到——只要他的做法正确。正如庖丁和轮扁的故事所揭示的，一个人如果方法正确，它就有机会亲身体验"道"。而这个方法就是超越"技"的水平而达到"自然"的境界，这也就是养生之道。其实，我们在儒家哲学中也可以看到一个平行的发展，即"礼"在孔子那里代表的是美好社会秩序，而在孟子那里它变成了一个人的行为方式。

这个"自然"的思想也与庄子对"德"的理解有关；"德"是每一个事物从"道"那里接受来的"本性"，它无所不在。不同的生物具有不同的本性，与其本性逆行的结果是灾难性的。于是庄子讲了鲁国国君的故事，为了善待一只偶然飞至鲁国朝堂的海鸟，他把它放到庙堂之上，命人以太牢之礼切割肉类以饷之，并奏九韶之乐以乐之。海鸟于是忧悲眩视，三日而死。《庄子》中较晚的一篇也讲到庄子自己的故事。楚王曾命人邀请庄子入仕楚国，当二位大夫找到庄子并传达王命时，庄子反问道："吾闻楚有神龟，死已三千岁矣，王巾笥而藏之庙堂之上。此龟者，宁其死为留骨而贵乎？宁其生而曳尾于涂中乎？"二位大夫回答，它当然愿意生而曳尾于涂中。庄子于是斩钉截铁地说："往矣！吾将曳尾于涂中。"这些故事反映出"本性"可能由于人的介入而被戕害，最糟糕的情况是政府的介入。人的"本性"只有被完整地保存和适当的善待，人类才能获得幸福。

如果说《庄子》中有所谓的政治哲学，那就是这个本性的概念，它使得这位哲学家"激烈地反对通过政府的机器进行的统治"。[15] 孔子主张的积极行动的政府是极其有害的，甚至是可憎的，因为它代表了人为的制度对于人的自然状态的胜利，它是悲惨和不幸的根源：

> 闻在宥天下，不闻治天下也。在之也者，恐天下之淫其性也；宥之也者，恐天下之迁其德也。天下不淫其性，不迁其德，有治天下者哉！（《庄子·在宥》）

这个和"为"相关联的"不为"的概念在庄子哲学中从一个形而上学的水平完全被发展成"相对论"，即二者实为一体。通过栎社树的故事，庄子说明了"有用"和"无用"的关系。人们欲

[15] Fung Yu-Lan, *A Short History of Chinese Philosophy*, pp. 106-107.

伐栎社树以为棺椁,因其性速腐而止之;欲以为梁柱,因其易生虫蠹而废之。人均以它为无用之才,故它能够得到长寿。这里"有用"和"无用"取得统一。《庄子·齐物论》中的一则寓言更是以庄子本身来体现这个理论:

> 昔者庄周梦为胡蝶,栩栩然胡蝶也,自喻适志与!不知周也。俄然觉,则蘧蘧然周也。不知周之梦为胡蝶与,胡蝶之梦为周与?周与胡蝶,则必有分矣。此之谓物化。(《庄子·齐物论》)

对于一个习惯了现代文明理性思维的大脑来说,这简直就是一个陷于混乱而无法进行逻辑思考的头脑。但是,就像葛瑞汉所说的,庄子自有其理由而不用听从我们的理性。[16]

郭店楚简的发现及其在早期中国思想史上的地位

以上重点讨论了儒家和道家哲学在社会秩序及实现秩序的适当方法这一问题上的截然相反的立场。这种立场上的反差在后面讨论战国时期另一个重要的哲学传统(法家)时会显得更为突出。应该指出,我们对这些哲学传统的理解从来就不是简单而一成不变的,也不完全受限于那些作者和成书年代常常受到质疑的哲学著作。[17] 相反,特别是在过去的这20多年,我们对早期中国这些哲学传统形成的看法往往受到战国到汉代墓葬中出土的新的简帛文献的挑战,同时也因此得到提高。对于儒家和道家来说,这一点尤其重要。

从历史的角度看,哲学著作被埋入地下后不久就开始被发掘出土。早在公元279年,《易经》的一个早期版本及其他一些哲学著作即被发现于河南省北部汲县境内的一座战国王墓,即所谓汲冢。[18] 在现代,最有名的例子就是1973年湖南马王堆三座墓葬的发现(见第十四章)。尽管这些著作于公元前168年西汉时期被埋葬,然而他们中的一些无疑在汉代以前就已有很长的流传历史。1993年

---

[16] Graham, *Disputers of the Tao*, p. 176.

[17] 关于早期中国哲学著作的作者问题,见 David Shepherd Nivison, "The Classical Philosophical Writing," pp. 745-746。

[18] 关于这个发现的一个全面的讨论,见 Edward L. Shaughnessy, *Rewriting Early Chinese Texts* (Albany: State University of New York Press, 2006), pp. 131-184.

在郭店的一座小墓中发现了 18 部文献，全部为哲学著作，它们的重要意义不仅在于促使我们重新思考过去有关早期中国哲学的许多基本假设，更在于能让我们重新认识哲学在早期中国社会生活中的重要位置。这一发现地近湖北江陵楚国都城范围，这里过去已经有无数重要的考古发现。

郭店考古发现的重要性首先在于这座墓葬是由受过训练的考古工作者来发掘的，且可以被相对准确地定在公元前 4 世纪晚期，具体地讲是在公元前 320—前 300 年，因此要早于战国晚期；不仅是哲学著作，现代学者把传世的大部分先秦文献都定在战国晚期。而这批文献的时期是战国中期，这一时期伟大的哲学家如孟子和庄子还都在世，而他们所代表的哲学传统也都还在形成过程中。[19] 郭店考古发现的另一个优势在于这座墓葬不仅出土了儒家的哲学著作，也有道家的，尽管两者各自所占的比例究竟有多大，学者们一直在争论着。实际上，郭店出土的个别著作使得儒、道两家的区别变得模糊。除 4 部著作有传世版本外，其余的 14 种均为新发现的哲学著作，对于可能和它们有关的任何一个哲学传统而言，其本身都因年代较早而显得十分重要。

首先，一组包含约 6 部著作的核心文本很可能和子思有关；子思是孔子之孙，孟子老师的老师，于是它们可能在孔子和孟子之间提供了某种关键性的联系。[20] 在这些著作中我们可以清楚地看到儒家哲学的重点从追求完美的社会秩序转向对于人作为个体行动者的品德和潜能的不断探索。譬如，过去学者们认为"义"和"智"的概念是孟子哲学的特点，但是郭店出土的《五行》篇中已经在讨论这些概念了。而《性自命出》中对"本性"来源的探讨既遵从了孔子学说中对天命的笃信，也预示了孟子哲学中对作为其基础的人性的讨论。由于这种联系，我们现在也能理解孟子学说中"人性"为善的来源，因为郭店出土的著作中说它来自天命，而天命从根本上说是正义的和崇高的，不可能是坏的。

道家方面，郭店出土的最重要的是公元前 4 世纪中叶《道德经》的三个不同版本和一部叫作《太一生水》的新哲学著作（Box 10.1）。

[19] 见 Sarah Allan and Crispin Williams (eds.), *The Guodian Laozi: Proceedings of the International Conference, Dartmouth College, May 1998* (Berkeley: Institute of East Asian Studies, University of California, 2000), pp. 31, 107, 118-120。

[20] 这组竹书包括《缁衣》（过去认为是子思所作）、《五行》、《成之闻之》、《尊德义》、《性自命出》和《六德》，均写在同样形态和大小的竹简上，并以同样方法编束成书。见 Allan and Williams (eds.), *The Guodian Laozi,* pp. 109, 180。

Box 10.1

《太一生水》

1993年发现于郭店。

太一生水，水反輔太一，是以成天。天反輔太一，是以成地。天地〔復相輔〕也，是以成神明。神明復相輔也，是以成陰陽。陰陽復相輔也，是以成四時。四時復〔相〕輔也，是以成滄熱。滄熱復相輔也，是以成溼燥。溼燥復相輔也，成歲而止。故歲者，溼燥之所生也。溼燥者，滄熱之所生也。滄熱者，〔四時〕〔之所生也〕。四時者，陰陽者之所生〔也〕。陰陽者，神明之所生也。神明者，天地之所生也。天地者，太一之所生也。是故太一藏於水，行於時，周而或〔始〕，〔以己為〕萬物母。一缺一盈，以己為

萬物經。此天之所不能殺，地之不能釐，陰陽之所不能成。君子知此之謂〔聖人〕。〔□□□□□〕

天道貴弱，削成者以益生者，伐於強，責於〔剛〕；〔助於弱〕，〔益於柔〕。下，土也，而謂之地。上，氣也，而謂之天。道亦其字也。請問其名。以道從事者必託其名，故事成而身長。聖人之從事也，亦託其名，故功成而身不傷。天地名字並立，故過其方，不思相〔當〕，〔天不足〕於西北，其下高以強。地不足於東南，其上〔高以強〕。〔不足於上〕者，有餘於下；不足於下者，有餘於上。（簡1—8）[21]

[21] 見荊門市博物館：《郭店楚墓竹簡》（北京：文物出版社，1998年），第125—126頁。

这里首先重要的一点是，郭店的《道德经》说明了战国晚期到汉代的《道德经》版本中所见到的所谓反儒家因素很可能是后来添加到道家哲学中去的（但这正是过去学者们把《道德经》定在战国晚期的依据）——在郭店的三个《道德经》版本中批判的对象实际上是"智""辩""巧"和"利"。在其中一个地方，这四种品行被认为是反"仁"和"义"的；道家认为后两者是儒家的核心概念。[22]

《太一生水》代表的可能是早一阶段的道家哲学，它提供了目前学者们公认的中国最早的一个完整的宇宙形成论，其中天、地、神明、阴和阳、四时等依次相生，并且最后由太一给予天以生命。有些学者认为这篇新书原来可能是《道德经》的一部分或者是它的

[22] Allan and Williams(eds.), *The Guodian Laozi*, pp. 160-162.

附录，但其他学者认为它所反映的宇宙形成论的年代可能更为久远，只有到后来它才被修改并并入到传世本的《道德经》之中。[23] 但是，没有人怀疑它和《道德经》的紧密关系及它所带来的重要指示，即一个宇宙模式在郭店以前或最晚在郭店时期已经形成，而"道"的概念——许多学者认为它就是"太一"——必须在这个宇宙模式的范畴中才能被真正地理解。

毋庸置疑，不管是把它们当作一个个的单篇著作，还是相互关联的一组著作，研究早期中国哲学的学者们将会继续就这些新出土的哲学著作和汉代学者所理解的不同的哲学传统之间的关系进行争论。他们也将继续争论汉代史学家根据传世文献所描述的所谓"家"的学术传统的合理性，[24] 这种"家"的区别一直被现代学者当作研究早期中国哲学的出发点。另外还有一个问题，是否郭店的墓主自己在哲学上或宗教上的基本取向或者信仰（有学者相信他是楚国太子的老师）使得这些不同的著作被一起埋入他的墓中？[25] 尽管有这些不确定性，然而任何有关早期中国哲学的研究都不可能忽视郭店的这些新出土著作，也不能忽视继郭店之后发现的更多新著作。[26]

法家的措施

法家的哲学家是国君的帮手，或者说是新兴的"领土国家"的建造者，这在战国时期变成了国家组织的常规形态。法家的思想家有一个很长的延续，最重要的包括商鞅（公元前390—前338年）、慎到（公元前390—前315年）、申不害（公元前385—前337年）和韩非（公元前280—前233年）。其中第一位曾帮助秦孝公实施了战国时期最为彻底的一场变法，而第三位则是韩国的重臣。最后一位韩非，即传世的《韩非子》的作者，被公认为法家哲学的集大成者。韩非本是韩国的贵族，在一次赴秦国的外交活动中受到当时的秦王，也就是未来的秦始皇的善待，秦王非常欣赏他的才学。但是，秦王最终不能任用韩非，而是在他的大臣李斯的建议下杀掉了韩非，这样他也不会被别国所用。

23
关于这种关系的不同观点，见 Sarah Allan, "The Great One, Water, and the Laozi: New Light from Guodian," *T'oung Pao* 89.4-5 (2003): 253; Donald Harper, "The Nature of *Taiyi* in the Guodian Manuscript *Taiyi sheng shui*: Abstract Cosmic Principle or Supreme Cosmic Deity?"《中國出土資料研究》(东京) 5 (2001): 16。

24
Allan and Williams (eds.), *The Guodian Laozi*, pp. 179-182.

25
郝乐卫 (Kenneth W. Holloway) 曾强烈主张这种可能性；见 Kenneth W. Holloway, *Guodian: The Newly Discovered Seeds of Chinese Religious and Political Philosophy* (New York: Oxford University Press, 2009), pp. 12-15, 102-103。

26
1993年之后尚有几宗重要的战国到汉代简牍文献被发现。其中最重要的是上海博物馆自香港古董市场购得的大量竹简，在2001年到2007年之间相继发表。这七册书共包含了34种古书，绝大部分是哲学著作。由于属于盗掘出土，这批竹书的出土地已经不得而知，但是它们有可能和郭店简出自同一墓地，可能也处在相近时期。但是对上海简的探究目前还在初步阶段。

韩非和李斯两人都是荀子的学生，荀子是继孟子之后最重要的儒家哲学家。实际上，荀子有关人性为恶的著名观点为韩非的哲学提供了一个原点，以此出发韩非建立了与自己的老师完全不同的哲学体系。韩非子认为，丰年人们会随意给行道之人食物，而凶年人们或不喂食其子女，这不是因为他们的本性从善变恶，而完全是因为他们所处的经济基础不同。因此，作为君主他完全没有必要去想法把人民变善，他所应该做的只是防止人民的恶行。同样，一个君主也不需要去赢得人民的所谓"人心"，因为从本质上讲每个人都是自私的并且只关心自己眼前的利益。韩非认为，政府应该做的就是供给人民足够的物质基础，同时制定严刑峻法以防止他们犯罪，只有这样才能建立起理想的社会秩序。

在政治权力的合法化问题上，韩非的答案是典型的实证主义的，那就是接受它。"势"是一个君主自然拥有的权力，不管他的品行是好是坏，或是施行什么样的统治，他拥有的这个权力要求别人无条件地服从他。"臣事君，子事父，妻事夫"，这是天经地义的，不是说有了好的君主人们才选择这样做，人民本来就没有选择的权力；另一方面，君主要通过"法"来行使自己的"势"，"法"一旦被确立就应该被严格遵从。韩非主张："故明主使法择人，不自举也；使法量功，不自度也。"韩非认为这是一个国家和政府的基础。从实证主义的"法"的概念出发，韩非举了很多实例来说明为什么重罚必须用于小罪。这看来很残酷，但韩非认为这就像在火灾蔓延之前将其扑灭。如果你能够防止小的罪过，那么人民将不会犯大罪过，从而避开被处以极刑的风险。所以，从这个意义上讲，对小罪过的重罚对他们是有好处的。

尽管一个君主拥有"势"，他也有失去它的危险。战国时期的君主们常常发现自己有被推翻的危险，不是被他们所统治的下层人民，而是被那些帮助他们进行统治的权臣。战国时期的政治体系鼓励竞争。韩非对这个问题的答案是"术"，此概念早先在申不害的学说中也得到过强调。韩非认为，君主在任命一个官员之后必须严格要求他有合格的表现，如果他做得太少要受到惩罚，如果他越权做得太多也要受到惩罚。之所以惩罚他不是因为他的成绩太多，而是因为越权。更重要的是作为君主他从来不应该懈怠，而应该亲自对有功的臣下进行赏赐，亲自对失职的臣下进行惩罚——韩非称之为"二柄"，这是君主控制官僚体系的重要工具。

韩非对历史的看法和儒家的观点也截然不同，他不认同过去有过什么"黄金时代"。韩非虽然没有公开反对过"黄金时代"的说法，但他认为每一个朝代都有自己特殊的情况，固守所谓的先王之道实际上是一个很愚蠢的做法。因此，政治体系一定要适合不同时期特殊的社会条件，并且一定要考虑到人类行为的一般模式，这个模式不是由内在的道德标准决定的，而是由外在的条件所决定的。

余 论

上面讨论的三个主要的哲学传统不仅在战国时期有着较长的发展历史，在之后也对中国文明产生了深远的影响。在其早期的时代背景中，它们代表着对西周国家及其所奉行的思想体系崩溃之后中国出现的社会和政治危机的三种不同的解决方法。这并不意味着它们的影响始终很强大。实际上，孟子曾经指出在他那个时候最强大的哲学学派是杨朱，即早期道家和墨家，这似乎表示孔子的第一代弟子死后儒家的传统曾一度衰落过。

墨子学派以一位具有个人魅力的领袖墨子为中心，他大约生活在孔子之后，死于孟子诞生前不久，但是他的准确生卒年代已不可知。他可能是一百多名武士群体的领袖，他们曾经帮助受到攻伐的弱势小国来防御他们的国家。以他的名字命名的《墨子》一书包含丰富的军事技术信息，很可能出自真正从事这种职业的作者之手。儒家作为其思想上的敌人，墨子主要在两方面对其进行了质疑：首先，墨子批判儒家的繁缛礼仪及其希望回到西周时代的梦想。相反，墨子判断政治和社会制度的标准是它们的实用价值以及它们是否能够造福于人民。第二，墨子质疑儒家的偏爱，其所谓的"仁"只是在一个等级社会中以家庭关系为基础的爱。相反，墨子倡导的是一种泛爱，或称"兼爱"。对墨子而言，如果每个人可以像爱自己的家人一样爱别人的家人,像爱自己的国家一样爱别人的国家,那么就将会没有战争。但是,这在孟子眼里简直匪夷所思,如果一个人连自己的同类都不能爱的话,他将不可能去爱自己家庭以外的其他人。

另一个较小的哲学流派是名家,他们关心的是概念和事实之间的关系。大部分名家学者生活在战国时期,其中两个人最为有名:惠施(约公元前370—约前310年)和公孙龙(公元前325—前250年),两人都出现在《庄子》中。庄子把前者当作一个认真的学术对手,并与其就"鱼之乐"的问题进行辩论;后者却被庄子嘲笑。在某种意义上,名家可能是最不关心中国当时社会问题的人,或者说他们对一个有秩序的世界完全放弃了希望。也可以说他们认为无序就是世界的秩序,并且在这个基础上挑战了常人头脑中的理性。到了战国晚期,另一个哲学传统开始在中国思想界兴起,这就是所谓的阴阳家。阴阳家以对世界二分的阴阳思想和所谓"五行"(土、木、金、火、水)相生的世界观分类为中心,并在邹衍(公元前305—前240年?)那里发展到了极致。邹衍进一步将"五行"的世界观发展成为一种政治理论,并以此来解释过去王朝的国运——每朝具有"五行"中的一德。[27]

就像这一时期政治和军事领域内常见到的大国兴衰一样,战国时期的文化也是不同学派此起彼伏。这种情况被史学家称为"百家争鸣",它确实是中国历史上思想界充满活力的一个特殊时代。但是历史证明,面对战国时期的政治分裂,法家的学术对实现统一的社会秩序更为有效。在思想界中,阴阳家在早期帝国时代变成了最有影响的哲学传统,而帝国则由征服"领土国家"产生。

建议阅读

- Feng, Yu-lan, *A Short History of Chinese Philosophy,* ed. Derk Bodde, New York: The Free Press, 1966.

- Graham, A. C., *Disputers of the Tao: Philosophical Argument in Ancient China,* La Salle: Open Court, 1989.

- Nivison, David Shepherd, "The Classical Philosophical Writing," in *The Cambridge History of Ancient China: From the Origins of Civilization to 221 B.C.,* ed. Michael

---

[27] 见 Harper, "Warring States Natural Philosophy and Occult Thought," pp. 818, 860-865。

Loewe and Edward L. Shaughnessy, pp. 745-812, Cambridge: Cambridge University Press, 1999.
- Harper, Donald, "Warring States Natural Philosophy and Occult Thought," in *The Cambridge History of Ancient China: From the Origins of Civilization to 221 B.C.*, ed. Michael Loewe and Edward L. Shaughnessy, pp. 813-884, Cambridge: Cambridge University Press, 1999.
- Allan, Sarah, and Crispin Williams eds., *The Guodian Laozi: Proceedings of the International Conference, Dartmouth College, May 1998,* Berkeley, CA: Institute of East Asian Studies, University of California, 2000.

第十一章

秦统一与秦帝国：兵马俑是谁？

秦帝国的崛起（公元前221—前207年）是人类历史上最伟大的史诗之一。同马其顿一样，在成为一个超级大国之前，其王国在一个伟大文明的边缘已经存在了几世纪之久；而秦国漫长的历史可以一直追溯到西周时期，但这一点只是在近期才被考古学所证明。1994年6月，一对青铜壶出现在纽约的古董市场上。器物的风格特点明显符合西周主流青铜文化的标准，且年代较早，处于西周向东周的历史转变期。恰巧，两件器物上均有六字铭文："秦公作铸尊壶。"[1] 铭文明确地将这两件青铜器与秦国的某位国君联系起来，这位秦公大约在大秦帝国崛起（公元前246—前210年）约5个世纪前统治过秦国。1996年上半年，带有同样铭文的更多数目的青铜器出现在海外市场，上海博物馆购买了6件并随之将其公布（图11.1）。后来发现，这批青铜器都是从甘肃省东南角的同一处遗址中被盗掘出来的；它们的发现开启了秦国——中国第一个帝国的开创者——研究的一个新纪元。连同之前的著名世界文化遗产"兵马俑"和其他一系列新近的发现，我们现在有一个全新的立场来解释秦国早期的发展和秦帝国的崛起。

秦国的早期历史：考古学调查

与西周早期周王室在中国东部建立的许多地方封国（见第八

---

[1] 见 J. J. Lally, *Archaic Chinese Bronzes, Jades and Works of Art* (New York: J. J. Lally & Co., 1994), no. 54。

图11.1
早期秦公（可能是襄公：约公元前777—前766年在位）所铸的鼎
（高38.5厘米，直径37.8厘米）

章和第九章）不同，秦国建立于西周中期，是一个相对年轻的国家。汉代史学家司马迁对秦人的起源有相对详细的叙述。² 秦人的祖先为"大骆氏"，与周人在西部边陲上的长期盟国申国互相通婚。然而，由于大骆的次子、秦人的直系祖先非子深受周孝王的喜爱，因此周孝王想让他取代大骆部族的合法继承人（申侯女儿的儿子）。在西周国家的政治领袖们眼里，这是一个危害国家西部边境安全的政策。作为政治上的妥协，孝王将甘肃东部的秦地赐予非子，秦国因此作为周王朝的附属而诞生。在接下来的数十年间，面对邻国的入侵，大骆族日渐衰弱，尤其是戎人最终兼并了它在西汉水流域的领土。然而，在周王朝军队的援助下，秦人英勇地击退了敌人，收回了原属大骆的土地，并在周宣王统治前期将他们的中心迁移到西汉水流域的上游（地图11.1）。

位于青藏高原边缘的这段狭窄河谷远离陕西的周王朝中心，但它是华北进入四川盆地的要道。毫无疑问，出现在纽约和其他市场上的早期秦国的青铜器和金器来自西汉水岸边不远处的一处墓地，这随后在1994年被考古学家证实。秦国最初的中心地"秦

2
司马迁：《史记》（北京：中华书局，1959年），第5卷，第177页。*The Grand Scribe's Records*, vol.1, *The Basic Annals of Pre-Han China*, edited by William H. Nienhauser jr. (Bloomington: Indiana University Press, 1994), p. 89.

3
应该提到，近年发表的属于战国文献的清华简将秦人的起源追溯到商人。这鼓励一些学者去复活一个旧的观点，即秦人在族源上来自中国东方。但是，这仍将只是一个假说。

4
见 Li Feng, *Landscape and Power in Early China: The Crisis and Fall of the Western Zhou, 1045-771 BC* (Cambridge: Cambridge University Press, 2006), pp. 262-273。

则位于渭河流域，在西汉水上游以东约 100 公里处，更接近西周国家的中心区域。对当地陶器传统的考古学研究表明，不管秦人的种族本源是什么，³ 他们无疑起源于一个最晚在西周中期已经深受以今陕西中部为中心的周人物质文化影响的文化环境。⁴

周朝贵族没有能力守住他们在陕西中部的都城，公元前 771 年西周灭亡，这将秦人完全置于被各种戎人包围的境地。在周人撤出陕西中部之后的数十年里，秦人不得不全力奋战抵御来自戎人的压力，并且逐渐将他们的政治中心东迁至周人的故地；这使他们能够与东部国家及重新定都洛阳的周王室保持联系。当秦人努力征服建立在周王朝废墟上的各种戎人政权，并将自己的控制范围向东扩展至黄河和渭河交汇处的时候，离他们历史性的东迁陕西（公元前 763 年）已经有半个多世纪了。通过将新征服的土地一个个转变成县，秦国作为中国西部高原地区的一个新的领土国

地图11.1
早期秦人的迁移路线

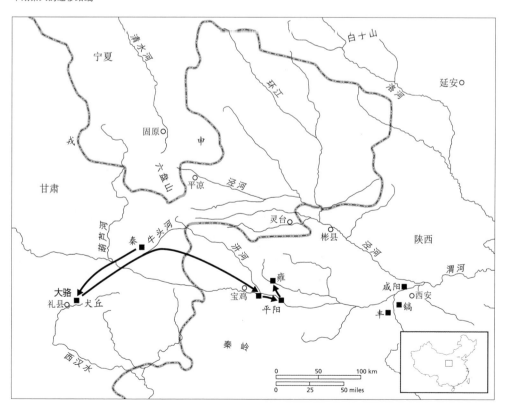

家而逐渐崛起。自20世纪70年代以来，陕西西部的秦都城雍城（公元前677—前383年）出土了丰富的考古学资料。考古学者不仅确定了城墙和其内一些重要建筑基址的位置，而且界定了秦公的墓地，包括最大且最有名的秦公1号大墓，这很有可能是秦景公（约公元前576—前573年在位）的墓葬。20世纪80年代考古学家曾经花了近十年的时间来发掘这座墓葬（图11.2）。

在政治上，秦国贵族积极参与东部平原的事务，并且在护送晋文公返回国家（未来的霸主国晋国）的过程中起着重要的作用。然而，公元前629年，秦穆公（约公元前659—前621年在位）派出攻打东部郑国的军队，在返回的途中，行至河南西部的崤山深处时遭遇晋国军队的袭击，所有的秦国将领皆被晋国擒获。这一严重的军事挫败阻止了秦国在东部地区日益拓展的雄心，并且这一劣势直到公元前4世纪早期秦献公（约公元前384—前362年在位）统治时期才得到初步逆转。几个世纪以来，中部平原也逐渐发展出了一种贵族文化——将秦人视作文化上落后的"蛮夷"。在东部地区那些贵族的眼中，考虑到秦国是在周人领土的最西边缘崛起的这一特殊背景，这种反秦情绪似乎也有正当理由；甚至直到战国初期，秦国仍被中国西部地区的各种"蛮夷"群体所包围。

图11.2
凤翔秦公1号墓的发掘——墓主人可能是秦景公（公元前576—前537年在位）（左：考古学家们在发掘后从墓中提取木件；右：墓底部椁室及其二层台上随葬人的棺室）

然而，秦国的贵族明显站在不同的视角看待自己。他们自称是西周国家合法的领土继承人，并且在政治上起源于西周；显然，秦公也通过外交和联姻的方式与洛阳周王室保持紧密联系，并以此为荣。例如，秦宪公（约公元前715—前704年在位）的两位妻子都来自中国东部，其中一位是周王的女儿，另一位是山东地区鲁国国君的女儿。正如青铜器铭文所证实的，周王室公主在秦国政治中非常有影响力。[5] 同周王室的紧密联系还体现在1号墓（见上文）出土的一组石磬刻铭上，其中明确指出天子（周王）作为权威应该批准（无疑只是礼仪性的）秦公的继位。另一方面，在秦人早期的意识形态里也有一种强烈的观念：秦人本身就是天命的接受者。因此，他们的国家有一种基于宇宙观的合法性，这与西周国家的合法性是等同的。可能由秦桓公（约公元前603—前577年在位）所作的一件簋上的铭文是这样的：

> 秦公曰："丕顯朕皇祖受天命，鼏宅禹蹟，十又二公，在帝之坏，嚴恭夤天命，保業厥秦，虩事蠻夏……"[6]

在此，秦公声称他的祖先上承天命而统治秦国，不仅作为周的继承者，而且还作为古代传说中的圣王——大禹的继承人。铭文中还提到秦既参与了夏（华夏）的事务，同时也参与了蛮（蛮夷）的事务。根据秦国在西周国家的西部边陲这一特殊的地理位置，铭文似乎很好地解释了早期秦国的文化和政治作用。

商鞅变法和秦国的重组

秦献公（约公元前384—前362年在位）统治时期，秦国力量有了复苏的新趋势。秦献公流亡魏国30年，对魏国的改革和军事成就印象极深。他回国后废除了旧的活人殉葬制度，在秦国民众间赢得广泛的支持。秦献公在位期间，秦国将都城东迁至栎阳（今西安之北），并占领了沿黄河西岸的大部分土地，将它们转变为新的县。公元前362年，秦国军队东进渡过黄河，在离魏都不远的

---

[5] 她就是秦武公（公元前697—前678年在位）钟铭文中说话的第二个声音，即王姬；秦武公可能是他的儿子。见 Gilbert Mattos, "Eastern Zhou Bronze Inscriptions," in Edward L. Shaughnessy (ed.), *New Sources of Early Chinese History: An Introduction to the Reading of Inscriptions and Manuscripts* (Berkeley: Society for Study of Early China, 1997), pp. 111-114.

[6] Gilbert Mattos, "Eastern Zhou Bronze Inscriptions," pp. 114-117.

地方完全击溃了魏国军队。这场战争实际上结束了魏国的霸权地位；两年后，魏国被迫将首都迁至河南东部（见第九章）。

然而，真正将秦国转变为一个超级大国并为此后统一中国奠定基础的是下一代国君秦孝公（约公元前361—前338年在位）任用商鞅（公元前390—前338年）所实施的变法。商鞅是卫国公族后裔，在魏国的相府里担任一个小官，国相公叔痤非常欣赏他的才能。传统说法是公叔痤向魏国国君举荐商鞅为他的继任者，遭拒后便建议将其处死，但是魏国国君未采纳他的任何建议。公叔痤死后，商鞅来到秦国，希望能在秦国新君那里谋得一个好的官职。通过一位宠臣的引荐，商鞅与满怀雄心的年轻国君会见了四次，最终成功地吸引秦君对他通过彻底改革来增强秦国力量的想法产生了兴趣。因此，秦孝公任命商鞅为左庶长，在接下来的20年里，秦国实施了整个战国时期最为彻底的政治和社会改革。

历史上对商鞅变法的内容并没有系统性的记载，且一些归功于他的政策可能早就被之前的秦公（早在商鞅之前）采用了。然而，由于他的思想在《商君书》中被系统性地记录下来——可能是后来由他的追随者汇编而成，因此我们可以较为容易地了解当时改革的一些方略。

商鞅在变法之初主要是增强秦国的社会根基。在变法准备约三年后，公元前356年，商鞅颁布一条法令，规定所有的农户被组织成"五家为伍"的基本单元，每单元有一位伍长。这些家庭对彼此的行为负责，并且要随时报告他们居住区里发生的任何犯罪行为。这种共同责任系统同时也是一种互相援助系统，假如一个家庭遭到抢劫，另外四家如果听到求救的话必须赶来提供帮助。对今湖北睡虎地出土的秦国法律条文（可能包括秦统一中国之前的法律）的新研究显示，"五家为伍"的伍长负有更大的责任，当一桩罪行发生的时候不管他是否在家，他都是有罪的；然而其他家庭的成员如果不在现场的话就不会有罪。[7]"五家为伍"通过"里"和"乡"的组织进一步与国家结构连接在一起，这些乡里组织可能有着更长久的历史（Box 11.1）。

地方行政管理的最高层级是"县"，它是"领土国家"的基本单位。秦国在公元前7世纪时由于较早设置县而闻名。学术界一

[7] 见 Robin D. S. Yates（叶山），"Social Status in the Ch'in: Evidence from the Yün-meng Legal Documents. Part One: Commoners," *Harvard Journal of Asiatic Studies* 47.1 (1987): 219-220; Robin D. S. Yates, "Cosmos, Central Authority, and Communities in the Early Chinese Empire," in Susan E. Alcock, Terence N. D'Altroy, Kathleen D. Morrison, and Carla M. Sinopoli (eds.), *Empire: Perspectives from Archaeology and History* (Cambridge: Cambridge University Press, 2001), pp. 636-637。

一般认为,由于秦国在公元前7世纪到前6世纪的移民和迅速的领土扩张,秦国贵族的力量相对于东部国家来说是较弱的(文献中鲜有秦国贵族的活动);秦国有大片新近征服的土地在其控制之下,这些土地被短期地租给那些生活在县域中的农民。不管在先前秦公统治时期县的组织是如何发达,在商鞅变法时期秦国的全部领土被划分成约31(或说41)个县。[8] 通过这些改革,秦国的政府建立起完整的行政管理架构。

所有人不仅被一个金字塔形的政府严格地管理和控制着,而且还受一个普遍的爵位系统的支配。有些爵位或名称在商鞅之前就已经存在,但是它们现在被编排到一个单独的系统中。这个系统有十七或十八等爵,爵位一般通过军功来获得。士兵斩敌首一个可以获得一级爵位、一亩土地以及使用一个官府奴隶的权利。官员则根据属下士兵斩敌首的数目来获得奖赏。这种制度将全部人口置于论功行赏的系统中,其目的就是为战争服务。这个系统是否真正严格地施行?有些学者存有疑问。因为在秦统一中国之前的那个世纪里,秦军斩敌首的总数远远超过了秦国可以用来奖励士兵的土地数目。叶山还指出,平民的爵位只能达到第八级,实际上一个有爵位的人也可以指定一位自己的继承人,这意味着不是所有人都需要从最低的等级开始。[9] 这个系统不可能绝对公平,但它的确赋予了秦国过去没有过的最强的军事力量。

公元前408年,秦简公开始在秦国征收土地税,一些学者认为这是土地私有化的标志。公元前350年,商鞅下令废除原来在国有土地上的大小道路(阡陌)之外,将土地重新按标准划分成大块的单位分给个体农户作为他们的私产。当然,士兵们通过军功得来的土地仍旧是他们家庭的财产。这通常可以理解为从此时起秦国的土地私有权得到了正式确立。另据记载,公元前348年,除了按一家庭所拥有的土地面积而征收的地税外,秦国首次为了军事目的而强征人头税。那些收入不依赖土地的商人和失去土地的农民也有责任缴纳人头税。为了保持小规模家庭,从而确保税收归于国家,法律规定拥有两位成年男子的家庭必须分开,或者缴纳双倍人头税;即使是父亲与他达到缴税年龄的儿子也不能生活在同一户中。

---

[8] 见 Denis Twitchett and Michael Loewe (eds.), *The Cambridge History of China*, vol.1, *The Ch'in and Han Empires, 221B.C.-A.D.220* (Cambridge: Cambridge University Press, 1986), p. 35 and n. 23。

[9] 见 Yates, "Cosmos, Central Authority, and Communities in the Early Chinese Empire," p. 634。

Box 11.1

睡虎地秦墓竹简和秦法

1975年12月,湖北省博物馆的考古学家们在云梦乡睡虎地对12座战国晚期至秦代的墓葬进行了发掘。在11号墓中出土了1155枚竹简和75件其他类型的器物。墓葬为中型规模,但是竹简上的文字则开启了秦帝国或中国法律史研究的新纪元。《云梦秦简》在"文化大革命"后不久被完全公开,并且何四维(A. F. P. Hulsewé)在1985年将其翻译成了英文。[10]

首先,这批材料中包含一部《编年记》,记录了秦国从公元前306—前217年的军事进程及墓主人喜的生平,他曾在南郡管辖范围内的几个县任职,卒于46岁——这与墓主人的物理年龄完全吻合。最重要的发现是18篇《秦律》条文,这是我们迄今所知唯一的秦代法典。其中著名的篇文有《田律》《仓律》《工律》《军爵律》《置吏律》和《效》等。睡虎地材料的另一个重要文献是《封诊式》,内容包括对法律程序和法律案件的描述,这或许被用作秦帝国法律官员的手册(图11.3)。关于程序的章节描述了有关审讯(见下文《封诊式》例)、调查、拘留和报告的规定。墓中出土的其他材料包括解释秦律条文的《法律答问》、关于处事做官规矩的文书和由南郡官员颁发的促进法制的官方政令。

《封诊式》

凡訊獄,必先盡聽其言而書之,各展其辭,雖智(知)其訑,勿庸輒詰。其辭已盡書而毋(無)解,乃以詰者詰之。詰之有(又)盡聽書其解辭,有(又)視其它毋(無)解者以復詰之。詰之極而數訑,更言不服,其律當治(笞)諒(掠)者,乃治(笞)諒(掠)。治(笞)諒(掠)之必書曰:爰書:以某數更言,毋(無)解辭,治(笞)訊某。[11]

---

[10] 见睡虎地秦墓竹简整理小组:《睡虎地秦墓竹简》(北京:文物出版社,1990年);A. F. P. Hulsewé, *Remnants of Ch'in Law: An Annotated Translation of the Ch'in Legal and Administrative Rules of the 3rd Century B.C., Discovered in Yün-Meng Prefecture, Hu-Pei Province, in 1975* (Leiden: E. J. Brill, 1985).

[11] 见睡虎地秦墓竹简整理小组:《睡虎地秦墓竹简》(北京:文物出版社,1990年),第148页。

图11.3
新近在秦始皇陵附近的K0006号坑内发现的文员俑（右边为9号俑，高184厘米；左边为挂于他右边腰部的一把刀及一个袋子的细节，这个袋子应该是他放置砺石所用，这是早期中国每位文官的基本配备）

还有一些更具体的措施，比如把整个秦国范围内所使用的度量单位的长度、重量和容量标准化（图11.4），以及更具普遍性的指导原则如限制商业活动、不论违法者社会地位的高低皆同等处罚。作为变法的一部分，公元前349年秦国开始在渭水北岸（现今西安附近）营建新都，并在几年后将政府迁于此。咸阳从此成为秦国的政治中心和未来帝国的心脏。

汉代史学家司马迁评论说，在变法的最初三年里，商鞅的政策在秦国旧贵族和平民中引起普遍的不满。三年后，秦国人开始享受变法带来的新秩序和安全感。国家的统治机器得到极大加强，犯罪率降至最低水平。商鞅严格按照法家旨在增强国家经济基础和提升法制的道路重建了秦国。变法之彻底使秦国突然以一个明显不同于东方国家的新型社会而出现，以至于被他国视为"虎狼之邦"。[12] 然而，公元前338年秦孝公死后，商鞅被控叛国罪，被迫逃回他的封地商（陕西南部），在那里集结一支军队发动叛乱。但商鞅很快被击败并被抓获，随后在咸阳的集市上被车裂。

尽管商鞅最终落入政敌之手而屈辱地死去，但20余年来他所提倡的变法措施已经深深扎根于秦国的社会和政治系统中，为将来的秦帝国奠定了基础。更直接地，变法的实施为商鞅之后的秦国准备了领土快速扩张的条件，最重要的是两个方向。首先，秦国以南的四川盆地，土地肥沃，物产丰富，有巴和蜀两个本土政权。

12
最近一项研究认为，商鞅变法的结果是形成了一个新的秦人的"文化定位"，这为秦人和他国共知，即它是"天下"以外的唯一一个国家。见 Gideo Shelach and Yuri Pines, "Secondary State Formation and the Development of Local Identity: Change and Continuity in the State of Qin (770-221 B.C.)," in Miriam T. Stark (ed.), *Archaeology of Asian* (Malden: Blackwell, 2006), pp. 217-220。

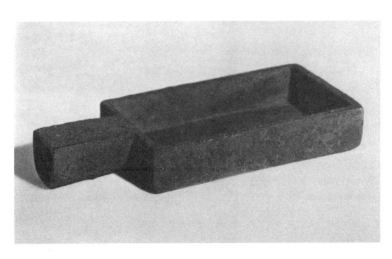

图11.4
商鞅方升

公元前 4 世纪早期，蜀将其控制势力向北延伸至汉水流域。当公元前 316 年巴蜀爆发战争时，两国皆向秦求援。秦国因此派遣军队翻越险峻的秦岭，先征蜀，后取巴。在征服之后的 40 余年里，秦将一万户人口从陕西迁至四川盆地，将这一地区建成一个为秦国未来带来成功的坚实的经济基地。占领巴蜀不仅将秦国领土扩张至中国西南地区，而且从西部给楚国带来了新的压力。公元前 278 年，甚至连楚国都城（今江陵）也被秦军占领，整个长江中游尽在秦国控制之下。其次，在北方，义渠是秦国北方泾河上游一个拥有 20 余座城邑的戎国。[13] 几个世纪以来，义渠一直在秦国和其东部敌国之间开展外交活动，并且利用秦国的军事挫败而进一步击败秦国。公元前 272 年，与义渠王私通多年的秦国太后在她的寝宫将义渠王杀害，随后秦国攻占了义渠。这场胜利极其重要，秦国遂占据了今甘肃东部和宁夏南部的广大地区，为入侵北方草原迈出了坚实的一步。与此同时，为了抵挡草原上的游牧民族，秦国修建了长城，从今宁夏南部的六盘山一直延伸到陕西北部的横山（图 9.1）。在商鞅之后的几个世纪里，秦国获得的巨大胜利充分证明了商鞅在秦国所倡导的一系列变法措施的实效性。

始皇帝与中国的统一

嬴政（公元前 259—前 210 年）——中国的第一位皇帝，在秦国已经成为一个无可争议的超级大国时登上了历史舞台。秦国在先前数十年中的持续发展给予人们一个明确的答案：如果中国能够被统一的话，那最有可能完成这一伟大事业的国家就是秦国。公元前 260 年长平之战后，对秦国力量的恐惧散布得甚至更远、更深；在那场战争中，多达 40 万赵国士卒被俘，史书记载，秦国将军白起下令将他们全部活埋。在 10 年前摧毁了楚国都城的白起为了击垮东方各国的信心，将秦国的残暴发挥到了极致。当公元前 257 年秦军袭击赵国都城邯郸时，尽管东方国家联合起来抵御秦国，却仍旧未能扭转历史的趋势。

嬴政出生在赵国都城邯郸，他的父亲异人在那里做质子。那

---

[13] 在文化上，义渠可能与战国以前泾水上游的寺洼文化有关系；见 Li Feng, *Landscape and Power in Early China*, pp. 175-179。

时秦赵战事不断，异人面临随时被赵国处决的危险，可怜的秦国公子遇到一位名叫吕不韦的富商，为了自己的政治前途他在这位公子身上押下了赌注。据司马迁所述，吕甚至还将自己的爱妾让与这位秦国公子，并且那时她已怀孕，之后为异人添了子嗣，这个儿子就是嬴政。公元前 250 年，吕最终安排这位公子和他的小妾返回秦国，之后异人继承王位，是为秦庄襄王（约公元前 249—前 247 年）。但是仅三年后秦庄襄王便去世，13 岁的嬴政被立为秦王。吕遂担任丞相一职，成为秦王朝中最有权势的人物。随着故事继续展开，所有的事情都在吕的控制之下——他定期与太后私会，并且恢复了两人之间的亲密关系。然而，随着年幼的秦王逐渐长大，吕开始为自己的行为惶恐不安。为了让自己摆脱干系，他将一位名叫嫪毐的市井无赖介绍给太后，以此来满足她的淫欲。为了避开年轻的秦王，这对秘密夫妻移至秦国旧都雍城居住，在那里太后为嫪毐生下两个儿子。公元前 235 年，秦王 24 岁时这个秘密最终被揭露，嫪毐被处死，丞相吕不韦也因他与嫪毐的关系于三年后被赐自杀。

公元前 235 年这一看来似乎是宫廷斗争的事件将年轻的嬴政推到秦国权力的中心，全权控制了中国当时最凶悍的军事机器。由于不寻常的童年经历，嬴政生性暴虐、多疑、无情且敢于冒险。但是他也拥有出色的判断力、雄心和追求自己目标的决心（图 11.5）。事实上，我们非常幸运能有一位当时的见证人，那就是军事家、未来的秦国太尉尉缭。他第一次会见年轻的秦王后，曾用下述话语评论秦王的个人性格：

> 秦王为人，蜂准，长目，挚鸟膺，豺声，少恩而虎狼心，居约易出人下，得志亦轻食人。我布衣，然见我常身自下我。诚使秦王得志于天下，天下皆为虏矣。[14]

公元前 235 年的事件也为嬴政提供了一次重组秦国政府的机会，为最终统一中国做了准备。尉缭被任命为太尉，为秦王设计军事策略。在他的谋士中还有一位名叫李斯的强硬的法家学者，是丞相吕不韦早年时举荐给秦王的。李斯与法家韩非是同窗，李

[14] 司马迁：《史记》（北京：中华书局，1959 年），第 6 卷，第 230 页。

图11.5
始皇帝嬴政的现代画像

斯曾建议秦王先将韩非留住,然后处死。李斯和尉缭一起辅助秦王策划了中国的统一大业。

最终统一中国的大业于公元前230年开始,此时嬴政掌权不过五年;秦军首先东进征服了最弱的国家韩国,以此作为恐吓其他国家的策略。公元前229年,将军王翦挥师北上进入赵国领土,包围了赵国都城邯郸;次年,王翦的军队抓获了赵王并占领整个赵国,这为征服北方更远处的燕国打下了基础。由于深惧燕国难逃厄运,燕太子丹抱着阻止秦国的最后一线希望,谋划并派遣武士荆轲进入咸阳的秦宫内,在这最强大国家的高官面前刺杀嬴政——未来中国的第一位皇帝。

汉代史学家司马迁详细叙述了这位令人钦佩的武士和他自杀式地刺杀秦王的行为。荆轲是卫国人,在他的剑客生涯之外,热爱书籍和音乐。太子丹首次与燕国一位名叫田广的有威望的年长武士(荆轲的主人)谈起这个计划,并且希望他能保守这个秘密。

考虑到自己年龄太大而不能执行计划，田广以死来表达自己的决心，并举荐荆轲去完成这一使命。荆轲于是带着两份礼物来到秦国都城，一份是秦王憎恨至极的秦国叛将的首级，另一份是对秦国即将迎来的战事至关重要的燕国地图。他不久便受邀面见秦王。当这卷地图完全展现在秦王面前时，荆轲突然亮出带毒的短剑刺向坐在桌子另一边的秦王。第一击未中，秦王起身站立并迅速跑向柱子旁躲避，刺客虽在后追杀，但并没有任何官员或王室护卫出来援救秦王（图14.5）——他们只依秦王的命令行事，秦王却忙于脱身未来得及下令。秦王是幸运的，他的医生碰巧从屏风后面经过，快速将医药箱向荆轲的头部扔去，此时秦王才拔出长剑将荆轲杀死。

这无疑是古代足以扭转中国历史的最凶险的时刻之一。刺杀行动失败以后，公元前226年秦国军队向北进军，完全击垮了燕国军队，俘虏了太子丹，至此秦军完全平定了黄河以北的地区。不久秦军再进军魏国，包围其都城大梁——一个世纪前孟子与梁惠王曾在此探讨哲学。为了征服敌人，秦军决开黄河河堤，水淹魏都。魏王见除了弃城别无他望，便投降了秦军。现如今中原的大部分领土都在秦国的控制之下，嬴政于公元前224年派老将王翦率领多半的秦军主力南下攻占有广阔沼泽地带的楚国。次年，秦军擒获了最后一位楚王，并迫使他的大将自杀。最终，公元前221年，秦军南下穿越黄河，占领了齐国——除秦以外战国时期的最后一个国家。

值得深思的是，为什么这些在以战争和平衡为法则的多国体系中共存了500多年（如果以各国在西周早期的建立算起的话是800年）的国家仅在九年内便突然被秦国一举消灭？这无疑是人类历史上最具戏剧性的时代之一，也是早期中国政治地理上最彻底的变革。先前几十年中秦国在政治和军事上所做的准备是最终成功的关键。但是嬴政的政治视野和决策以及手下官员的工作效率对于确保这一过程不被逆转也至关重要。在长达五个多世纪的政治分裂和连绵不断的战争之后，中国最终在秦帝国这一政权下得到统一。

秦帝国的巩固

"帝国"（Empire，拉丁文 *Imperium*）一词源于罗马的统治，其语义的历史也可以在欧洲和地中海的历史经验中追溯，然而几乎没有人怀疑在中国由嬴政所建立的一统天下的秦国同样具有作为一个"帝国"的资格。[15] 学者们很难对"帝国"的定义达成一致，大多数人将它理解为一个极严格的社会政治组织，有广袤的领土，在人口和文化上高度混杂，集绝对权力于一身（通常是皇帝），通过统一的行政命令实现直接统治，有一个征服的历史，有一个"帝国"的意识形态（或许是更重要的）—— 对于帝国来说有些因素似乎是共同的，如果不是全部的话。秦帝国在所有这些方面都是帝国这种政治组织的典范。

如上所述，秦帝国是经过一个多世纪的扩张而来的"领土国家"的扩展，在这个过程中，国家核心地区的土地逐渐增加。在始皇帝过世时，秦帝国不仅统治了之前六国的土地和人口，而且实现了对其他地区的征服，包括居住着各种越人族群的岭南地区和高句丽族群居住的辽东半岛地区以及北部的鄂尔多斯高原（先前游牧民族匈奴的基地）。[16] 至少在北方地区，帝国通过建造长城清楚地划出了自己的疆界 —— 部分是新建，部分是连接之前北方国家如赵、燕和秦本身的城墙（地图11.2）。完整的城墙绵延4160公里，从鸭绿江口一直到甘肃东南部渭河流域上游的陇西地区。修筑长城必定耗费了巨大的人力资源。因此，后代历史学家认为它是人们对秦朝的残酷统治产生怨恨的根源之一。帝国内还修建了一条累计约6800公里长的复杂的道路系统，并且与水路系统结合，将都城咸阳与每一个郡下的中心城市连接起来。最重要的是一段被称为"直道"的"高速公路"，它长达800公里，从陕西北部子午岭的山脊上跨过（图11.6），将秦帝国都城与鄂尔多斯高地——由大将军蒙恬率领的多达30万人的驻军基地——连接起来，沿途建有各种驿站和军事设施。[17] 即使在今天，这段路基依旧清晰可见，并且近些年来也得到了考古学调查的确认。纵观整个帝国，所有的车辙都要符合秦国的标准，这样它们才能在秦帝国的道路网络上驰骋。

---

15 见 Susan Alcock *et al.* (eds.), *Empire: Perspectives from Archaeology and History*, pp. 1-3。

16 Twitchett and Loewe (eds.), *The Cambridge History of China*, vol. 1, pp. 64-67。

17 *Ibid*., pp. 61-62；关于秦帝国的道路图，见 Mark Lewis, *The Early Chinese Empires: Qin and Han* (Cambridge, MA: Belknap Press of Harvard University Press, 2007), p. 56。

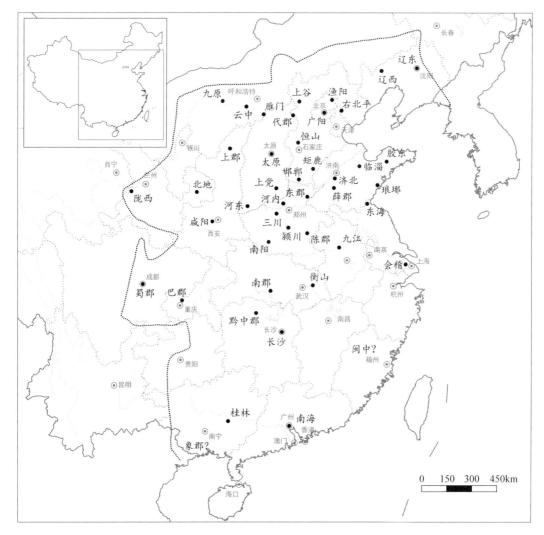

地图11.2
秦帝国

　　在扩张的过程中，秦国为了协调军事行动和吸收当地资源而在那些靠近前线的地区设郡。统一之后，整个秦帝国被划分为36个郡。通过这种方式，郡的军事结构转入民事行政系统中。在郡的行政辖区之下有多达900个县，根据现代的一项研究，已知其名的约有300个。每个郡由三个人掌管，郡守、郡尉和郡监各一名。每个县有一位县令，其下设丞和尉，分别掌管民事和军事事务。所有的官员皆由咸阳的中央朝廷任命，由国库发放俸禄，并且随时可被中央朝廷罢免。原则上县里的文员及县以下，如乡和里的下级官员要在当地任命。对于睡虎地秦简的进一步研究显示，秦帝国已经发展出了标准的程序来管理官员的任命和罢免，严禁没有被正式任命的官员插手某项事务，并且在迁任时严禁将自己的助理和文吏带到新的岗位。[18] 秦帝国通过一个悉心设计和严格执行的官僚体制进行统治，在这种体制之下，除了通过官僚机构，任何人都不能以其他方式与他人或皇帝有联系。

统一的行政命令还要通过制定一系列标准化的政策来实现。这首先包括对计算帝国税收、前线军队的配给及官员的薪金粮饷来说至关重要的度量衡，包括长度、重量和体积。标准的度量衡在商鞅变法时已经实施，但是标准化的意义在于将这个系统扩大至整个帝国。秦统一前在东部六国所使用的旧货币均被废除，代之以秦国货币在整个帝国流通。最重要的是统一书写系统的尝试。在西周灭亡后的几个世纪里，周朝的文字书体已经经过了多种变化，在六国各自形成了独特的书写系统。秦帝国没有立即将大一统之前秦国所使用的小篆在整个帝国内推行，而是将他们改造成一种新的书体——隶书，其特点是直线较多且转角处锋利，书写起来

18
见 Robin D. S. Yates, "State Control of Bureaucrats under the Qin: Techniques and Procedures," *Early China* 20 (1995): 342-346。

图11.6
陕西北部富县的秦"直道"（箭头指的是2007年发掘的探沟）

更为容易。尽管统一前，秦所使用的书体在统一后继续被用于碑石铭文，比如由始皇帝命令在东部各个名山上镌刻的刻石；然而新的书体则作为政府公文及人口登记的标准字体。对于在帝国的各个角落，秦国书写系统代替旧的六国各自书写系统的速度和彻底性到底如何，我们不得而知，但是对于单一书写系统的贯彻使用必定大大提高了帝国的行政效率。事实上，湖南里耶出土的新材料显示，从小篆到隶书的转变是一个非常复杂的过程。[19]

正如叶山所指出的，秦帝国或者概括地讲，中华帝国的统治不是基于主权的概念，而是基于皇帝个人的尊贵和其父系世系的正统性。[20] 近代以前，"公民"的概念从未在中国文明中发展出来，并且帝国本质上被看作与王朝等同，这与持续繁荣数世纪但皇帝之位在不同家族之间流转的罗马帝国形成强烈对比。因此，在中国，皇帝制度本身具有一个帝国正统性之所系的特殊含义。秦统一之后，嬴政立即采用了神化般的称号"皇帝"——它是"皇"（传说中的君王）和"帝"（上帝，见于甲骨文）两个词语的结合，尽管我们通常将其翻译成"Emperor"，这实际上强调了他的世俗功能。因此，有些字词只有皇帝才能使用，比如"朕"指皇帝本人，"旨"指皇帝的命令，"玺"指皇帝下达命令时所用的印章。此外，所有人在任何公开或私人的文件中都不得直接提到皇帝本人的名字。皇帝的衣着不同于其他所有人，饮食也与其他人不同。再者，在一位名叫卢生的方士的建议下，皇帝"微行以辟恶鬼"。他在地下通道内穿行，并且住在隐蔽的居所；据说这有利于他与仙人之间的交流，而且暴露他位置的任何人都要被处死。始皇帝像一个鬼魂或幽灵一样生活，故意将自己与所有的人——基本都是他的奴隶——隔离开来。

在始皇帝统治的 11 年间，他对帝国内的许多边远地区进行过六次巡游。他攀爬过中国东部的各大名山，在名山上祭天并竖立刻石来纪念帝国的成就和他自己的美德。其中的六篇刻石铭文被司马迁抄录进《史记》。[21] 帝国军队在边境地区的军事活动中频频告捷。在北方，大将蒙恬率领 30 万大军攻打匈奴，并将这些游牧部族逐出了黄河河套地区的广袤草原。秦国军队随之建造了一段新的长城来保护这片新近征服的土地，并在此设立了一个新郡，

19
2002 年，在湖南西部的里耶，考古工作者在深达 15 米的古井中发现了约 36,000 片木牍。这些资料是秦朝洞庭郡迁陵县的官方档案文件的一部分，年代在公元前 222 年到公元前 208 年。它们是当时有关秦帝国地方行政管理最重要的系统记载。

20
Yates, "Cosmos, Central Authority, and Communities in the Early Chinese Empire," p. 627.

21
见 Martin Kern, *The Stele Inscriptions of Ch'in Shih-huang: Text and Ritual in Early Chinese Imperial Representation* (New Haven: American Oriental Society, 2000), pp. 1-2。

称作九原郡，下设 30 余县。公元前 211 年，秦朝从中国中部地区移民 3 万家来填充这些北部的县，甚至连公子扶苏在与其父发生争吵之后也被派至北方，协助蒙恬管理前线事务。在南方，公元前 221 年统一中原之后，秦帝国集中 50 万人大规模南下越过南岭山脉，五路大军齐发，从福建一直向西辐射至广西地区。为了支持旨在征服今广西地区的西部的两路军队，秦帝国调集工匠和技师开凿连接长江水系和漓江（向南流）的运河。至公元前 214 年，秦军占领了今福建、广东和广西的大部分地区——之前所谓的百越人居住在这些土地之上，因此将帝国的疆域扩张至南海海岸。

将帝国带入地下

始皇帝控制了他所能控制范围内的几乎所有事物，但他却不能控制自己作为一个人的宿命——这是一个他极力试图否定的事实。面对晚年将至，他采取了双重策略：一方面，他想尽所有办法以求长生不老；另一方面，他准备将自己庞大的帝国带入死后的世界继续统治。多年来，始皇帝妄想长生不老，他不断派遣方士或神秘术士到海上，去到像蓬莱这样的仙岛上寻求长生不老的仙药。同时，他还亲自去山东地区的名山上祭拜先前齐国崇拜的所谓"八神"。始皇帝沿山东半岛的海域航行，希望能与仙人们有一次精神的邂逅。但可惜寻求长生不老仙药未果，这促使一些术士如徐福带着皇帝赏赐的丰厚辎重逃往海外，据记载在他的船队中还带了数百名童男童女。

当始皇帝采用"始皇帝"这个称号的时候，他必定也料到了这一天的到来——他不能继续统治而必须传位给第二代皇帝。身在此世的有限时间内，始皇帝悉心地策划着他在地下世界的统治。甫一实现统一大业，他便命 70 万工人（包括许多刑徒）在骊山（咸阳东约 40 公里处）脚下建造他的永恒世界；这一地下综合设施自 20 世纪 70 年代兵马俑发现以来，考古学者一直在发掘，并被列为世界七大奇迹之一（图 11.7）。隐藏在这一巨大工程背后的思想是始皇帝的统治不能简单地结束，必须进入死后的世界，并且这可以通过尽可能多地复制他平生所用的物品来实现。在过去的十年里，陕西的考古学家在了解这一庞大地下综合设施的结构上取得了重大进步。[22]

骊山秦始皇陵的中心是两圈地下城墙。内城的南半部分是边长为 500 米的巨冢，坐落在皇帝椁室之上；椁室作为他的起居室，但是墓穴的内部情况还未曾知晓。紧邻冢的北部边缘是考古学者称作"寝殿"的地方——一个被走廊环绕的边长约 60 米的平台，这应该是皇帝从主椁室退朝后休息的地方（图 11.8）。在冢的后面（西部）发现许多建筑物，包括一个曾出土著名的驷马青铜车的土坑，这架车可能被皇帝用来带他驶离地下宫殿。在内城的西北部，四

[22] 见 Jane Portal (ed.), *The First Emperor: China's Terracotta Army* (Cambridge, MA: Harvard University Press, 2006), pp. 117-145。

图 11.7
骊山综合设施

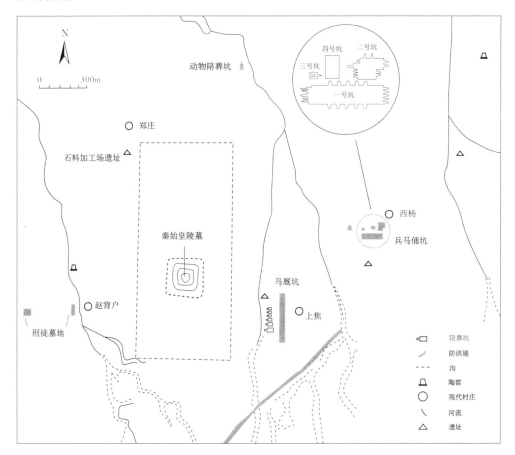

座建筑基址呈线型排列，占地面积南北为 600 米，东西为 200 米。有些享庙是用来提供祭祀以供奉地下的皇帝。这个地区实际上形成了一个较小的封闭区域，在其东部发掘出约 34 座中型或小型墓葬，埋葬曾经可能在宫殿工作过的下级官员和奴仆。

外城，东西长 971 米，南北长 2188 米，包括一些有趣的场所。从北向南沿着西墙是一座行政功能建筑和一座被考古学者确定为食宫的基址，根据出土陶罐上的铭文来看，这应该是储存食物的仓库。继续向南穿越西门有两处设施：一处是帝国的马厩，那里埋葬有战马和作为看守者的小型跪俑；另一处是摆放小型陶棺的建筑，陶棺内有从帝国的苑囿中精心挑选的各种鸟和动物。沿着东墙，发现有一座 100 米 × 130 米的大型地下建筑，这仿造的是帝国的兵器库，从中发掘出数百件石制盔甲，代表秦国军队中的不同等级。兵器库的南部埋葬着一个杂技团，包括数目众多且为取悦皇帝而以各种舞姿进行表演的陶俑。此外，2001 年，在距外层城墙东北角约 900 米的地方发现了一处独特的建筑。这处建筑实际上是一条从北向南绵延约 60 米的呈 F 形的地下水系，它的位置靠近一个鱼塘——考古学者认为，早在始皇帝时期就已经在使用这个鱼塘了。在地下水系的岸边，多达 20 只天鹅、6 只鹤和 20 只大雁（皆由青铜制作）与一些人物陶俑埋葬在一起（图 11.9）。

这一综合设施中的各处场所和物品显示，设计骊山工程的官员们精心地考虑到了皇帝的每一项需求及其死后可以掌管的各种公共和私人职能。他们复制的不仅仅是皇帝的住所和侍

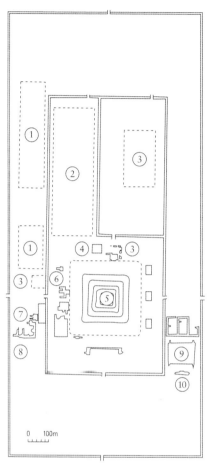

1. 园寺吏舍遗址
2. 便殿遗址
3. 墓葬区
4. 寝殿遗址
5. 封土
6. 铜车马坑
7. 珍禽异兽坑
8. 马厩坑
9. 兵器坑
10. 杂技坑

图 11.8
始皇帝的地下城市

图11.9
为始皇帝建造的地下河流旁出土的青铜鹤,在其主墓冢的北面

从,还有自然界的景物,比如复制一条河流,皇帝将其带入另一个世界中。这座地下城邑的设计中未能包括的一个项目就是皇帝的军队——他们在城邑东部约1公里处被发现。在一个名叫西杨的现代村庄南部,总数约7000件真人大小的陶兵俑和600余件陶马俑在四个俑坑中被发现,总占地面积多于21,700平方米。1号俑坑为主要军阵,从中发掘出6000件个体的陶兵马俑,包括11排步兵和战车(图11.10)。2号坑呈L形,包含2000件陶制军士和马,他们在军事编制中的位置仍然存在争议。3号坑呈U形,从武器和战车的式样来判断,这明显为整个军阵的总指挥部。

学者们对埋葬在始皇帝地下城邑东门之外的兵马俑的真正含义有着长期的争论,他们是否代表秦王派去征服东部六国的军队?是始皇帝在东巡时跟随在身边的军队?抑或是他们复制了一组从全国各处挑选来的士兵?正如学者们所提出的,他们是一种力量的源泉,这个力量强大到足以震慑那些胆敢阻碍始皇帝之路的敌人——无论他们是活人还是死人。

至于始皇帝本人,后世对他的了解大多来自汉帝国的史学观——汉帝国将自己看作秦帝国的敌人。有可能始皇帝并不像汉代文献中所描述的那样凶恶和残忍。他是一位伟大的制度创造者，并且还是一位有勇气将帝国力量推向极限的人。他所留下的帝国为后世中国历代王朝提供了一个模式。但是，无可辩驳的是，汉代史学家有关始皇帝的观点也被这样一个事实所支持——无论秦帝国有多庞大或多强大，它只维持了15年。因此，一个有意义的怀疑是：如果始皇帝没有征服其他六个国家，秦国或许能持续更长的时间——正如那些被秦国所吞并的国家一样可能会延续下来。

图11.10
秦始皇陵1号兵马俑坑

──────── 建议阅读 ────────

- Twitchett, Denis, and Michael Loewe eds., *The Cambridge History of China,* vol. 1, *The Ch'in and Han Empires, 221 B.C.-A.D. 220,* pp. 1-102, Cambridge: Cambridge University Press, 1986.
- Li, Feng, *Landscape and Power in Early China: The Crisis and Fall of the Western Zhou 1045-771 BC,* pp. 233-278, Cambridge: Cambridge University Press, 2006.
- Portal, Jane ed., *The First Emperor: China's Terracotta Army,* Cambridge, MA: Harvard University Press, 2006.
- Lewis, Mark Edward, *The Early Chinese Empires: Qin and Han,* Cambridge, MA: Belknap Press of Harvard University Press, 2007.
- Kern, Martin, *The Stele Inscriptions of Ch'in Shih-huang: Text and Ritual in Early Chinese Imperial Representation,* New Haven: American Oriental Society, 2000.
- Loewe, Michael, *The Government of the Qin and Han Empires, 221 BCE-220 CE,* Indianapolis: Hackett Publishing Co., 2006.

第十二章

汉帝国的扩张与政治转变

如果有人对强大的秦帝国在统一中国仅15年后便灭亡这一事实感到迷惑，那么他一定会惊讶，为何起初看似薄弱的汉帝国却能持续如此长久。延续长达411年之久的汉王朝——被王莽篡政（公元9—23年）等分为两段——构成了中国历史上以及中国作为一个民族的形成过程中至关重要的一个时期。这种历史发展模式本身就非常有趣，即一个短命王朝被一个长久的王朝所代替，且前者的许多发明经过重大修改后被后者继承。隋到唐帝国（公元618—907年）的转变也重复了这种发展模式。汉朝富有战斗精神，并且文化繁荣；它卓越的成就给中国灌入一种由儒家思想所支撑的官僚帝国体制的强烈正统意识。尤其是公元前2世纪至前1世纪，汉帝国和匈奴帝国的战争更是两个庞大帝国之间倾国之力的较量，在世界战争史上占据着重要的地位。汉帝国通过一系列艰难的交战赢得胜利，这使得它有能力在远超出汉帝国疆界的地区去追求扩张主义的目标。因此，汉朝也是一个地理大发现的时代；汉朝使者到达了中亚和西亚地区，访问了那里的国家和部族，西方和东方首次真正地进入对方的视野。以下对汉帝国的讨论分为三个部分：第十二章综述汉帝国的政治和军事发展；第十三章将讨论汉帝国的内部组织和社会秩序；最后一章将分析汉朝的思潮变化，并凸显汉代物质文化的多彩绚丽。

汉帝国的建立

秦始皇卒于公元前 210 年夏，距他统一中国仅过去了 11 年；实际上，他死于最后一次东巡途中，在距离都城咸阳 1600 公里外的地方。据记载，为了掩盖皇帝的尸体所散发出来的腐臭气味，从而避免其死讯外漏，随从的官员决定将载满腥鱼的 10 辆马车与皇帝的尸体一起运回渭河流域。在这个过程中，他们伪造皇帝遗书，命令驻守北部边境 10 年的公子扶苏自杀；在他们到达咸阳后拥立始皇帝的幼子胡亥为秦国第二代皇帝。但是，人们对这一残暴的、神一般的人物的恐惧最终还是消失了。

公元前 209 年夏天，一队 900 余人的戍卒北进驻守边疆地区。当行进到今江苏北部 (统一前的楚国境内) 时，一场大雨延误了行程，使他们无法如期到达目的地，依秦律他们要被斩首。这时，戍卒的头领陈胜伪造天兆，将写了字的绸缎塞进一条鱼肚中，暗示陈胜的王权；他又派人在灌木丛中模仿狐狸的声音叫喊："大楚兴，陈胜王！"他们很快杀掉押解戍卒的秦朝官员，攻下附近的县城。起义军从今江苏北部西进至河南南部，在那里他们宣布建立新楚国。当他们在初冬时节攻打渭河流域的时候，万余名农民先后加入了这支队伍。陈胜的目标很明确，推翻秦帝国；帝国本身也的确为他实现这一目标敞开了大门，秦朝的大部分军队或沿北部边界线驻守，或为了实现对东南沿海地区的控制而驻守在遥远的岭南地区。朝廷无法及时召回军队，便将修建秦始皇陵的奴隶和劳工武装起来抵御起义军。陈胜的军队在距秦帝国都城 60 里外的地方被击败，随之撤出了渭河流域。

秦帝国虽然在第一次打击中幸免于难，接下来却要面临更加严峻的挑战——至公元前 208 年初，全国一半的地区出现了反秦武装。起义军大都在中国的东部地区，由各种不同社会背景的人组成。他们中有些是农民或最多是地方官员，但是许多人与秦统一前的东方六国的统治阶层有真正的联系。实际上，他们都打着前国君的名义反叛，但当秦军重组后投入战争时，没有一支起义军能够独自抵挡住秦军的力量。在多次失败之后，各路起义军渐渐合并为两股强大的军事武装。第一路由前楚将领项梁和他的侄子项羽（复辟了楚国）率领；第二路由刘邦领导。刘邦是今江苏北部沛县的一个亭长，没有任何显赫的家族背景。这两路军队曾在今山东西部的一场军事冲突中联合抗击秦军，项梁本人在此役中被秦军杀害。

然而，当秦军转而向北攻打在河北复辟的赵国时，被击败的反秦联军制定出一个精明的战略：由项羽率领军队主力北进，再次迎战赵国都城外的秦军；同时，由刘邦率领的侧翼直捣秦的中心——渭河流域。刘邦的明智之举还在于他不直接迎战沿着贯穿河南西部的主路驻扎的秦军，而是出其不意地在今湖北横渡汉水，从南部突袭进入渭河流域。当刘邦于公元前206年十月到达秦都咸阳时，秦二世不战而降，秦帝国的历史帷幕匆匆落下。

项羽是一个英雄，他拥有无比强健的身体和能够慑服众人的魅力，击败赵国附近的秦军到达渭河流域后，他先处死了秦朝皇帝，然后对秦都城实施了系统性的毁灭；考古学证据显示，这种破坏可能波及了秦始皇陵附近的建筑。此外，他决定将秦帝国完全分割为18个独立的国家，所有国家皆使用秦统一前的称号。项羽本人则自诩为"霸王"，同时也自立为楚王。由于刘邦与战国时期的君王无任何血统上的联系，于是他作为"汉王"被项羽分封在汉水流域。这实际是将他牢牢锁在陕西南部的深山之中，并且切断了它与东部所有国家的联系。很显然，项羽的本意是要阻止刘邦成为挑战他在东部霸权的重要力量。

然而，刘邦却成功地利用这一旨在遏制他的策略来隐藏自己真正的野心；项羽回到东部地区刚刚四个月，刘邦的军队突然闯入渭河流域，击败了项羽在当地分封的三个诸侯王，吞并了整个渭河平原，并将此作为新的军事基地。在接下来的三年里，中国实际上被分为东西两大军事阵营：以西部渭河平原为基地的刘邦阵营和以今江苏北部为中心的项羽阵营。这对于双方来说都是一场长期且艰难的战争。刘邦以他的能臣从渭河流域送来的源源不断的增援为基础，在这场对决中，最终证明了他更为高效、强大。公元前202年十二月，刘邦在安徽北部的一场决定性战斗中彻底击败项羽，使他再也没有机会东山再起。霸王项羽被迫自杀。刘邦随后返回西部，正式成为汉代的"皇帝"，后世称"高祖"。

帝国结构的中心:重组帝国

帝国的心脏重回渭河流域,一座新的都城建立了起来,命名为"长安"(图12.1)。有学者认为,长安的布局象征着北斗星的形制,城墙的衔接处恰好坐落在每颗北斗星的下方。然而研究显示长安并非是一次性建成的;因此,那种将宇宙哲学的思想体现于其总体设计中的可能性是很小的。[1] 实际上,在刘邦统治期间仅建造了两座主体宫殿以及坐落在两座建筑之间的武库;每座建筑皆被墙圈环绕。长安的外墙是在惠帝时期建造的;其他更多的建筑单位甚至是在后来武帝统治期间添加的,因此形成了近100年的帝国都城建造史。严格地讲,这是一座皇城,因为几乎全部区域都被宫殿建筑群占据,在皇帝宫殿群的外围仅有很小的空间为平民居住所用。[2]

在长安以外,汉帝国至少在最初开始统治的半个世纪里并不是一个统一的帝国。下辖各郡县多位于以渭河平原为中心的西部地区,这是从秦帝国继承下来的;在东部地区存在着许多由世袭的君主统治的诸侯王国,它们合起来占据了汉帝国的大半(地图12.1)。这在国家体制上无疑是一个矛盾,自有其历史根源,汉帝国必须努力去克服。这种地方主义和中央集权之间的斗争深深地影响着王朝的政策,并引导着中国历史的进程。

在汉代皇帝面前有两个范例,周和秦。在西周早期的特殊历史背景中,如果周人想要在一个类似帝国官僚体系尚未创造出来的时代中控制一个大的地理区域(比如黄河中下游地区),那么由周王室来实施"封建"就是不可避免的。况且,它的确是一个很伟大的成就。然而,自西周中期以来,这个系统开始显现出它的弊端;并且西周灭亡后的500年间发生的连续战争完全摧毁了这个"封建"体系设计之初预想要实现的政治统一的任何希望。秦帝国体制的创立显然是以西周国家的模式为参考,甚至是对周代出现的问题的一种纠正;它把所有的权力集于皇帝一身,皇帝通过延伸至整个帝国的严格的中央集权官僚体制实施统治,以防止面积较大的领土陷于各种当地统治者的控制之下。然而,秦帝国的过早灭亡也揭示了秦帝国体制中的问题,即官僚机构是皇帝束缚官员的唯

---

[1] 见 Wu Hung(巫鸿),"The Monumental City Chang'an," in *Monumentality in Early Chinese Art and Architecture* (Stanford: Stanford University Press, 1995), pp. 143-187。

[2] 关于长安的考古发现,见 Wang Zhongshu(王仲殊),*Han Civilization* (New Haven: Yale University Press, 1982), pp. 1-10。

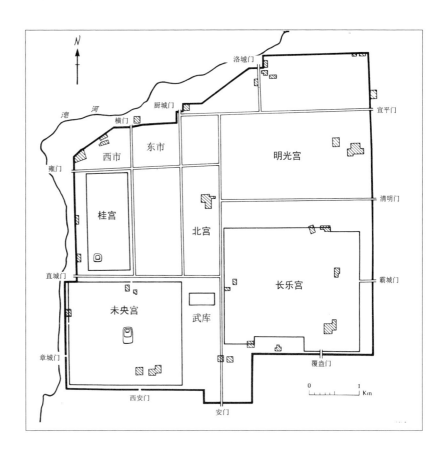

图12.1
帝都长安

一纽带。当权力中心倒塌时,一夜间整个系统便灰飞烟灭。

汉帝国的缔造者发现西周国家和秦帝国的体制都不能完全采纳或在现实中可行。因此,汉帝国采用的是一个典型的混合体制。公元前201年,汉朝廷正式分封了楚王、梁王、长沙王、淮南王、燕王、赵王、齐王、代王和淮阳王。实际上,当秦帝国的统治模式被认为有问题的时候,这种在政治上回归地方主义的趋势——即战国时期列国形式的回声——最初在项羽那里已经获得了认可和推行。[3] 其中一些诸侯国由刘邦的将军或亲属来管辖,比如齐王和代王;但是其他许多王则是当初与刘邦一起抗击项羽的地方领袖。一些诸侯王国的领土甚至相当于几个郡合在一起的面积。汉王朝不可能单纯依赖这些诸侯王来保护帝国的利益,他们的背景各有不同,其野心也不受限制。这与西周时期的地方诸侯不同。事实上,这些诸侯王接连起来反抗汉朝廷,或者他们被指控反叛,比如梁王彭越的例子;实际上他被迫反叛,最后被处死。也有一些诸侯国(特别是那些靠近北部边界的国家)的政治立场时常在汉帝国和北方草原上新崛起的游牧帝国(匈奴帝国)

3

见 Mark Edward Lewis, *The Early Chinese Empires: Qin and Han* (Cambridge, MA: Belknap Press of Harvard University Press, 2007), pp. 19-20。

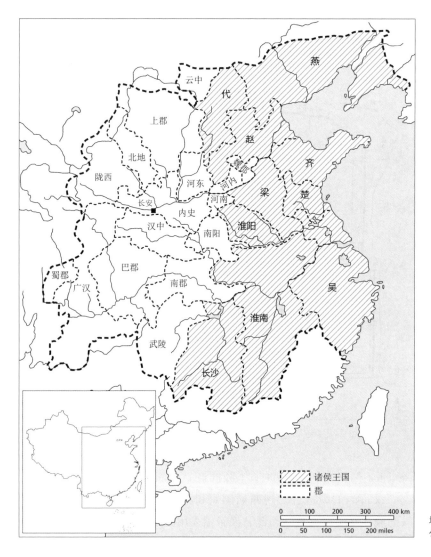

地图12.1
公元前195年的汉帝国

之间摇摆不定。

总的来说,当这些诸侯王渐渐被刘氏成员所取代的时候,争斗的天平逐渐偏向了汉朝廷,并且在公元前195年完成了这一进程。在刘邦临终之时,他与自己的将军一起起誓:如果将来有非刘姓的任何人篡夺诸侯王的位置,天下所有人应该群起而杀之。尽管这条规则立下不久后便被吕后打破——她实际统治汉帝国达15年之久,其间吕氏家族的成员被封为诸侯王——然而总体来说,在刘邦生命的后期,汉帝国似乎已经回到了西周国家的体制。其西半部分在帝国行政机构的直接管理之下,而东半部分被分给那些与皇帝有私人亲属关系的九个诸侯王。刘邦或许认为,通过使帝国的郡与那些刘姓的地方诸侯国之间保持平衡,汉帝国可以永存。

讽刺的是，甚至连这些刘姓诸侯王也没过多久便开始增强力量对抗汉帝国。这使得朝廷不得不努力加强对中国东部地区的控制。在文帝时期（约公元前 180—前 157 年），赵齐两国被分解，封地在两国众多的公子中间进行分割。景帝时期（约公元前 156—前 141 年），当谋臣晁错提议要进一步削减南方的两大诸侯国吴和楚的封地时，在地方诸侯王中引起了强烈的恐慌和不满；他们立即决定反叛，并于公元前 154 年一起向长安进军，史称"吴楚七国之乱"。在叛军的压力下，皇帝下令处死晁错；同时，他派军去东部镇压叛乱的诸侯王。汉朝武装将梁国——梁王与景帝是同母兄弟，因此对汉朝廷保持忠诚——作为朝廷的据点，因此能够切断叛军的供给线，最终经过三个月的征讨后平息了叛乱。这次事件，给地方诸侯国的力量带来了决定性的破坏，因此它成为汉朝历史上一个重要的分水岭。

汉武帝在位期间（约公元前 140—前 87 年），代表皇权的朝廷进一步摧毁了淮南和衡山两个诸侯国的密谋叛乱，将其封地划为新的郡（地图12.2）。同时，公元前 127 年，朝廷颁布新的政策——"推恩令"，允许诸侯王将爵位和封地传给他们的子孙，建立次一级的侯国，以此有力地将这些诸侯国削减为更小的国家。新一代的刘氏子孙如果受封为王，他们只能从本应"统治"的封地内得到一定量的税额，却不能有任何实际的封地。这种没有封地的地方"诸侯王"的新系统是皇权和地方权力近百年斗争的结果，也是平衡周、秦政治模式的结果。它为汉帝国提供了一个皇权结构可以围绕其进行旋转的轴心；它是帝国体制本身长久稳定的关键。这种"帝国"和"朝代"的结合既能满足在整个帝国内强化帝国官僚秩序的需要，又满足了建立可以保护帝王根基的血亲关系的需求。通过授予皇族成员超越其他所有官僚的地位，他们形成了一个享有超级特权的阶层；同时这个阶层反过来可以保障皇帝家族统治地位的安全。但是这个特权阶层却不能驾驭只有皇帝才能指挥的官僚机构。

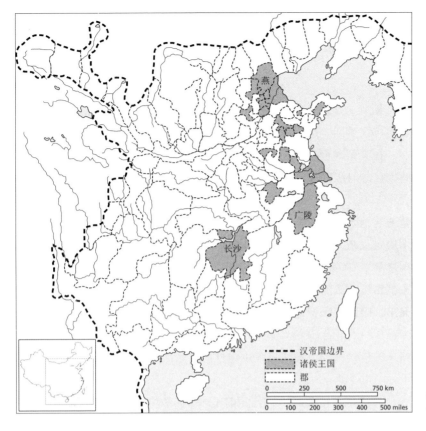

地图12.2
公元前108年的汉帝国

汉与匈奴：一个世界，两个帝国

汉帝国不是孤立存在的，它北面紧邻游牧帝国匈奴；在匈奴最强盛的时期，它征服了东至中国东北、西至俄国的广袤的草原地区。这个政治地理大板块的南缘横跨黄河的河套地区，位于今陕西、山西北部和内蒙古南部，由那些被草地覆盖的山地斜坡和河谷组成，通常被称作鄂尔多斯草原。它北接横跨现今中蒙边境的广阔的戈壁沙漠。沙漠的东端是呼伦贝尔草原——后来的蒙古人的家乡。穿越戈壁沙漠继续向北，其景观在蒙古的中部和北部地区渐渐转变成草原，在俄国南部是被森林覆盖的低山丘陵（地图12.3）。

尽管在这片广袤的草原上存在着许多已知或未知的文化或种族的根源，然而目前的考古学认为匈奴人（至少他们中的一部分）在文化上可能是鄂尔多斯地区独特的早期青铜文化——与以安阳为中心的晚商同时（公元前1200—前1046年）——久远的继承者。1950年到2000年，陕西北部和黄河以东的山西境内出土了

20多组青铜器。虽然在这一地区发现的工具和武器带有明显的北方草原地区特征，但是同出的青铜容器既有典型的本地特点，又有明显的商文化特征。当地生业系统的特点是游牧生活和广泛分布的非密集型农业的高度混合。后来在今内蒙古朱开沟的发掘将这个地区的文化向前推至新石器时代晚期，[4] 使这一地区处于公元前7000年以来以黄河中下游地区为中心逐渐发展出来的农业生活圈的边缘（见第二章）；同时也将当地的铜器制作历史推至公元前1700年左右，与早商同时。近年，在陕西北部神木县石峁发现的大型石头建筑城址及中心建筑群，年代在公元前2300—前1800年之间，更说明新石器时代晚期和青铜时代早期鄂尔多斯地区是介于草原和黄河中下游农业地区之间的一个重要文化中心（图12.2）。

地图12.3
北方地区和匈奴帝国

[4] 关于朱开沟遗址及晚商以前北方草原地区和黄河中下游地区的交流，见 Katheryn M. Linduff（林嘉琳），"Zhukaigou, Steppe Culture and the Rise of Chinese Civilization," *Antiquity* 69 (1995): 133-145。

石峁遗址中出土了青铜制作的铜刀等武器，还出土了用来铸造这些青铜器的石范。⁵

公元前 11 世纪，鄂尔多斯地区显然进入了一段急剧下滑的时期，这一变化的合理解释是由于南方西周国家的崛起。一件西周时期的铜器"小盂鼎"的长篇铭文记录了周人在一场与鬼方（极有可能位于鄂尔多斯地区）的战争中抓获了 13,081 人，斩杀 4800 人。⁶ 另一方面，这个地区在公元前 10—前 7 世纪似乎已经成为北方草原地区向游牧发展的广泛社会转型中的参与者之一。当公元前 5 世纪以后鄂尔多斯地区重新在考古学中变得非常重要的时候，它显然与一个至少在一定程度上与匈奴人有关的大草原文化复合体融为一体，正如在内蒙古境内的许多墓葬（与黄河中游地区的春秋晚期到战国时期同时）中所发现的那样。这些墓葬出土的主要是武器，还有各种不同类型的动物形态的物件（图12.3）；最典型的是用动物形态设计的青铜牌，以及随葬的动物和人类头骨遗骸。由各种形态的青铜物件构成的青铜组合在跨越戈壁沙漠的遥远的北方地区的墓葬中被发现——这些墓葬分布在蒙古国的中部和北部以及俄罗斯南部，显示出在这广阔草原上的两大区域间的强烈的文化关联。

中国文献中最早的记录显示，公元前 318 年，东方五国——韩、赵、魏、燕、齐——曾联合匈奴人一起攻秦。这次事件是否促使秦国攻打匈奴我们不得而知；在秦国屡次攻打北方义渠且最终兼

---

⁵ 见 Sun Zhouyong（孙周勇），"Shimao: The First Neolithic Urban Center on China's Loess Plateau," 1-18, 哥伦比亚大学唐氏早期中国研究中心，唐氏特别年度考古学演讲文章，2017 年 9 月 22 日。

⁶ 这是西周青铜器铭文中所记录的最多的俘虏人数，见 Li Feng, Landscape and Power in Early China: The Crisis and Fall of the Western Zhou 1045-771BC (Cambridge: Cambridge University Press, 2006), p. 54。

第十二章　汉帝国的扩张与政治转变　　237

图12.2
陕西石峁新发现的青铜时代早期城址

图12.3
鄂尔多斯地区出土的青铜物件（约公元前400—前200年）

并这片领土后，秦不可避免地卷入与鄂尔多斯地区匈奴人的交锋中。实际上，近来的一项研究认为，匈奴联盟之所以形成是由于秦帝国向北方草原地区的持续扩张，特别是与公元前214年蒙恬率领的大规模进攻有关。[7] 通过这次进攻，秦从匈奴手中夺取了鄂尔多斯地区，并使匈奴陷入突发性的社会和政治混乱中，导致一个强有力的游牧领导阶层的兴起。能够代表这一历史趋势的人是冒顿，他联合各个匈奴部落，并于公元前208年使用"单于"的称号。在接下来的几年里，冒顿进一步征服了今中国东北地区西部、蒙古北部和俄罗斯南部的众多部落。

　　新建立的汉帝国显然没有能力与崛起的单于力量相抗争。汉帝国中央朝廷与地方诸侯国之间的斗争导致内部力量衰弱，这将汉带入一种危险的境地，一旦与地方诸侯王的关系处理不当，便会导致北方单于的介入。韩王信在汉朝廷的压力下于公元前201年投降匈奴便是这样的例子。为了惩罚他，刘邦亲自挥师北上，不料却陷入匈奴骑兵在山西北部平城布下的圈套中。大部分人马损失殆尽，刘邦扮成妇人，侥幸逃生。在接下来的50年里，汉朝廷意识到自身的弱点，便采取一种名为"和亲"的怀柔政策——自公元前189年始，派遣一名汉朝公主与单于成亲，并送去大量财物。用那些为这一政策辩护的官员的话来说，这样的安排是寄希望于汉朝公主能够生下或许对汉帝国有同情心的匈奴未来的首领，但

---

[7] 见 Nicolas di Cosmo, *Ancient China and Its Enemies* (Cambridge: Cambridge University Press, 2002), pp. 178-179, 186-187。

事实上汉帝国已经屈尊俯就成为匈奴帝国的一个纳贡国了。

然而，这种和亲政策并不能确保长久的和平。公元前166年，在老上单于的率领下，匈奴占领了今宁夏南部的汉朝关隘萧关，并深入至汉朝境内距汉都城长安只有150公里的地域。在汉帝国无法防御的漫长的边境线上，各个匈奴部落的首领经常发起小规模袭击。匈奴内部每次新领导阶层崛起，都会随之导致战事再起，因为新的单于需要通过战争逼迫汉朝签订新的条约，增加贡品数额，以此赢得其支持者的忠诚。但从更普遍的角度来看，问题的实质在于匈奴社会在其本质上不像汉帝国那样中央集权，它不能被与一个整体建立的承诺而所束缚。[8] 尽管在礼节上保持着对单于的忠诚，然而许多匈奴首领自主决定本部落的政策，并且为了战利品而发动战争是北方草原生活的一部分。实际上，他们不仅攻击汉，也经常为了同样的目的彼此攻杀。从全球史的视野来看，中国作为一个农业社会遭受到北方草原地区向游牧社会转型带来的危害；这个历史进程既影响了中国，也影响了美索不达米亚和东欧的农业社会。

与匈奴的战争和汉帝国的扩张

"和亲"政策早在文帝时期就受到一些有影响力的学者的批判，但是直到武帝时期反对者才能真正扭转这一局面。到那时，汉帝国无论是在政治上还是在经济上都更为稳固，并且又有一位年轻且雄心勃勃的皇帝，由一群支持战争的官员们辅佐。更重要的是，数十年的和平给予汉帝国充足的时间打造一支以使用骑兵和弓弩为特点的新式武装力量，它能够成功抵御北方草原的匈奴。[9] 但或许最重要的是，几十年的时间也足够汉朝统治者去构想一种全面的战略，这种战略不是在长城一带打击匈奴，而是要真正深入匈奴的领地。

汉帝国精心计划着未来的行动，首先派张骞出使中亚地区，希望在中亚的独立小国（特别是印度贵霜帝国的前身——月氏）中能够找到对付匈奴帝国的同盟。然而，张骞一离开汉朝国境便被

[8] 关于这一点，见 Lewis, *The Early Chinese Empires*, p. 136。

[9] *Ibid*., p. 136.

匈奴抓获，在接下来的 10 年里他与匈奴人朝夕相处。在这期间张骞无论在语言还是在有关中亚的地理和文化习俗的知识方面实际上都做了很充分的准备。最终张骞设法逃出了匈奴帝国，但他没有直接返回汉朝，而是继续进行这个漫长的旅程以完成他的任务，这被认为是早期中国最重要的地理大发现。他访问了中亚的大多数国家，包括今吉尔吉斯斯坦境内的乌孙国、乌兹别克斯坦的大宛和大月氏（贵霜）、阿富汗的大夏（又称巴克特里亚，中亚希腊化王国）以及今哈萨克斯坦至乌兹别克斯坦的康居（地图 12.4）。张骞于公元前 126 年返回长安。尽管他未能说服任何一个西域国家发起对抗匈奴的战争，然而张骞给中国带回了关于西域的宝贵信息，一个有着无限机会和无尽惊奇的新世界突然向汉帝国敞开了。更重要的是，汉帝国意识到了这些西域国家的外国人对中国商品的兴趣，尤其是丝绸，之后也成为张骞在公元前 2 世纪开拓的这条贸易之路上的主要商品。

汉帝国认为张骞已经客死异域，于是在公元前 133 年在一个叫马邑的边界城市附近以 300,000 士兵设计诱杀匈奴单于。然而，单于识破了这一计划，并在汉朝发起进攻之前撤走了他的骑兵。尽

地图12.4
西域的城邦国家

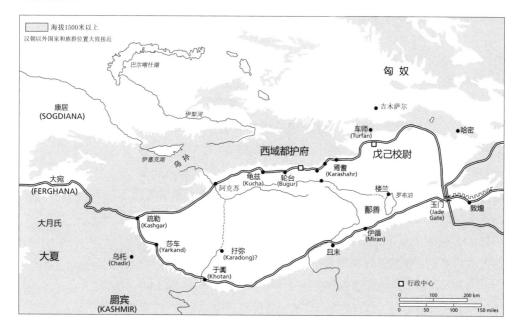

图12.4
山东孝堂山画像石上的汉—匈奴战争

管这一行动在开始之前便失败,然而这标志着汉朝在对匈奴的政策上开始转变——转向与匈奴的全面战争。公元前129年,汉朝派遣五名大将从五个方向袭击匈奴,且每人率领一万名骑兵。结果两路大军被彻底击败,其他两路未能与敌军交战就返回了汉朝境内。然而,年轻将领车骑将军卫青突然发动长距离奔袭,一举占领了匈奴的圣地龙城。两年后,卫青再次率领大军从山西北部出发,南渡黄河,突袭匈奴。汉朝军队完胜匈奴,抓获两名首领,以及千余名匈奴男女。这是自秦帝国灭亡以来首次从匈奴手中夺回鄂尔多斯地区。这次胜利不仅消除了匈奴对长安的直接威胁,而且也从根本上扭转了汉和匈奴之间的力量对比(图12.4)。汉帝国为了巩固对鄂尔多斯地区的控制,调迁十万名汉朝农民居于此地,将其打造成未来汉朝在北方草原行动的一个坚实基地。

在接下来的几年里，汉朝军队继续寻找机会与本质上流动化的匈奴交战。汉朝将领学会了使用轻骑兵——这曾是匈奴军队的特点，并且采用长距离突袭的战术。这种战术曾经使匈奴在对汉作战中占有绝对的优势。从宏观战略上看，由于汉帝国军队要驻守绵延2000多公里的前沿阵地，防御突如其来的袭击，因此汉朝军队发起的远程袭击可以有效地抵消游动的匈奴武装所特有的优势。为了实现这一点，汉朝骑兵必须接受良好的训练并配备精良的装备。实际上，即使在匈奴士兵数目超过自己的情况下，他们也往往能够运用谋略战胜匈奴。最为典型的是公元前121年的一次战例，当时骠骑将军霍去病率领一万名骑兵一路向西，在六天内穿越五个匈奴部落的领地，迫使浑邪王及四万名士兵投降。通过公元前127—前121年的一系列战争，汉朝实现了对阴山以南地

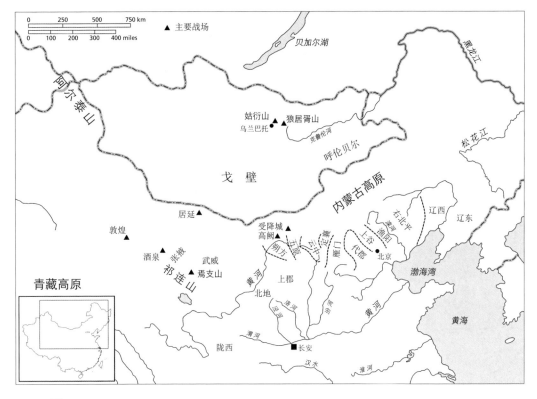

地图12.5
汉—匈奴帝国战争图

区的完全控制,并迫使匈奴撤退至戈壁沙漠以北地区。

然而,武帝并不满足于这样的胜利;相反,为了彻底摧毁匈奴帝国,他拟定了一个更具决定性且更艰巨的战略。公元前119年,卫青和霍去病各自率领一支由50,000骑兵和100,000步兵组成的军队分两路向北进军。为了有效地支持这场战争,汉帝国又进一步调动100,000名男丁外加4000马匹作为增援。规模庞大的汉朝军团以及各种补给装备在20余天内行进约1400公里穿越戈壁沙漠,在今蒙古北部乌兰巴托附近的姑衍山迎击单于军队,展开了一场决定性的战役(地图12.5)。从逻辑上讲,以数目如此巨大的人员行进如此长的距离穿越沙漠,汉朝军队实际上执行的是一项几乎不可能完成的任务。然而,汉朝军队有源源不断走出沙漠加入作战的人马做后盾,展现出超强的作战技能和协调能力。经过一天的厮杀,单于取胜无望,在黑夜中逃离战场,令其部队陷入绝境。这场战役以汉朝的完胜而告终,但汉军本身也有大量人员伤亡,并损失约100,000马匹。然而,公元前119年的这场"漠北之战"的确使匈奴帝国遭受重创。

与匈奴的这场战争，无论以战场地域空间的广阔性来衡量，还是从作战的激烈程度以及双方投入的人员和物资规模来看，在世界历史上都是空前的。[10] 公元前119年的"漠北之战"结束后，尽管汉朝军队仍然不得不与卷土重来的匈奴部队作战，同时也输掉过几场战役，但再也没有打过大规模战役，并且多数战役都发生在汉帝国境外很远的地方。在接下来的数十年里，由于内部不同派系（每个派系都有自己的单于）之间的争斗，匈奴帝国更加衰弱。公元前54年，匈奴左单于呼韩邪决定归附汉朝，率领部众南下至汉朝边界。在汉朝廷的要求下，呼韩邪先将其子送至长安做人质，两年后他本人才被允许觐见汉宣帝。右单于郅支也将其子送至长安做人质，但他接下来继续在西部与汉帝国相对抗。公元前36年，他在一场与"西域都护府"（汉朝在西域地区设置的管辖机构）派出的军队交战的战役中战死。

王朝更替和东汉的建立

汉武帝以一种非凡的方式将这个帝国留在他身后。在他长久统治（长达53年）的后期，他废黜了太子，铲除了其党羽。汉武帝确定了自己与最后一位宠妃所生的八岁的儿子——即昭帝（约公元前86—前74年在位）——顺利继位。为了防止母后干政，武帝赐死幼帝的生母钩弋夫人。此外，他还任命了两名亲信以摄政身份辅佐幼帝，这两人是常胜将军霍去病的弟弟霍光和前匈奴王子金日磾。金日磾以战俘身份来到汉朝，但随后便作为一个道德和自律的楷模树立起了自己的形象。霍光将女儿嫁与金日磾的儿子，他另外一个女儿后来嫁给了汉宣帝（约公元前73—前49年在位）。[11]

在许多方面，昭帝和宣帝时期都是汉帝国史上一个明显的过渡期。在接下来的半个世纪里，汉帝国接连由元帝、成帝、哀帝三个皇帝统治，三人都英年早逝。由于皇帝年幼，真正的权力通过太后私人的影响力不断地落入外戚手中，这一情形是汉武帝能够预料但无力阻止的。帝国中的最高官位"大将军"几乎不断地被年轻皇帝的舅舅占据。[12] 在数十年的时间里，几位皇帝的舅舅都是在汉帝国

---

[10] 据说亚历山大曾以一支由3.2万名士兵组成的军队征服了亚洲。罗马军队最大规模的一次集结是公元前31年在亚克兴（Actium），据说共有25万人之多，而公元前119年汉帝国派出了30万步骑兵（不包括另外10万人的支援队伍）赴漠北与匈奴作战，如果两方面的数据都可信，这场"漠北之战"确实是规模空前的。

[11] 关于霍光家族的历史地位，见 Michael Loewe, *Crisis and Conflict in Han China, 104 BC to AD 9* (London: Allen & Unwin, 1974), pp. 37-90, 114-153。

[12] 关于外戚权力，见 Ch'ü T'ung-tsu, *Han Social Structure* (Seattle: University of Washington Press, 1972), pp. 77-83。

最初建立的政治体系下、以汉朝统治机构所保证的必要的合法身份操纵政权，直到一个新的舅舅"王莽"的到来，这一规则被改变。[13]

王莽的姑姑于公元前 54 年嫁给刘奭（日后成为汉元帝），数年后成为皇后，并生下刘骜（日后的汉成帝）。这位妇人极为长寿，她不仅活过了儿子的在位期，甚至还活到孙子哀帝在位期间。她的长寿给王氏家族提供了足够的时间去积累用来推翻汉帝国的政治资源。在王莽的叔叔和兄长都担任过大司马一职后，王莽于公元前 8 年进入朝廷做官。显然王莽有一套与众不同的接近权力的办法，并且比起他的叔伯和兄弟们来说更懂得如何博得民心，并将其转化为一项重要的政治资本。他赞助公共工程的建设与儒家经典的讨论，不仅将自己打造成汉帝国的保护者，而且还成为儒家价值标准的优秀化身。[14] 伴随着平帝死后的持续性宣传，王莽最终于公元 9 年宣布建立"新朝"，自立为皇帝。在"新朝"存在的 15 年间（公元 9—23 年），王莽进行了一系列系统性地改变汉朝体制的变革，主要根据儒家经典所传颂的所谓"周礼"来编制他的计划。

新朝建立以后，王莽便加紧推进土地国有化政策，限制个体家庭所拥有的土地，并且禁止买卖。显然这一政策的目的是避免大地主侵吞贫苦农民的土地。出于同样的目的，奴隶和家臣也是被禁止买卖的。尽管国家仍旧像武帝时期一样垄断盐铁行业，然而他创造了一种稳定市场价格的机制，并推行全新的币制系统。王莽的一些政策明显是要削弱贵族和大官僚家族的势力，这些大家族侵吞了大量的社会和经济资源，这些资源用来支撑他从刘氏手中夺取的帝国事业。为了更进一步遏制这些贵族，王莽命令侯一级贵族和更低级别的贵族将他们所拥有的黄金兑换成新的铜币，这在新朝引起了广泛的不满。在边境地区，为了进一步加强帝国的控制，他将各个被征服部族的王——包括匈奴和东北地区东部的高句丽——以及西域和中国西南部的许多王统一降级为"公"。王莽改制在物质上的表现是在长安建造一组典型的宗教礼仪性建筑，包括"九庙"——他朝拜古代帝王的地方（不包括刘姓帝王），以及明堂——王莽根据儒家经典观察四季变化的地方（图12.5）。

王莽的"社会主义"和"帝国主义"结合的改革政策在现代

[13]
关于王莽篡位和东汉兴起，见 Hans Bielenstein（毕汉斯）, *The Restoration of the Han Dynasty* (Stockholm: Elanders Boktryckeri Aktiebolag, 1953), pp. 82-165。

[14]
有些人甚至把王莽看成周公再生，这正是王莽想要的。关于拥戴王莽的社会基础，见 Loewe, *Crisis and Conflict in Han China*, pp. 286-306, 尤其见 p. 287。

第十二章 汉帝国的扩张与政治转变　245

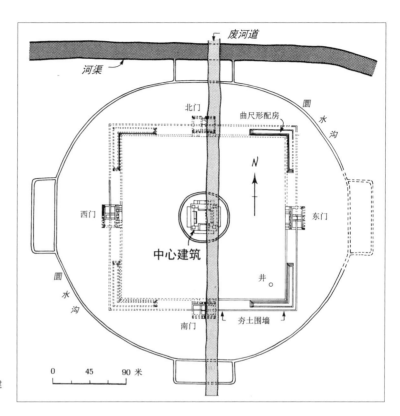

图12.5
位于长安城的王莽礼仪建筑平面图

学者间引起很多争论。无论他决策背后的意图是好是坏，终极目标无疑是要筑牢新朝政权的根基。如果新朝能够在很快到来的毁灭中幸存下来，王莽可能会成为中国历史上最伟大的改革家。但是他的新政权从一开始就面临着合法性的问题，并且王莽从农民中赢得的赞誉很快便被席卷中国北方的自然灾害所带来的困境所抵消，最终导致了新朝的覆灭。[15]

在王莽政权覆亡的混乱中，以刘秀为首的河南南部的地方精英恢复了汉朝：刘秀是汉朝皇室的后裔。经过一系列激烈的战役，公元 23 年九月末，新的大汉军队攻入渭河流域。王莽被迫撤退，在汉军进入都城以前他便被当地的起义军杀死。接下来的几年里所发生的是新的汉朝与名叫"赤眉军"的起义军在军事上的抗争，但在公元 26 年三月，当"赤眉军"出渭河流域东进的时候被汉军彻底击溃。公元 37 年，刘秀在洛阳建都，因此，复兴的汉帝国在

15
见 Bielenstein, *The Restoration of the Han Dynasty*, pp. 154-156。王莽统治的末期，黄河几次决口，造成大量百姓死亡。同时干旱和蝗灾也在蔓延，从豫东、鲁西开始，很快遍及中原各地，甚至扩展至西方的渭河流域。

历史上被称为东汉（公元 25—220 年）。刘秀死后谥号"光武帝"。

汉帝国与罗马帝国的关系

汉帝国在基督教纪元前的两个世纪里已经扩张至中亚地区，这必定会带来汉朝与远在西方的国家和社会之间关系的问题，尤其是与罗马帝国——它是与汉平分天下的另一半世界的主宰者。罗马人或许对丝绸的来源有一个模糊的认识，但是当罗马历史学家弗洛鲁斯（Florus）使用"赛里斯"（Seres）这个词的时候，他指的可能是那些将商品沿着"丝绸之路"带入罗马的人。除此以外，在罗马资料中没有任何能与中国联系起来的信息。

对于汉帝国来说，尽管罗马在他们所能触及的世界范围之外（曾经几乎能够触及），然而它却在汉朝人所知道的世界之内。由于汉与中亚及以西的独立国家和王国有着广泛的联系，这些国家有可能转而与罗马人有接触，因此汉对于了解西方世界里的这个伟大国家就有了良好的立足点。实际上，《后汉书》中有一篇关于罗马帝国的长文，在其中罗马被称为"大秦"（Box 12.1）。当使用这一术语的时候，汉朝的历史学家无疑指的是一个与他所提及的其他民族不同的特定文明国度。据说罗马帝国位于大海以西，拥有约 400 个城市，所有的城市都是用石头建造的。据描述，罗马帝国首都的周长多于 100 里（41.6 公里），包括五座主要的宫殿，国王每天居住在一座宫殿之内。罗马的元老院中有 36 位将军，他们在一起商讨国家政事。国王不是世袭的，而是由罗马人民选出的一位杰出人物来担任，这与中华传统不同。长文的后半部分详细地描写了罗马生产的商品，最重要的有玻璃制品、金器和银币，这些都是罗马文明的象征。[16]

这篇长文显示出了一种想象和些许有真实来源的信息的典型混合。基于现有的历史资料，对于这样的信息是如何传入汉帝国的这一问题，我们甚至可以进行一个合理的猜测。公元 97 年，西域都护班超的副将甘英被派出使大秦，其唯一的目的就是与罗马帝国建立外交关系。根据现代学者的研究，甘英和随从人员从龟

16
见 John E. Hill, *Through the Jade Gate to Rome* (Charleston: BookSurge, 2009), pp. 22-27。

> Box 12.1
>
> ## 《后汉书》中的罗马
>
> 《后汉书》(范晔著)，卷88《西域传》第11节"大秦"：
>
> > 大秦国一名犁鞬，以在海西，亦云海西国。地方数千里，有四百余城。小国役属者数十。以石为城郭。列置邮亭，皆垩墍之。有松柏诸木百草。人俗力田作，多种树蚕桑。皆髡头而衣文绣，乘辎軿白盖小车，出入击鼓，建旌旗幡帜。
> >
> > 所居城邑，周圜百余里。城中有五宫，相去各十里。宫室皆以水精为柱，食器亦然。其王日游一宫，听事五日而后遍。常使一人持囊随王车，人有言事者，即以书投囊中，王至宫发省，理其枉直。各有官曹文书。置三十六将，皆会议国事。其王无有常人。皆简立贤者。国中灾异及风雨不时，辄废而更立，受放者甘黜不怨。其人民皆长大平正，有类中国，故谓之大秦。[17]
>
> 犁鞬，学者们认为是早期塞琉西帝国的名字；其后变成罗马帝国的一部分。
>
> [17] 《后汉书》(北京：中华书局，1965年)，第88卷，第2919—2920页。

兹（今塔里木盆地的库车）出发，穿越安息（帕提亚王国，今伊朗），到达波斯湾沿岸的条支（今伊拉克境内的拉塞尼和苏锡安那）。然而，帕提亚人不愿看到汉帝国与罗马帝国取得直接联系，他们担心这样做会使自己丧失作为中间商从丝绸贸易中牟取利益的机会。他们严重夸大穿越海洋到达罗马的困难，并且委婉地说服甘英返回汉帝国。尽管甘英未能到达罗马，但这次出使极大地丰富了汉朝关于西方世界的知识。[18] 毫无疑问的是，关于罗马的故事一定是甘英在出使的途中听闻的。

对于另外一个方向的交流，东汉的正史中也有记载。公元166年，罗马帝国国王安敦——即马尔克·奥列里乌斯·安东尼·奥古斯都（161—180年在位）——从境外派遣使者经过汉帝国在今越

[18] 见 Donald Leslie, *The Roman Empire in Chinese Sources* (Roma: Bardi, 1996)。

南的郡县来向汉朝皇帝献贡象牙和犀牛角。[19] 不管这个使团是否真的为罗马皇帝所派，但在洛阳的汉朝廷显然接见过他们。但不幸的是，这个使团不能在罗马文献中找到任何证据来证实，这些文献对东亚完全保持沉默。

[19] 见 Hill, *Through the Jade Gate to Rome*, p. 27。

建议阅读

- Lewis, Mark Edward, *The Early Chinese Empires: Qin and Han,* Cambridge, MA: Belknap Press of Harvard University Press, 2007.
- Bielenstein, Hans, *The Bureaucracy of Han Times,* Cambridge: Cambridge University Press, 1980.
- Di Cosmo, Nicolas, *Ancient China and Its Enemies: The Rise of Nomadic Empire in East Asian History,* Cambridge: Cambridge University Press, 2002.
- Twitchett, Denis, and Michael Loewe eds., *The Cambridge History of China,* vol.1, *The Ch'in and Han Empires, 221 B.C.-A.D. 220,* Cambridge: Cambridge University Press, 1986.
- Loewe, Michael, *Crisis and Conflict in Han China, 104 BC to AD 9,* London: George Allen & Unwin Ltd., 1974.
- Bielenstein, Hans, *The Restoration of the Han Dynasty,* Stockholm: Elanders Boktrycheri Aktiebolag, 1953.
- Wang, Zhongshu, *Han Civilization,* New Haven: Yale University Press, 1982.

第十三章

国家与社会：
汉帝国的官僚体系和社会秩序

尽管汉朝的精英尽量将自己描述为秦帝国意识形态的反对者，然而毫无疑问的是，汉帝国的很大一部分荣耀应归功于秦早先打下的基础。通过改造秦帝国体制中的一些元素，汉帝国创造了对中国有深远影响的体制和文化模式。根据《汉书》记载，公元前8年汉帝国的人口总数为59,594,978人，在最稠密的地区有相当多的郡人口超过了100万。为了组织人力和物力资源支持这一广阔的地理空间——东至东北南部，西到帕米尔高原，南部延伸至东南沿海——内的军事行动和各种殖民活动，汉帝国创立了一个庞大的官僚体制，这通常被历史学家看作现代之前世界上最为成熟的官僚机构。汉代社会是典型的等级社会，其精英群体被划分为二十等爵位，在各自阶层内享有不同程度的特权。汉帝国漫长的扩张过程为年轻人提供了非常多机会去赢得军事和行政功绩，从而进入社会精英的阶层。爵位制度为汉代社会提供了基本的社会秩序，而这个秩序又通过汉代的法律系统加以保障。然而，随着时间的推移，世袭的高爵位家族所消耗的社会资源所占比例不断增长，这与帝国形成了竞争。从长远来看，这不可避免地会破坏汉帝国的经济基础。另一方面，外戚和皇帝身边的宦官之间的长期争斗也使得汉帝国在政治上变得非常脆弱。

尹湾汉简和汉代官僚机构

汉帝国中央政府拥有一个相对稳定的结构,历史学者称之为"三公九卿",它延续了约400多年,却只经过了少许改变。这个系统被现代政治学者认为是最接近马克斯·韦伯"理想型"官僚体制模式的最早的政府,实际上它也是很符合官僚制度的原则。位列中央政府顶级的三公分别为:丞相、御史大夫和太尉。丞相这个角色在战国时期(主要在北方国家)逐渐形成,他是对整个政府担负总体责任的一个官职。换句话说,丞相只对皇帝负责,并且正如在汉朝历史上所发生的,在皇帝缺席的许多情况下丞相能够指挥整个官僚机构的运转。由于丞相的高度权威和综合影响力,他是皇帝最有力的帮手,但同时也对皇权构成了潜在的威胁。因此,在汉朝体制下,这一角色有时被一分为二:左丞相和右丞相。右丞相权位更高,但左丞相不受右丞相支配,两者都直接对皇帝负责。监察机制是一个成熟的官僚机构的重要特点。在汉代的例子中,这一重要职能在御史大夫这一官职中体现出来。作为对皇帝负责的监察人,御史大夫制定对官员赏罚的提议(在进一步调查后,实际的惩罚由廷尉决定)。三公中的最后一位在公元前119年前被称作"太尉",代表皇帝行使最高军事权威。随着时间推移,丞相这一职位逐渐衰弱,其大部分职责被大司马一职所取代,大司马是武帝在征伐匈奴期间设立并一直延续到公元前8年。

"九卿"涵盖了中央政府所管理的广泛事务,但是他们不直接隶属三公。准确地说他们应该是帝国的职能性官员和皇帝的执行机构。九个官职的设立反映了和皇帝、皇家事务有直接关系的行政机构与掌管国家事务的行政机构在行政范围上的分化,也展现了共同承担责任的原则。例如,财政管理由负责税收及帝国经济健康的大司农(旧称治粟内史)和负责皇室需用的少府来掌管。居皇家事务之首的光禄勋(旧称郎中令)对宫殿安全负责,但卫尉也负责宫门和沿长安城城墙的安全。单独的行政职能也被设立用来追溯皇室宗谱(宗臣)以及接待从帝国及境外来的使者(大鸿胪)。在西汉,尤其是在与匈奴帝国的军事对峙加剧的时期里,马的管理是至关重要的事情;太仆位列九卿,掌管帝国马厩和皇帝马车所用马匹。[1]

沿袭秦制，汉帝国的地方行政管理分为两个层级：郡和县，同时又增加了许多地方诸侯王国。随着郡县数目的增加，诸侯王国的数目在第一个世纪里逐渐下降。在最初 10 年里，汉帝国拥有 57 个郡，近 1000 个县；至第一个世纪末，郡的数目增至 103，县的数目为 1314。这些数目充分反映了帝国的扩张和官僚机构的扩大。在某种意义上它们也代表着汉代地方官僚机构的最大规模，因为之后郡和县的数目都在逐渐减少，并且在东汉时期一直持续此趋势。每个郡由一位郡守来管理，其平均俸禄为 2000 石，大致相当于在中央政府任职的一个卿的俸禄（Box 13.1）；每个县由一位县令掌管。然而，武帝以后，朝廷向帝国大范围派遣刺史来监督几个郡的政府事务；这一官职在东汉时完全地方化，因此产生了约 12 个州，形成地方行政机构的第一个层级（之下为郡和县，共三个层级）。

《汉书》中给出的汉帝国官员总数在公元前 5 年为 130,285 人，包括下到县级水平的地方官员和以丞相为首的中央政府官员，据估计后者人数近 5 万。除了这些民政官员外，还有长年在帝国内的各要塞和营地驻扎的大量军事官员。如果上述数字准确的话（没有根据说明它们不准确），汉帝国的官员总数至少是罗马帝国的 10 倍——罗马帝国仅在其后几个世纪里官僚机构发展完善之时才达到汉帝国中央政府官员的水平。反过来看，罗马人仅需要管理那些位于海岸线或沿主要交通干线分布的半自治城市，并且通过这些城市对绝大多数乡村人口行使间接控制。然而汉帝国为了使其势力触及乡村地区，则必须运行庞大的官僚机构来进行控制。这种情况尤为符合那些新近被征服的内陆区域，比如各种土著族群居住的西南地区，对其控制几乎全部依靠郡县网络的延伸。

官僚机构不仅是官员的复杂集合，而且被常规化和标准化的行政程序所界定。1993 年江苏东部尹湾的重要考古学发现为我们研究汉帝国官僚机制在地方上的运作提供了一个敏锐的视角；它们是公元前 16—前 11 年东海郡郡守相关文书的档案。书写在多达 156 片木牍上的这些文书中，首先是一套东海郡向中央政府呈报的标准的上计报告《集簿》的抄本。这个报告提供了东海郡内县和侯国及县级以下的三个级别的行政单位的数目，包括 170 个乡、688

---

[1] 见 Hans Bielenstein, *The Bureaucracy of the Han Times*（Cambridge: Cambridge University Press, 1980），pp. 7-69。

Box 13.1

汉代官员的俸禄标准

毕汉斯（Hans Bielenstein）曾系统讨论过汉代官员的俸禄标准问题。尽管直到西汉结束前的几十年里，汉朝官员们一直受制于一个被划分为十八个等级的抽象的比例系统，然而这个系统的确能让他们进行横向和纵向的身份比较。最高等级10,000石是三公的俸禄，2000石为中央政府的卿士或地方上郡守的俸禄。尹湾汉简资料显示，县令根据所管理的县的大小和人口多少等级在1000石和400石之间。100石为县里主要属吏的俸禄水平。

汉代官员实际所领到的俸禄与这个系统密切相关，但并非是根据这个系统直接计算的。资料显示，在公元前1世纪末，2000石俸禄的官员每年收到约12,000枚铜钱，800石俸禄的官员每年收到9200枚铜钱。一个世纪后的东汉早期，位居三公的官员每月可收到350斛谷物；其他官员俸禄的换算分别为：2000石为120斛、1000石为90斛、600石为70斛、100石为16斛谷物。官员们也可以选择将俸禄的一半以现金形式支取。据文献记载，与西汉相比，1000石及以下级别的俸禄有所增长，2000石及以上级别的俸禄则有所下降。关于汉朝官员是否能够依靠他们的俸禄为生这一问题存在争论。然而毕汉斯认为，至少在东汉早期的俸禄水平下，汉朝官员的俸禄非常合理。

个亭和2534个里。之后这个报告还描述了东海郡的领土，并给出了官吏和人口数目；其中官吏2203名，人口总数为1,394,195（包括详细的年龄和性别比例）。据报告，东海郡的财政状况极为可观，郡库盈余1,120,859,115枚铜币，仅略低于此郡的年度支出。与报告一起出土的《吏员簿》列出了从太守到亭长的在册官吏数目的清单。例如，报告中海西县有107名各类职务的官吏从郡的年度预算中领取俸禄。更为有趣的是一个名为《东海郡下辖长吏名籍》的文件。这个文件记录了每个县中三名重要官员的职业轨迹，包括县令、县丞和县尉。

学者们可以自由地辩论这批出土文献给出的一些数字的准确性问题，但是很少人能回避这一结论，即汉帝国的确发展出了一个高度精细的行政系统，这个系统从长安延伸至帝国角落的每一个里级单位，并且有一套标准的程序确保将信息收集和传达至帝国的都城。这些信息反过来使汉帝国中央政府以最有效率的方式组织资源去追求它的政治和军事目标。根据尹湾汉简中提供的数字，加上对正史中所记载的郡和王国数目的计算，鲁惟一得出结论：《汉书》中对公元前5年官员总数的记载（见上文）是基本准确的。[2]

汉帝国可以利用多方面的资源来支持它庞大的官僚体系。每年，各郡的郡守都要向中央政府推荐几名品德高尚的青年男子（称为"孝廉"），他们在中央政府经过短期的实习之后，会被任命地方行政官职。公元前136年，在武帝设立儒家经典课程后，都城内的太学开始培养出一批有资格进入政府服务的人，并且这个数目不断增长，在东汉初期时每年都会超过一万人。在中央政府任职的卿级官员或各郡郡守皆被允许选送一个儿子在帝国的政府内任职，这一趋势在持续着。但是，在一个更广泛的意义上讲，汉帝国的大幅扩张过程为那些年轻才俊提供了非常多的机会，使其可以在边境之地的军事冒险或民事服务中去考验自己能力的极限。它也使得越来越多的年轻官员可以加入到帝国的这个官僚体制中来。毫无疑问，在基督纪元以前的几个世纪里，汉帝国是这个地球上最为集中实施行政管理的地区。

张家山汉简和汉帝国的社会秩序

社会秩序产生于法律体系，并且通过法律体系来维持，这个法律体系在汉代的四个多世纪里一直保持着相对稳定的状态。《汉书·刑法志》记叙了汉代法律的起源。据说，当刘邦到达前秦都城时，他摒弃了秦朝的严刑酷法，仅以"约法三章"作为行为的基本准则。这所谓的"三章"简单说就是杀人者要偿命，伤害或抢劫他人者要弥补其过失。之后，汉朝丞相萧何潜心研究秦律，创立了作为汉帝国基石的所谓的"九章律"。由于这些律法并未在文献中流传下来，因此相关的解释受到现代学者的质疑。[3]《汉书·刑法志》植根于东汉早期知识分子的土壤，那时的东汉早已深受儒家经典伦理和道德的影响。在这方面，尽管《刑法志》并

---

[2] 见 Michael Loewe, "The Administrative Documents from Yinwan: A Summary of Central Issues Raised," posted on the website of the Society for the Study of Early China (http://www.lib.uchicago.edu/earlychina/res); visited on February 15, 2005。

[3] 见 Liu Yongping, *Origins of Chinese Law: Penal and Administrative Law in its Early Development* (Hong Kong: Oxford University Press, 1998), pp. 260-266。

不能告诉我们太多汉代法律的实施情况——关于这一点我们现今已有了更好的材料（见下文），但我们还是可以得知在这个大的儒家思想影响下汉代的政府和官员如何理解法律的作用，这与法家思想有所不同。

在汉朝，法律和惩罚被比作天上的闪电，这使它们获得了能够证明其自身正当性的神圣且自然的来源，就像礼仪是自然秩序的表现。另一方面，惩罚被看作维持社会秩序的"让人遗憾的必需品"，是不受欢迎甚至是不被欣赏的。因此，一个政府的德行程度可以通过它所实施的法律和为维持人民秩序而使用的惩罚的数目来衡量。[4] 好的帝王要专注于减少甚至废止对人民的肉体惩罚。[5] 因此，据记载在文帝时期，刖刑被代之以鞭笞 500 鞭，劓刑和墨刑改为鞭笞 300 鞭，因为那样的刑罚剥夺了罪犯改过自新后重返正常生活的机会。由于许多人在被执行完要鞭打的数目之前就已死亡，因此景帝时期所有惩罚的力度皆进一步减少了 100 鞭。尽管它的基调是儒家的，然而《汉书·刑法志》也提供了一些汉朝实际上使用的律令数目的信息——武帝时期，律和令总数达到了 359 章，其中与死刑有关的律的数目为 409，包括 1882 件实例。这些数字似乎与同一文献中所建议的汉朝法律系统的设立是为了减少对人民的惩罚这一思想相矛盾。

可以说，汉帝国法律系统起源于秦帝国，并以其普遍的爵位系统作为参考。两个系统皆经过修改以适应汉帝国下新的现实需求，比如特权贵族秩序的存在。它们提供了汉代社会运行的基本框架。

1983 年 4 月，在湖北江陵张家山的一座小型墓葬中发掘出 1236 枚竹简，包括约 500 枚记载吕后二年（公元前 186 年）律令的竹简。学者们通常所说的"二年律令"包括的律令总数为 27 章，为汉代早期的实际法律条文（图 13.1）。与刑事犯罪有关的是《贼律》和《盗律》及一些有关法律程序的律令，比如《告律》《捕律》和《复律》。另一组重要的张家山律令涉及帝国内的经济活动，[6] 还有一组律令涉及政府的行政活动。[7] 与第二组有关的是一篇被称为《史律》的非常有趣的律令，它描述了不同等级官府中史官的训练和用途。一些律令在睡虎地的秦律中有对应的章节（见第十一章），但张家

[4] 见 Liu Yongping, *Origins of Chinese Law*, p. 255。

[5] *Ibid.*, pp. 302-308.

[6] 它们包括《均输律》《仓律》《田律》《市律》和很重要的《金布律》。

[7] 包括《置吏律》《赐律》《复律》《行书律》。

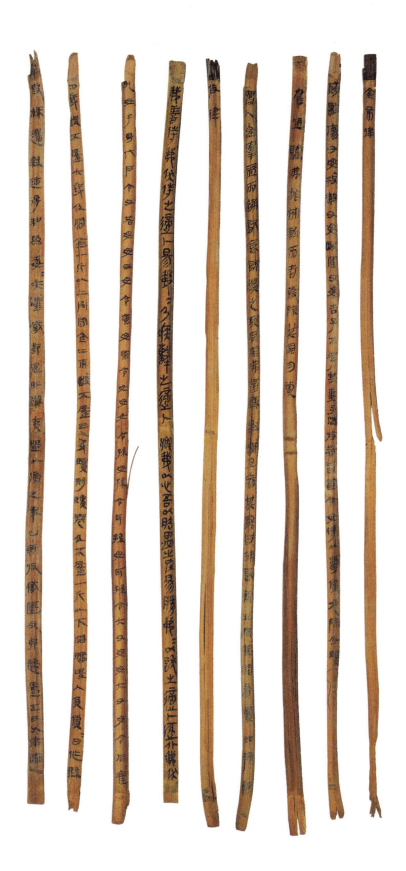

图13.1
张家山汉简

山律令的范围更为广泛。[8] 值得注意的是，其中一些条款与汉代早期特殊的环境背景有关，比如对那些叛逃到地方诸侯国的地方城邑守卫进行惩罚。另一方面，从各个角度看这 27 篇律令很有可能代表了整个汉代持续使用的汉律的核心部分，尽管它们并不是汉律的全部。

对《贼律》的分析使我们能够更好地了解汉代人怎样理解犯罪的定义和惩罚的得当性。例如，根据汉律，在械斗中杀人者要被当众处死，但是过失杀人或在游戏过程中误杀人者可以在交纳罚金后释放。如果被害者并未死亡，罪犯将被处以墨刑，并被判处"城旦"或"舂"；[9] 但是如果受害者死亡，甚至连同谋者都要被当众处死。在涉及人身伤害的情况下，如果被害人在 20 天内死亡，则等同于杀人。为了躲避应有的服役而故意伤害或自我伤害者要被处以墨刑并判处"城旦"或"舂"。在搏斗过程中伤人，并且在使用武器、铁锤或金属工具的情况下，要被处以髡刑并判处上述提到的两种刑罚；在未使用武器或金属工具的情况下，犯人则被罚剃掉胡须。换句话说，在审理一桩由犯罪导致的被害者遭受人身伤害或死亡的案件时，其犯罪的动机、后果、发生的地点以及罪犯实施犯罪的方式都会被综合加以考虑。

回到本章的主要目的，张家山律令为我们提供了一扇独特的窗口，从中我们可以看到汉代社会的秩序是如何被建立起来并加以维护的，及在汉代法律面前不同社会群体享有何种特殊权利和权限。《汉书·刑法志》列出了汉代底层社会中的四种不同等级，从下至上分别为：（1）"城旦"和"舂"；（2）"鬼薪"和"白粲"[10]；（3）男奴和女奴；（4）平民。在张家山律令中，四个等级在法律上明显被区别对待。这里有趣的一点是奴隶的社会地位以及汉帝国下奴隶的本质问题，这是早期中国研究中一个长期争论的问题。[11] 例如，根据律令，如果一个"鬼薪"或"白粲"袭击平民，他要被施以墨刑，并判处其中一种更为严酷的劳役，"城旦"或"舂"；但是如果一个奴隶袭击平民，他/她要被施以墨刑并被转送给另一个主人。总之，张家山律令显示了奴隶的地位明显高于那些被强迫从事严酷劳役的两个等级的罪犯。他们对所服务的主人的社会依赖性是无可争辩的，但是他们并非罪犯，也不可能被罚

[8] 不论是张家山还是睡虎地，它们均不能代表汉律或秦律的全部。

[9] 这是汉代资料中最常见的两种判决。"城旦"指男性一般被迫做修建城墙的苦力；如果是女性，则被迫做粮食加工的工作，即"舂"。

[10] "鬼薪"是男性轻罪犯，被迫到山里打柴火；"白粲"是女罪犯，被迫去挑选特殊的米。两者均与祭祀有关。

[11] 参考 Clarence Martin Wilbur, *Slavery in China during the Former Han Dynasty, 206 BC-AD 25* (Chicago: Field Museum of Natural History, 1943), pp. 72-236。

做劳役。一旦他们成为奴隶,他们便要放弃对父母的社会责任;因此,《贼律》中讲如果一个奴隶被控告未"行孝",那么这样的控告应该被驳回。《杂律》规定当一个自由的妇女嫁给奴隶,他们的孩子要被送至另一个家庭成为奴隶;但是一个男性奴隶和一个女性平民的非法性关系生出的孩子可以获得平民的身份。如果一个主人与一个女性奴隶发生非法性关系,而她是另一个家庭的奴隶的妻子,那么在这种关系中出生的孩子将会成为其他家庭的奴隶。在近来的一项研究中,叶山将早期中华帝国中的奴隶重新定义为一种在社会性上不存在的人(或社会意义上的死人),他/她不能拥有属于自己的财产;他/她拥有的所有财产都视作他/她主人的财产。[12] 就这一点而言,汉帝国奴隶的总体待遇或社会认知与罗马帝国的奴隶极为不同,这种不同可能与奴隶的不同来源有关。汉帝国的大多数奴隶是被他们的家族或自己卖为奴隶的汉族人;[13] 而在罗马帝国,奴隶是罗马征战的产物。

平民(没有爵位的人)阶层以上的人民被分为所谓的"二十等爵",这为汉帝国的社会秩序提供了基础。这个系统完全是从秦帝国那里继承而来。张家山《户律》规定了每个等级的爵位所享有的特定土地面积和宅第的数目,其中最低一级的公士受田 150 亩、宅 1.5 处。位于顶部的是十九等关内侯和二十等彻侯。其中关内侯受田 9500 亩(并未详细规定第二十等爵的田地面积),两者分别外加 95 和 100 处宅。至于这样严格的标准在汉代社会是否能够真正实施,并且如果这些数字代表不同爵位的人所拥有的最大限度的财富,那么这样的数字是否会被严格把关,我们可以存疑。但是在汉代法律中这些规定一定可以被那些熟知法律的人用来保护自己。在法律上不同爵位的人是不应被平等对待的。例如,《贼律》中明确规定如果一个低爵位的人袭击了一个高爵位的人,其罚金为四金;冒犯一个相同爵位或低爵位人的罚金仅为两金。《具律》中规定二等爵的人和其妻犯罪后理应处以墨刑并罚作"城旦"或"舂",他们允许被从轻处罚——剃掉胡须并罚为"鬼薪"和"白粲"。但是这种减刑的特权似乎只给予二等及以上爵位者,并不适用一等爵位者和无爵位的平民。

简言之,张家山二年律令为我们研究汉帝国的社会史提供了

12
见 Robin D. S. Yates, "Slavery in Early China: A Socio-Cultural Approach," *Journal of East Asian Archaeology* 3.1-2 (2001): 297-300。

13
见 Ch'ü T'ung-tsu, *Han Social Structure* (Seattle: University of Washington Press, 1972), pp. 135-141。

张家山《奏谳书》案例

《奏谳书》出自张家山247号墓葬，于1983年被发现，是各郡感到棘手而呈交给中央政府廷尉裁定的22件真实犯罪案件的集合。这些案件于公元前195年被编为一本参考书，并在汉帝国的官员中广泛流传和研究。书中包括的案件为我们理解汉代法律机构的运作提供了新的视角。

案件一：

十一年[公元前196]八月甲申朔己丑，夷道介、丞嘉敢谳之。六月戊子發弩九詣男子毋憂告，為都尉屯，已受致書，行未到，去亡。毋憂曰：蠻夷大男子，歲出五十六錢以當繇賦，不當為屯，尉窯遣毋憂為屯，行未到，去亡。它如九。窯曰：南郡尉發屯有令，蠻夷律不曰勿令為屯，即遣之，不知亡故，它如毋憂。詰毋憂：律，蠻夷男子歲出賨錢，以當繇賦，非曰勿令為屯也。及雖不當為屯，窯已遣，毋憂即屯卒，已去亡，何解？毋憂曰：有君長，歲出賨錢，以當繇賦，即復也，存吏，毋解。問，如辭。鞠之：毋憂蠻夷大男子，歲出賨錢，以當繇賦，窯遣為屯，去亡，得，皆審。疑毋憂罪，它縣論，敢谳之。謁報。署獄史曹發。史當：毋憂當腰斬，或曰不當論。廷報：當腰斬。[14]

---

[14] 见张家山二四七号汉墓竹简整理小组：《张家山汉墓竹简：二四七号墓》（北京：文物出版社，2006年），第213页。并参考彭浩、陈伟、工藤元男主编：《二年律令与奏谳书》（上海古籍出版社，2007年），第332—333页。

一个独特的窗口。除"二年律令"之外，同一座墓葬中也出土了包含22件诉讼案件的《奏谳书》，它进一步清晰地阐释了秦和早期汉帝国的实际法律程序（Box 13.2）。从一个更为广泛的意义上而言，张家山律令为我们理解汉帝国的社会价值观和社会差异提供了一个坚实的基础。

农民与豪族：汉帝国的社会问题

长期困扰汉帝国的主要社会问题是农民日益恶化的生活条件，他们大多是没有爵位的平民，但肩负着帝国的重担；在汉代社会阶梯的上层是王和侯的子孙以及显赫的官员们，他们占据着汉代社会的最高等级。至少可以说，无爵位平民与王侯高官在经济地位和社会特权方面的对比非常显著。那些失去土地的农民给帝国带来的潜在威胁，在推翻王莽政权的叛乱中得到了充分的展示。根本的问题是那些为了生存而拼搏的农民只有极少的资源来应对不断变化的环境。因此，他们是汉代社会中最为脆弱的群体。面对灾年或突发事件，可怜的农民很可能对当地有爵位的人——他们早就准备好利用这样的机会来剥削农民——欠下沉重的债务。当农民不能偿还债务时，他们所能做的就是卖掉孩子，并最终将土地和自己也卖入"豪族"，从而作为国家纳税人的身份也随之消失。汉帝国社会（尤其是东汉时期）可以被视作处在土地和人口渐渐向大地主集中的一个过程。

正如第十二章提到的，王莽的部分改革旨在通过限制单一家族所能拥有的土地面积和奴隶数量来解决这一问题，但是他最终失败了。另一方面，反抗王莽政权的叛乱和东汉建立前的战争所带来的社会动荡使先前高爵位家族所拥有的土地大量荒废。抓住这个机会，东汉帝国的第一代皇帝刘秀下令进行一次系统的土地调查，作为重新分配土地的基础。学者对刘秀下达的土地调查令实施的彻底性感到怀疑，特别是在皇室和贵族财产集中的地区。但同时，很有可能刘秀的确做出了很大努力来缓解农村的紧张形势，据记载，土地税由 1/10 减至 1/13。东汉时期人口的减少反映了农民生活状况下降的趋势，正如公元 2 年和 140 年的两张表现人口密度变化的地图所展示的对比（图 13.2）。

图 13.2 中的两张地图显示了从西汉末期到东汉晚期的 138 年间人口数目呈急剧下降的趋势。这意味着汉帝国从公元 2 年到公元 140 年损失的人口总数约为八九百万，这个人口普查得来的数据通常被认为是可靠的。[15] 人口的这种急剧下降可能有不同的解释——尤其是在先前人口最为稠密的华北地区，例如王莽乱政期

---

[15] 尽管南方人口的增加可以在某种程度上补充北方人口的减少（估计为 18,000,000 人），但是，总体人口变化是很明显的。见 Hans Bielenstein, "The Census of China: During the Period 2-742 A. D.," *Bulletin of the Museum of Far Eastern Antiquities* (Stockholm) 19 (1947): 139, 144。

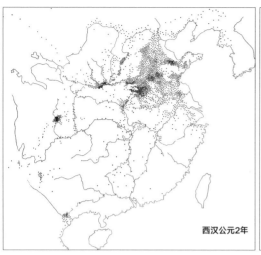 

图13.2
公元2年到140年汉帝国人口的下降

间发生的自然灾害,可能是其中一个因素。在这一点上,黄河泛滥带来的影响已经得到学者的注意。但是,甚至是在东汉最初一个世纪比较有利的环境下,华北地区的人口并未恢复至王莽之前的水平,因此这一问题依然难以解释。另外一个合理的解释是,由于用于对比的数字是来自西汉和东汉的正史中基于中央政府所掌握的信息而做出的统计,其变化仅代表了注册登记的纳税人数目的下降,而并非总体人口的下降。换句话说,在很大程度上这个不同来自那些豪族的扩张所带来的转变,他们将小农家户的自由纳税人逐渐转变为属于自己的没有土地的佃农,甚至是反过来必须依赖他们的奴隶。[16] 这必定大大削弱了汉朝政府对那些需要缴纳赋税和服劳役的农民的控制。当然,这一过程也许更为复杂。例如,由于地方政府日渐增强的垄断,那些豪族可以有效地将他们的课税负担转嫁到小农家户身上,因此迫使他们破产,成为豪族的家丁。

豪族是上述讨论的汉代社会系统的产物。许多豪族起源于西汉时期,是地方诸侯王或公侯的后裔。实际上,刘秀便出身于这样一个家族。还有一些则是高官或那些能够用他们的财富购买爵位(这是西汉早期的一种做法)的商人的后裔。几个世纪以来,这些家族

16
Bielenstein, "The Census of China," 143. 关于这一发展更系统性的讨论,见 Twitchett and Loewe (eds.), *The Cambridge History of China*, vol. 1, *The Ch'in and Han Empires, 221 B.C.-A.D. 220* (Cambridge: Cambridge University Press, 1986), pp. 556-559。

将他们的根基深深扎进当地社会,并通过牺牲自己脆弱的邻居而成为国家强大的竞争对手。一个例子可以说明这些豪族的经济实力,据记载东汉名将马援之子马防和马光家族各自拥有 1000 多个奴隶、百万银两,并在都城郊外拥有大片富饶的土地以及长期居住在他们家里的数以百计的宾客。另据记载,山东地区的济南王刘康拥有多达 1400 个男女奴隶、1200 匹马以及 80,000 亩土地。[17] 根据东汉的标准,在地方上拥有几千人口的家族并不罕见,拥有约 300—400 人口是所谓"豪族"的基本标准。当然,一个大家族不可能仅由同宗同族的人构成。相反,它包含各种姓氏的人或由于各种原因而有不同来源的人。每一个豪族都是一个有自身管理系统和行为标准的独立的社会单元,这给郡和县政府带来极大的挑战。很多豪族也拥有由家丁组成的军队。他们可以在发生政治和军事动乱时保护自己免受外来袭击,也可以在地方间爆发战争时加入地方军事武装,这种情况在东汉末年频繁发生。

不管怎样,这些豪族与日俱增的力量和农民不断恶化的生活条件无疑是一个硬币的两面。在一个广义的历史维度中,从这些大家族的视角来看,西汉帝国大扩张的完成使其没有能力再从边疆地带获得新的土地,于是社会精英为了维持不断增长的人口,他们不得不开发本地的资源。这可能是汉代社会经济历史上最重要的一个动力。

汉帝国的殖民事业:边疆地区社会一瞥

根据现有资料,我们可以一窥汉帝国边疆地区的国家和社会运作,往往这多与军事事务有关。那些数以千计的竹简和木牍上的行政文书连同汉代通往中亚道路沿途的各军事要塞被埋在今甘肃省境内的荒沙中。[18] 这一地区最初的两场战役发生在公元前 121 年,由大将军霍去病率领。公元前 115 年以来,与乌孙王国(今吉尔吉斯斯坦)的联盟使汉帝国在这一地区采取了更主动的行动,作为抵消匈奴势力的一种方式。公元前 72 年汉朝在河西走廊设立四郡,并建造了延伸至西域的塞墙和城堡。因此,这一地区首次

[17] Ch'ü, *Han Social Structure*, pp. 202-209.

[18] 鲁惟一曾系统讨论过有关资料。见 Michael Loewe, *Records of Han Administration*, 2 vols. (London: Cambridge University Press, 1967)。

纳入汉朝的行政管理之中。至公元前59年，为了配合汉朝在西域地区的军事和民事行动，在今新疆境内设立了汉帝国的"西域都护府"。东汉帝国在西域的成功很大程度上应归功于班超的伟大精神，他作为汉朝派出的总督在西域任职数十年。在公元102年班超返回洛阳之前，据说他能够动员70,000人的军队为了汉帝国在西域的利益而战斗。

近来，张春树根据居延汉简所做的研究有助于我们理解汉帝国对边塞地区的行政管理及社会生活。在这片沿居延河延伸约250公里的狭长区域，汉朝发展出了一个双重系统来协调管理社会。边塞的军事防御系统由四个层级组成，分属驻扎在此地两个主要城市的两个都尉来管理。每个分区的第二级权力由驻扎在七个边塞的七位侯官分管。侯官以下是四十个侯长和燧长，他们控制着260个瞭望塔性质的"烽燧"，每个烽燧由燧长带领2—5名士兵把守。这种方式构成了居延地区的整个防御系统。居延的民事管理系统仿照汉帝国内部管理的结构分为三个层级：县、乡和里。两个系统有独立的权力机构，但彼此间相互协作。总的军事人员——包括驻军和戍卒——约为4066人，平民约6016人。[19] 边塞还拥有配备马车的交通驿站以及邮传服务；邮传服务分为普通邮传和联系军营之间的军事邮传。[20]

居延汉简所提供的详细信息使我们能一窥边境社会的许多细微方面。例如，此地约42%的士兵来自帝国东部的中原地区，包括许多地方侯国；但是很少士兵来自陕西中部的汉帝国都城地区。所有士兵年龄在20岁以上，没有任何一位士兵的年龄超过45岁，没有任何一位官员的年龄超过50岁。[21] 与守卫军队形成对比，骑兵主要来当地的张掖郡——拥有包括居延在内的10个县；换句话说，骑兵主要是在边境本地招募。另外一个有趣的方面是有关边境控制的问题：汉朝政府为往来边境的人签署三种不同的通关文牒。第一种签发给服务于政府事务的个人，并允许他们住在政府提供的驿站里；第二种是签发给平民的旅行证，由旅行者随身携带至关口；第三种签发给政府或边塞成员，通常被分为两半，其中一半要提前送至关口，与来人手中持有的另一半通关文牒相匹配。[22] 驻扎在许多烽燧里的守卫士兵除了检查旅行者的通关文

19
《汉书》记录张掖郡人口为88,731人；居延是张掖郡下辖的10个县之一。

20
见 Chun-shu Chang, *The Rise of the Chinese Empire*, vol. 2, *Frontier, Immigration, and Empire in Han China, 130 BC-AD 157* (Ann Arbor: University of Michigan Press, 2007), pp. 23, 78, 107-118.

21
Ibid., pp. 53-73.

22
Ibid., pp. 135-142.

牒外，还要记录他们每天看到的各种信号，比如信号的来源及传送的目的地、信号接收和传送的时间、当值的士兵、信号的类型以及发送信号的原因，等等。[23]

帝国制度的弱点和汉帝国的危机

帝国内最重要的政治与皇帝继承权有关。在这一点上，汉帝国似乎比罗马帝国有更强大的基础。罗马帝国对皇帝的继承权缺乏规制，这导致其陷入无休止的篡权和谋杀中，罗马帝国的大多数皇帝也因此丧命。然而，汉帝国内的皇权继承规则和朝代传统的强有力结合并不能确保继位的皇帝一定是帝国最好的选择；在许多情况下甚至不是相对更好的选择。这在竞争团体之间开启了一个旨在控制而非夺取帝位（这当然是可能的——正如王莽的例子——但比较困难）的不同类型的政治争斗。这种以中央朝廷为中心的争斗足以瓦解汉朝社会精英的团结，并最终在面对强大的地方军事首领时动摇帝国机构。

司马安（Anne Kinney）详细地分析了左右汉朝皇帝继承过程的一些规定。她指出，尽管西汉前期的两位皇帝文帝和景帝确实曾有过让兄弟继承皇位的想法，然而由刘邦创建的所谓嫡长子继承的常规成为反对这种非正统做法的重要基础。一旦合法继承人被选定便很难更换，并且汉朝廷内儒家经典日趋增强的影响力使得偏离或操纵这一系统的做法变得更为艰难且更不具吸引力。[24] 因此，尽管发生了王莽篡权（最终失败），然而直到东汉末年儿子继承皇位的规定仍坚定不变。

事实上，东汉帝国的建立给刘氏家族一个加强皇权统治的机会。光武帝刘秀受过良好教育，在军事政策上较为开明，并且喜好儒家经典。刘秀的智力品质被之后的明帝和章帝所继承，他们的继位并未引起任何异议。在他们统治期间，洛阳成为文化和知识的中心，整个汉帝国进入长期的和平繁荣时期。东汉帝国先后有 14 位皇帝，尽管皇权统治依然坚固，但除顺帝外，几乎没有一个嫡长子继承王位的例子。由于一位皇帝通常会有不同妻室所生

23

Chun-shu Chang, *The Rise of the Chinese Empire*, vol. 2, *Frontier, Immigration, and Empire in Han China, 130 BC-AD 157*, p. 171.

24

见 Anne Behnke Kinney, *Representations of Childhood and Youth in Early China* (Stanford: Stanford University Press, 2004), pp. 183-200。

的多个儿子，在这些妻室背后又有各自不同的家族势力，因此那些既得利益的团体有足够的空间去操纵皇位更替。事实上，在公元88年汉章帝死后，后继的几乎所有的皇帝都是在他们十几岁时即位，有一些甚至是在幼儿期便即位。毫无疑问，在大多数情况下这是相关势力暗中操纵的结果。

皇权的这种状况导致宦官和外戚之间的政治斗争反复发生。当皇帝年幼时，权力一定掌握在太后手中；为了控制朝廷局势，太后自然会依赖其兄长，正如王莽时期所发生的那样。在皇帝成长期间，他所熟知的唯一男性便是宦官，他们是皇帝情感上的支持者，同时又是他政治上的盟友；并且由于宦官与皇帝的私人亲密关系，他们也经常梦想从外戚手中夺得权力——多数情况下是通过杀戮的方式。因为东汉皇帝大多年幼，宦官久而久之便深深地扎根于朝廷政坛。公元126年宦官头领开始被授予贵族头衔——封侯。当一位新皇帝登基，一组新的外戚团体便接管朝廷，并驱使宦官退回后宫；但是同样的过程还将会重演。最糟糕的一次是对梁氏家族的杀戮；梁氏家族曾经产生过3位皇后、6位嫔妃、57位大臣和将军。然而，公元159年五位宦官协助桓帝诛杀了整个梁氏家族，为此他们被桓帝授封"侯爵"。后来，太学内的儒家官员和学生联合起来反对这五位宦官弄权，引来宦官的反击，造成了公元168年百余位学者和学生的死亡。在接下来的大清洗中，有10,000多人被残忍杀害。

汉帝国的灭亡也完全沿着相同的路径。公元189年，何太后的异母兄大将军何进在皇宫内被宦官残忍杀害。为了复仇，何进的追随者袭击皇宫，并在那里杀掉了所有的宦官。当董卓带兵从东汉帝国的西北边塞杀入都城时（先前收到何进的召唤），汉帝国完全陷入由地方军事首领发起的混战中。公元220年，最后一位汉朝皇帝被曹氏家族废黜，曹氏的势力控制了华北的大部分地区，遂建立了魏（公元220—265年）。

建议阅读

- Twitchett, Denis, and Michael Loewe eds., *The Cambridge History of China,* vol. 1, *The Ch'in and Han Empires, 221 B.C. –A.D. 220,* Cambridge: Cambridge University Press, 1986.
- Ch'ü, T'ung-tsu, *Han Social Structure,* Seattle: University of Washington Press, 1972.
- Loewe, Michael, *Crisis and Conflict in Han China, 104 BC to AD 9,* London: George Allen & Unwin Ltd., 1974.
- Bielenstein, Hans, *The Restoration of the Han Dynasty,* Stockholm: Elanders Boktrycheri Aktiebolag, 1953.
- Kinney, Anne Behnke, *Representations of Childhood and Youth in Early China,* pp. 183-200, Stanford: Stanford University Press, 2004.
- Chang, Chun-shu, *The Rise of the Chinese Empire,* vol. 2, *Frontier, Immigration, and Empire in Han China, 130 B.C.-A.D. 157,* Ann Arbor: University of Michigan Press, 2007.

第十四章

意识形态的变化
及其在汉代文化和艺术中的反映

前面两章我们讨论了汉代政治的发展和社会的状况。汉代 400 多年在中国的文化和思想史上是非常重要的时期。总体而言，汉帝国虽以其军事上的建树著称，然而汉代社会作为一个整体尊重有文化的人士，并且朝廷深有兴趣不仅将其执掌的帝国建立在强大的军事基础之上，而且还建立在慎重选择的意识形态之上。政府为受教育人士服务国家大开门户，学者在汉代官僚体制中有很高的地位。战国时期的哲学家曾经深耕于中国的思想界；在这个成就之上，中国文化几乎所有的方面都在汉代发生了深刻的变化和进一步的发展。我们可以这样来概括汉代 400 年间思想倾向的转变：在西汉早期，阴阳家或者更准确地说黄老学说受到朝廷推崇，成为汉代的主导思想。之后，董仲舒（公元前 179—前 104 年）融合道家和儒家学说，他的思想在公元前 2 世纪末成为汉代的主导。经典之学在汉武帝时期复兴，儒家独占了汉帝国的思想界，它给了帝国一个新的意识形态。到了东汉晚期，道家作为一种新的民间宗教（道教）兴起，佛教则由印度传入中国。

作为国家意识形态的黄老思想

阴阳家是战国中晚期影响广泛的一个思想流派，有些学者认为，这是中国科学和科学思想的源头。[1] 这一流派中既有理论取向

---

[1] Joseph Needham, *Science and Civilization in China*, vol.2, *The History of Scientific Thought* (Cambridge: Cambridge University Press, 1962), pp. 232-244.

的思想者如邹衍（公元前305—前240年），也包括了形形色色的自然或超自然的巫术与方术的实践者。² 这些学者或思想者有一个共同之处，他们都对人的世界和自然界之间的关系，或者说对文化和自然之间的关系深感兴趣，并且忠实地利用这种关系。

阴阳学派最重要的概念当然是"阴"和"阳"（宇宙中两个相对的力量），这两个概念来自早期道家的哲学著作如《太一生水》和《道德经》——无疑在公元前4世纪中期以前。与"阴"和"阳"的概念不同，阴阳家真正的发明是所谓的"五行"概念。"五行"学说认为外部世界由五种物质组成——金、木、土、水、火。这五种物质依次相克，并且最后一个"火"征服第一个"金"，形成一个循环。这种关系的证明处处可见，而在一个时间观念上，这五行也可以代表一个周期中的"五个阶段"。正因为后一点，"五行"在其理论基础中即具备了发展成为一种历史理论的条件，而这一步由邹衍完成了，他把"五行"和过去的五个王朝相联系，每个朝代具有"五行"中的一德。到了西汉，"五行"进而和四方及中心相联系：西—金，东—木，南—火，北—水，中—土。进而，"五行"演变成了一个色谱，用于对皇帝祭祀的神主进行分类：白帝—金，青帝—木，赤帝—火，黑帝—水，黄帝—土（中心）（表14.1）。简言之，"五行"理论在西汉时期已经变成了一种常识。

阴阳学派在战国晚期的成熟代表了对自然规律和人类社会在其中的位置这两者之统一的高度追求。这一哲学传统即使在秦帝国统治之下也很强盛，尽管秦帝国的意识形态更多地受到法家的

2 关于这一哲学传统的进一步讨论，见 Donald Harper, "Warring States Natural Philosophy and Occult Thought," in Michael Loewe and Edward L. Shaughnessy (eds.), *Cambridge History of Ancient China: From the Origins of Civilization to 221 B.C.* (Cambridge: Cambridge University Press, 1999), pp. 813-884。

表14.1 "五行"学说和汉代的关联思维

五行	方向	颜色	皇家宗教
金	西	白	白帝
木	东	青	青帝
土	中	黄	黄帝
水	北	黑	黑帝
火	南	赤	赤帝

影响。实际上,由法家哲学所主导的秦帝国的国家策略与阴阳或方术并没有矛盾,秦始皇本人即雇用了一些方士去帮他寻求长生不老之药。相反,自然也通过阴阳家哲学而获得了新的意义,成为与道家哲学中的"自然"非常不同的一个范畴。"自然"不再是一个不定的、不可预测且不可触摸的有自我意愿的永久存在;相反,自然可以被理解、被分析,甚至可以被影响。

如果"阴阳"学说可以被认为是一种科学,那么"黄老思想"就是古代中国的"政治科学",或"政治学"。西汉时期,有几位在朝廷有影响的重臣,如曹参和陈平都是黄老学说的追随者。汉景帝和其母窦太后也都曾信奉黄老哲学,特别是窦太后在汉文帝死后对朝政有过长期的影响,一直到她的孙子汉武帝成年。甚至司马迁的父亲也曾学习过黄老哲学。毫无疑问,西汉早期黄老哲学不仅在朝廷中处于支配地位,而且在汉代社会的士人中间也广为流传。但是,过去两千年间流传下来的古代哲学著作中没有一种可以被认为属于黄老学派。因为没有可靠的文本,后世学者对于黄老哲学的了解仅限于从史书中摘出的只言片语,所以这种认识顶多是支离破碎的,甚至是自相矛盾的。

1973年,著名的马王堆汉墓被发掘(见下)。在出自马王堆的珍品中有两卷保存较好的帛书,年代在西汉早期。两卷帛书共计有12余万字,每一卷帛书都载有《道德经》的全文(称《老子》甲本和乙本)。在《老子》乙本上,实际上在其之前书写有四种佚书,包括《经法》《十六经》《称》和《道原》。根据这些书中关键字的避讳现象,我们可知帛书书写于刘邦时期。唐兰先生在他最早的研究中将这四部佚书推定为"黄帝四经"。鉴于《汉书·艺文志》的记载,传统上认为这是黄老学派的核心经典。尽管这个说法很快受到其他学者的反对,然而鉴于其产生和埋葬的西汉早期的学术环境,还有与书写于同卷的《老子》的关系,它们确实可能属于黄老学派,但并不一定就是所谓的"黄帝四经"。

从马王堆出土的这些佚书即所谓的"黄帝四经"的假设出发,R. P. 皮瑞本(Peerenboom)为我们提供了英文著作中目前为止有关黄老学派哲学思想最为全面的分析。[3] 尽管这一研究提出的一些问题仍然没有答案,然而它无疑为我们理解四部佚书中包含的哲

[3] R. P. Peerenboom, *Law and Morality in Ancient China: The Silk Manuscripts of Huang-Lao* (Albany: State University of New York Press, 1993).

学思想乃至西汉早期的思想环境开辟了新的途径。首先，黄老思想主张一个分为三层的世界观，包括"天道""人道"和"地道"，三者之间有根本性的区别。"天道"的表现为阴阳运动、四季变化和各种天体。"人道"表现为人类社会的各种规制，包括王国和帝国。"地道"即大地，由"五行"构成。其次，黄老思想从根本上是自然主义，因为它把宇宙秩序（天道）作为一切事物不可置疑的基础，也是人类秩序的基础。人类不可推卸的责任即是遵循天道的规则，来建造政治和社会的规制，并以此在最大程度上利用"五行"，或者说"地道"。第三，与这个根本上的自然主义相关联的是一个自然法理论——即用来治理人类社会的法是客观的法则，它来自一个先决的自然秩序。[4] 第四，正因为法起源于一个先决的天道秩序，法就有了很强烈的道德性，人类有责任来遵守。从这点来讲，尽管黄老思想和法家思想在强调社会秩序并主张通过法的施行来实现这个秩序这一点上有很大的共通性，然而它所主张的法和法家主张的实证法是非常不同的。第五，这里也有一个独特的认识论上的统一，即自然秩序是先决的，人类可以通过不断摒弃自己的偏见和主观意志来直接发现并理解它。[5]

很显然，黄老思想并不是一个单一体。尽管黄老思想以自然主义为基础，然而它很可能从法家思想和儒家思想那里吸收了元素，从而使它对西汉初年的政治更具吸引力。汉帝国自诩为秦帝国及法家主导的政府体制在意识形态上的敌人。但是，秦帝国建立了帝国政治体制的基础，而汉朝又继承了这个帝国体制，所以汉需要在一个新的意识形态基础之上使自己合法化。黄老思想适时地回应了这个需求；它将帝国的体制建立在宇宙秩序之中，建立在正确的道德之上。这样，每一个人都有道德上的责任来遵守汉帝国所颁布的新法令，而不是像秦帝国时那样被强制遵守法令。更重要的是，笔者认为黄老思想革命性地发展了"无为"的思想。"无为"过去长期以来被解释为"无行动"，就像我们在《道德经》和《庄子》中看到的。"无为"被认为是早期汉帝国最高的指导思想，它主张帝国的政策应该在最低程度上干涉人民的生活。但事实上，正如张家山二年律令简文所示，汉帝国即使在吕后初年就已经颁行了众多的法令和惩律，有些甚至比秦律更加严苛。从黄老思想

[4] 在皮瑞本的解释中，黄老思想实际上是主张有一个以自然法则为基础的自然法。但是，这一点仍有争议。

[5] 关于皮瑞本理论的一个批判性书评，见 Carine Defoort, "Review: The 'Transcendence' of Tian," *Philosophy East and West* 44.2 (1994): 347-368。

的角度讲，"为"字同时有"行动"和"创造"的意思，汉帝国的建立者仍然可以宣称，他们遵循了"无为"的原则，但是"无为"并不意味着"不行动"，而意味着自己"不创造"，因为他们所做的所有事都可以说仅仅是模仿了"天道"。总之，黄老思想作为一种意识形态，完美地满足了汉帝国初年的政治需要，这也可以解释它在西汉早期的重要地位。

汉帝国的儒学化和经学的兴起

汉武帝早期，当窦太后（公元前135年卒）终于走到漫长人生的尽头时，儒家学术开始大规模进入汉朝廷，特别是得到了皇亲中一些重臣的支持。在他们的建议下，专治《诗经》的两位学者赵绾和王臧在朝中被委以重任，前者担任丞相。因此，在汉武帝早期朝中发生的变化不仅是思想上的变局，也是以儒家为指导的年轻一代官员进入朝廷的政治变局。窦太后死后不久，武帝即在朝中举行了两次公开的策问，有来自各地的三百多名学者参加，目的就是发现英才，为朝政带来新气象。在这些活动中两位重要学者脱颖而出，其学术基础都在于研习《春秋》，但是他们代表了不同地域的两个传统。前者是公孙弘，任御史大夫进而任丞相；后者是董仲舒，官场不如前者成功，部分是由于前者对他学问的嫉妒，董仲舒被遣出朝廷并先后任两个王国的国相。但是，正是董仲舒的理论为汉帝国提供了新的意识形态的基础。

董仲舒生于广川郡，在今河北省，景帝时已经被任命为博士。《汉书》说他进退容止，非礼不行，且下帷讲诵，颇受学生尊敬。董仲舒任胶西王国相回朝后，专心在长安的太学著书授教，但朝中每有重大策略议论，汉武帝总会派官员到董家询问意见，而董仲舒本人从不亲至朝堂。董仲舒留下了123篇文章，其中包括他上呈给武帝的对策。他的大部分文章被收入现存的《春秋繁露》。但是，他的哲学思想最好的表述是给皇帝的几篇对策，收入《汉书》董仲舒传中。

这些对策显示，董仲舒从根本上相信道德教育要高于刑罚，从这点来讲,他确实是一个彻底的儒家。董仲舒认为,在圣人既逝之后的漫长岁月中,人民能够依然享受和平生活,其原因正是礼乐有教化的功能,乐的声音从和谐的气氛中发出,依据于感情,接触到肌肤,涂藏在骨髓。因此,礼乐教化乃是国家之本,它有改变人的本性和习俗的潜力,而这种改变反而能够使刑罚降低到最低程度。进而,他以"阴"和"阳"的概念来比喻道德和刑罚,就像夏天和冬天一样合起来才能成为一年。刑罚的误用会在人民心中积攒戾气,这会危及国家,因此,明主受天命而制民,必依靠教化,而不是刑罚。对董仲舒而言,最糟糕的情况就是不教化人民而对其进行刑罚。这些都是儒家思想最根本的表述。

董仲舒不仅明确地从自然主义哲学特别是阴阳学派那里借来了"阴"和"阳"的概念,并且用它们来解释一系列的社会关系如君臣关系,父子关系和夫妻关系等。他还借用"五行"的概念,解释儒家所认为的五种最高的美德:仁、义、礼、智、信。总括这一切的是"元"的概念,在《春秋》中它表示每位君主的第一年。而在董仲舒的哲学中,"元"具有更深层的宇宙论意义,它是所有事物的来源,也是宇宙的起源。董仲舒之前的儒家哲学基本上是一个伦理哲学,到了董仲舒才给儒家所尊崇的各种价值观一个以宇宙论为基础的理论框架,而这个框架最早是在黄老思想中发展出来的。另一方面,董仲舒继续着儒家哲学中关于人性的讨论,这将是其哲学的核心。董仲舒认为,性为生命之实,而情为生命之欲。只有严格的规制和锻造才能让人有所成就。尽管这样,它仍然不够完美。从这点上讲,道德教化不仅要高于刑罚,而且简单地说它根本就是不可或缺的。

如此一来,帝国——在董仲舒看来——就是为了施行教育,把人民变好的必需设置,而皇帝则是人类这所大学(即帝国)的校长,是宇宙的"元"在地球上的体现;皇帝通过不断地改正自己来改正他的大臣的错误,而大臣则能改正人民的本性。汉武帝问他:尧舜的所谓"垂拱无为"之政和周文王所谓"日昃不暇食"之政为什么这么不同(比喻汉帝国朝廷正在发生的深刻的政治哲学变化)?董仲舒直截了当地回答,不同的只是时间,至于说他们担心普通人民的福祉,或者说寻求贤能之人来治理国家,或者说谨慎使用刑罚，其实都是一样的。在董仲舒看来，帝位不仅意味着权力，更重要的是它意味着责任。进而，作为整个帝国中最辛苦工作和忧心最为深重的人，皇帝不仅要为他的人民负责，而且在一个他称之为"天人感应"的关系中，皇帝要为上天负责。在董眼里，一切奇异的天文现象都是来自上天的警示，如果不注意这些现象就有可能招致大规模的自然灾害，如洪涝和旱灾，这些都是上天的惩罚。

董仲舒的思想长期以来被西方汉学家认为是综合主义或者折中主义的哲学。董仲舒确实从他之前的哲学传统中借用了很多重要的概念，特别是阴阳学派，或更准确地说是黄老哲学，但是笔者认为，他的历史地位远超过一个综合主义学者。他把不同来源的哲学概念构建在一个统一的思想体系之中，在此系统中，儒家的价值获得了宇宙论的基础，帝国和皇帝获得了它们的道德正当性。换言之，作为一个哲学家，董仲舒更加老练且更加强大，就像他向皇帝提交的对策所显示的。正如董在他载入《汉书》的最后一个对策中建议的那样，汉武帝随后把遵从其他哲学传统的官员驱逐出中央朝廷，并确立儒家哲学为汉帝国指导性的意识形态。从此，儒家思想也就定格为中国历代皇朝的指导思想。

当然，儒家作为一个学术事业在汉帝国的兴起并非由于董仲舒的一己之力，而是有很长的历史。从战国到汉代，中国经历了文化史上最巨大的变化之一，那就是秦帝国统一了汉字的书写系统。更有甚者，史料记载秦始皇曾经进行大规模的"焚书"，特别是儒家著作如《尚书》《诗经》等。由于这个原因，古代典籍从秦到汉的传承过程是中国文化史上的一个大问题。应该注意的是，通过这个复杂的过程，儒家本身从一个哲学传统变成了一个以阐明古代经典的意义为中心的学术追求，这为中国之后的学术发展打下了基础。

显然，有一些学者活得比秦帝国要长。最著名的是一个叫伏生的人，他是秦帝国的博士，汉帝国建立后他在山东地区教授《尚书》。汉朝廷曾派遣晁错到山东向他学习，并将这部很明显是用汉代常用的隶书书写的古书带回了在西方的朝廷。很快，朝廷开始了广泛的献书运动，各地发现古书的消息开始流传，于是不断有古书被献上，纳入在长安的宫内的图书馆。最有名的例子是在古代鲁国都城的曲阜孔子故宅发现所谓的"壁中经"。据记载，当地的鲁恭王在汉景帝时为了扩充自己的王府而毁坏了一部分孔子旧宅，于是发现了这批古书。另据记载，河间献王也曾将今河北省境内自己国土上发现的古书奉献给了朝廷。

这里根本性的问题是，这些新发现的古书均用战国时期的文字书写，汉代的人已经不再认识。因此这些古书被称为"古文经"，与此相对立的是"今文经"，后者当是口授相传，然后用汉代的隶书写下的。我们很难追溯每种书在这个复杂过程中的具体传授历史，但至少那些最重要的书在西汉晚年时有古文、今文两个版本共存，并且往往相互不同。于是，考订今文和古文的不同就成了汉代学术的根本问题，而这些问题在以后的两千年里仍旧没有完全解决。譬如说《诗经》，在西汉早期就有三家流行的传本得到官方认可，每家都是今文版本。之外，另有由毛公传下来的古文《诗经》，即我们今天看到的完整版本，但它在西汉时未获官方支持。1977年考古工作者在安徽阜阳一座西汉墓中发现了《诗经》的另一个版本，与以前所知道的版本均不同，它可能是楚地流行的一种版本。

总体而言，今文经书的流传过程比较清晰，因此它们得到了汉帝国的官方支持。公元前136年，汉帝国在长安的太学为五种重要经书（包括《易经》《诗经》《尚书》《仪礼》《春秋》），每经设立一位博士职位，均为今文经。每位博士大约有10位学生专门跟随学习，五位博士合起来称为"五经博士"，而董仲舒自己曾担任《春秋》的博士。这不仅标志着一个明确的儒家教程在汉帝国得到确立，也标志着先秦传下来的古书在西汉被经典化。而由"五经博士"教授这些经典的太学则成为汉帝国的学术中心。西汉末年，博士的位置增加到超过10位，而每一级的学生人数增加到了300。到公元2世纪，在洛阳重建后的太学的学生人数达到了3万人（Box 14.1），这与许多现代西方大学的学生人数相比都不逊色。

但是逐渐地，汉代的人文思潮有了变化，学者们的兴趣从"今文经"转向了"古文经"。到了东汉中期，以古文经为基础的学术研究开始取得一些重要成果。大约在公元100年前后，一位重要

Box 14.1

石 经

石经的创立是中国文化史上的一个重要事件。石经创立背后的原因相对比较简单——面对长期的文本传播过程中手工抄录所带来的不可避免的持续性扭曲和变化，石经是使典籍固定化的一种方式。然而，石经的意义一定要在一个广阔的背景下去理解，那就是儒家学问以及被帝国追捧为圣典的某些中心典籍的传承。通过将选出的某些典籍文本镌刻在石碑上，并树立于都城太学之内（摒弃所有其他的典籍），帝国不仅可以宣告这些典籍的权威性，而且还可以用一种非常显著的方式宣示自己的政治和文化观点。

最早的石经"熹平石经"（熹平是汉灵帝的年号）刻于公元175—183年。它由46块石碑组成，其上雕刻有七部经典，始于《诗经》，结束于《论语》。在蔡邕的主持下，典籍由一小组著名的文人精心编辑并用标准的汉代隶书书写。刻了经文的石碑被罩以有瓦片的屋顶，并置于洛阳的太学学堂之前（图14.1）。然而，在东汉末年动乱期间，特别是由于董卓焚烧洛阳，这些石经被彻底毁坏。当曹魏重建帝国时，魏皇帝于241年下令制作另外一套石经。由于这套典籍（仅包括《诗经》和《尚书》）每字皆用古文、小篆和汉隶三种字体写刻，因此也被称为"三体石经"。

宋代以后，熹平石经的残片被收集并记录。经过几个世纪的努力，约520块带有8000字的石经残片于1975年被马衡系统地出版和研究。此外，8块新的残片在20世纪80年代被考古学家们发现，另外，他们还在洛阳的太学遗址上鉴别出了14块原石碑下的石基座。

图14.1
在洛阳发现的熹平石经残块：前面（左）为《尚书》中的"皋陶谟""益稷"和"禹贡"；背面（右）为"秦誓"和"书序"

的学者许慎（公元58—147年）编纂了中国第一部汉语字典《说文解字》，书中系统地解释了9000多个汉字，并给出它们在各种古文经中的古文形态。这部书为现代学者释读和解释先秦的铭文和简牍文字提供了一把钥匙，如西周时期的青铜器铭文及商代的甲骨文，更不用说战国墓葬中出土的众多简帛文书了。后代的另一位学者郑玄（公元127—200年）综合前代学者所学，完成了对古文经《易经》《诗经》和《尚书》的系统注释。众所周知，正是由于郑玄选择对这些书的古文版本进行系统注释，而他的注释在中古时期又被奉为正统，这些书的今文版本随之在漫长的历史过程中消失了。

书写历史

尽管在我们这个时代，就像本书所展示的，考古学提供了有关早期中国的基本资料，然而我们对中国早期历史，特别是公元前500年的历史的了解仍然不能舍弃汉代所产生的那些伟大的历史著作。这里最重要的当然是司马迁的《史记》和班固（公元32—92年）的《汉书》。前者生活在西汉帝国最为强盛的时期，死于汉武帝死后一年；后者生活在刘秀重建汉帝国后的第一个世纪。司马迁创造了中国的第一部通史，而班固创造的史书体例被奉为其后中国各朝代断代史的正统。

司马迁的父亲曾任太史，他在汉景帝和汉武帝早期的角色类似于朝廷的星象家。据《太史公自序》云，司马迁10岁开始学古文，20岁出游，足迹遍及汉帝国的各个角落。由于他的学识和旅行经验，司马迁能在朝廷中担任郎中一职，并在公元前111年奉使西征今天的云南地区。远征结束回朝，适逢其父即当时的太史公司马谈辞世。太史公在他的遗言中叮嘱司马迁一定要成为太史，一旦成为太史，不要忘记他所想完成的书。三年之后司马迁在其28岁时被正式任命为汉朝的太史。但是，公元前98年司马迁曾荐举的将军李陵战败投降匈奴，司马迁被处以宫刑而驱出朝廷。遭受这样的屈辱后，司马迁全身心地投入到这部在他自己看来可以"究天人之际，通古今之变"的史书写作中。有关这部历史巨著我们可以问出很多问题,其中最重要的两个问题是:(1)《史记》和其之前的所有著作有什么不同?(2)为什么像《史记》这样一部著作会在此时出现?要回答这两个问题,我们必须先看看这部书的内容。

《史记》130卷,即使按照现代标点的纸本,它也是一部篇幅很大的巨著。首先包括12篇《本纪》,它们为全书提供了一个编年体系,从司马迁所知道的最早历史时期五帝时代一直到当代,即汉武帝时代。这个体系进一步被10个年表所支持,表中提供了重要历史人物和事件的对应关系,涵盖《本纪》所包括的整个中国历史。表后是八书,每一书都是特定领域内人类知识的综合和贯通,包括天官书、律书、平准书、历书、礼书、乐书、封禅书、河渠书。对后人来说,这八书是按照学科分类了解早期中国文明很好的入门书。书的很大一部分是由30篇《世家》组成,即贵族宗族的历史,也是早期中国的地方史。之后是69篇《列传》,其中包括了一百多位重要的政治家、将帅、学者乃至商人的生平事迹。这一部分也包括了外国地域和人物的记载。书的最后是他的自传《太史公自序》,叙述了太史公的历史和他写作这部历史巨著的原因。[6]

很清楚,司马迁并不是在书写人类历史的一个部分或一个时期,而是在书写他所知道的人类历史的总体。作为一部通史,司马迁所创造的表现和分析历史信息的系统比之希罗多德(约公元前484—前425年)简单的叙述体历史远为成熟,因为作为一个学者,司马迁准备得更充分,并且在他自己的文化中占据着一个更为中心的位置,从而可以完成这样一部著作。近来关于《史记》的一些研究往往注重探索这部划时代著作背后的个人原因。其中一项研究认为,本书是司马迁一生快乐和悲苦的表现,通过完成这部著作,他可以以隐喻的方式来确立自己和孔子类似的历史地位。[7] 但是,我们不应忽略产生这部巨著的更大的时代背景,更不应该误解促使这部书产生的真正的政治和人文方面的启示,以及司马迁的历史作用。简单地讲,这部书在司马迁的父亲手里已经开始或至少已经在计划中了,到李陵事件发生的时候司马迁已经在这本书上工作了一些年。通读《太史公自序》和《报任安书》,

[6] Sima Qian, *The Grand Scribe's Records*, vol. 1, *The Basic Annals of Pre-Han China*, edited by William H. Nienhauser Jr. (Bloomington: Indiana University Press, 1994), Introduction, pp. x–xxi.

[7] Stephen Durrant, *Tension and Conflict in the Writings of Sima Qian* (Albany: State University of New York Press, 1995), pp. 1-27.

有几点可以很清楚地解释《史记》的写作目的。第一，司马迁明确地认为，比之哲学的思辨，细致的历史记述才是表现伟大真理的最好方式，而孔子修《春秋》就是一个很好的例子。第二，司马迁和他的父亲完全明白自己生活在历史上最有成就的帝国之最伟大的年代，而这个帝国由一位最有企图心但有时又不可预测的皇帝所统领，他们正是在这样一个高度上写作，这可以让他们充分认识到那么多重要的个人在这个大的历史过程中所发挥的作用。在这样一个高度，司马迁的志向当然超越了提升他自己甚至是他的家族地位这样的狭隘的目的，而是要为他们所在的时代和他们生活的帝国担负起一份真诚的责任。用司马迁自己的话说，如果他不这样做，那就是"堕先人所言，罪莫大焉"。

第二部史学名著是《汉书》，成书于司马迁死后一个世纪。它的作者班固生于一个儒学世家，他是汉帝国长期在西域的都护（类似现代的总督）班超的长兄。同样受到其父的引导，班固继续书写这部已由其父完成数卷的史书，目的是补足《史记》里汉武帝以后的历史。班家还出了中国历史上第一位女史学家班昭，她是班固的妹妹，完成了《汉书》中的一些年表。[8]

班固与司马迁相比很明显略少雄心，或者说略少使命感，而且他的目的仅限于完成一部汉代（公元前 206 年到公元 8 年）大半段时间的通史，以王莽的篡汉为终点。在这个意义上它几乎是一部汉代的当代史。班固采用了《史记》的基本结构，他的书包括 12 篇《本纪》，8 篇《年表》，10 篇《志》，70 篇《列传》。实际上，对于《史记》中已经包含的汉代时期，《汉书》基本采用了《史记》中的信息，有时甚至是直接抄写了后者的记述。但是，《汉书》中没有《世家》，这是因为大多数这样的贵族宗族已经在汉代建立以前灭亡了。班固所写的有些《志》很有开创性，并且受到后代学者的高度推崇。特别是其中的《艺文志》中保留了西汉皇家图书馆的藏书目录，而其《地理志》则是中国第一部真正意义上的地理调查。

自上古以来，王朝中往往有史官对当时的政治和军事事件进行记录。这些记录正是《春秋》一类史书的史料来源。汉帝国当然也不例外。汉代的朝廷不仅有曾经由司马父子领班的大批史官，

[8] 见 Ban Gu, *History of the Former Han Dynasty*, vol. 1, translated by Homer H. Dubs (Baltimore: Waverly Press, 1938)。

而且还就史官的训练和选拔发展出了一套制度,就像我们在张家山汉简《史律》中所看到的那样。但是,将复杂的历史信息进行综合分析并从中建构大的历史发展过程,从而使得个人作为历史人物在其中找到自己的位置,这是伟大的历史学家的使命。他们创作的史书并非一定真实地反映帝国对历史的看法。但是,这种情况到东汉时期产生了变化;汉明帝任命官员撰写其父时代的历史,这个做法在以后的 10 个皇帝统治时期一直延续下来,共 180 余年,其间新的史料被不断加入这部史书。因为这项工作是在东汉帝国皇家的图书馆东观进行的,这部史书就被称为《东观汉记》。尽管这部史书的大部分已经消亡,然而他的史料在范晔(公元 398—446 年)的《后汉书》中得到了保存。《后汉书》于是就成了东汉帝国的正史。

汉代丧葬艺术和汉代物质文化

除了皇帝和大臣墓前几处著名的石雕外,我们对汉帝国视觉艺术的了解基本都来自墓葬。人民究竟会选择在墓葬中埋葬什么,这取决于他们认为什么对死者最重要;究竟什么东西最后会被埋到墓中也取决于死者及其家属的社会政治和经济地位。为了正确理解这些发掘出土的物件,首先我们说明一下汉代墓葬中埋葬环境的变化。

在西汉时期,战国以来的厚葬行为继续被汉代的贵族和社会精英所遵从,特别是刘氏宗亲成员和帝国的高官。地方国王的墓葬往往是凿山而建,或至少是凿山崖而建。这些墓葬一般都有很长的甬道和宽敞的墓室,墓室周围或有回廊环绕。在甬道两侧常常有复数的小储藏室用于收纳随葬品。建造这样的大墓要耗费大量的人力和财力,只有汉代早期的王国才能做到。最典型的是河北满城西汉中山王墓,埋葬于公元前 113 年。从该墓中发掘出土了一万件文物,包括著名的"金缕玉衣"(图 14.2)以及大量装饰精美的青铜器具。"金缕玉衣"是由金线或银线将 1000 多片玉片缀合而成。据文献记载,这种玉衣是在长安的皇室作坊内专门制作

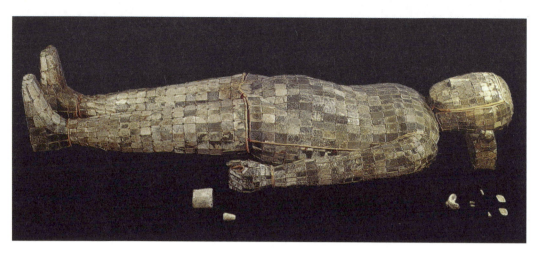

图14.2
满城中山王的金缕玉衣

图14.3
长沙马王堆汉墓出土的漆器和帛画：左上为漆壶；左下为漆盘；右边为盖在1号墓内棺（高205厘米，宽92厘米）上的帛画，画中描述了墓主人的升天之旅

并作为赏赐分发给各地国王的。⁹

次一级的是带有传统木椁的各种大型墓葬，它们被深埋在地下，如著名的马王堆汉墓，尽管它们并不是同类墓葬中最大的。¹⁰ 这种木椁墓在中国有很长的历史，在汉代它们绝大多数是次一级的贵族如公和侯，或者是王国中高级官员的墓葬。马王堆墓葬实际上包括三个墓室，位于长沙东郊。二号墓是长沙国丞相利仓之墓，利仓为侯爵，葬于公元前193年。一号墓略大，其中发现了保存很好的女尸，是利仓之妻。三号墓中是他们的儿子，从他的小图书馆中出土了大量的竹简和帛书，埋葬于公元前168年。三座墓葬出土了3000多件文物，包括500多件高质量的漆器，如盘、耳杯、壶和乐器等。有些漆器明显模仿青铜器，制作更加精美，产生更高的审美效果。最常见的装饰图案是各种精心描画的云气纹，其间填充像鬼影一样出现的各种异兽（图14.3）。¹¹ 它们和战国铜器上那种几何纹近似严格的制作非常不同，并且可能与汉代人对升天和神仙的信仰有关。从根本上讲，他们起源于汉代人对自然秩序的崇拜，这在汉代早期的哲学思想中占有很重的分量。这些云气纹也出现在同墓出土的丝织品和衣物上。从马王堆一号墓出土的一件重要物品即中国最早的帛画，描述一位老贵妇人从人间到天境的旅行，受到天上两位官员的欢迎。

近年来汉代墓葬的一个重大发现是位于今江西省南昌市北35公里大塘坪乡的海昏侯墓（图14.4），这也是继马王堆之后汉代物质文化的又一个大发现。这里位于鄱阳湖西南岸，是西汉中期海昏侯国的所在地，其城址在地面上仍部分可见。2011年在城址外西南角的墎墩山上发现了海昏侯刘贺及其后几代海昏侯的墓葬。刘贺6岁继位为昌邑王（国都在今山东巨野县），19岁入长安，被立为汉朝第九个皇帝，但在位只有27天就被废黜，赶回昌邑老家。10年之后的公元前63年他被改封到南昌一带当海昏侯，食邑4000户。后来刘贺又受到削户的惩罚，于公元前59年郁闷而死，即埋在这座墎墩山上。海昏侯刘贺的地下宫殿极尽奢华，出土各类文物达万余件。包括金器、青铜器、铁器、玉器、竹木器等，按功用分有厨器、储藏器、礼器、乐器、车马器及5000多枚竹简，目前正在整理之中。另外，墓中还出土了478件马蹄金、金饼和金板以

9
Wang Zhongshu, *Han Civilization* (New Haven: Yale University, 1982), pp. 181-182.

10
这个类型中最大的是北京大堡台广阳王墓，于公元前45年埋葬。

11
关于这类装饰和其宗教文化意义的讨论，见 Martin J. Powers, *Art and Political Expression in Early China* (New Haven: Yale University Press, 1991), pp. 76-84。

图14.4
新发现的海昏侯墓

及总重达 10 余吨的铜钱。而墓中最为特殊的出土物则是绘有孔子及其五个弟子的画像并附记其生平事迹的漆衣镜背。这显然是目前所知年代最早的孔子画像,而墓中大量竹简的整理和进一步识读一定会为我们提供一把打开汉代文化大门的钥匙。

但是,王公贵族和高级官员墓葬出土的文物所表现的这种奢华装饰和贵族式审美在公元前 1 世纪很快成了儒家学者所主导的社会批判的对象,他们认为这是一种浪费。[12] 有讽刺意义的是,儒家学者在批评这种奢华丧葬的行为时,其立场实际上和以前墨家学者批判儒家礼仪繁缛时相同。实际上,汉代墓葬中这种奢华物品的逐渐消失是地方王国的势力逐渐削弱的物质表现,这一点在第十二章已经讨论过。到了东汉初年,朝廷反复下令禁止厚葬。当然,这个变化不是直线形的,也不是帝国各处都整齐划一。但是我们在考古资料中确实可以看到,在东汉时期埋葬方式逐渐从木椁墓向地下的砖室墓演变,这些墓中所埋葬的主要是一些大致模仿死者生前生活环境的陶制模型制品。这个重要的变化也带来另一个转变,即丧葬文化的中心从墓葬中埋葬的物件转向了埋葬他们的环境,即墓室的内部壁面。这恰好为壁画类艺术的发展提供了条件,这些壁画则是用来表现儒家的价值观和社会行为准则。这类墓葬中有一些规模很大,地面上还有相应的祠堂,就像在山东的武氏祠堂一样。

包华石(Martin J. Powers)的研究说明,这类砖或石室墓葬的建造主要是基于地方经济,而现存的大部分是由汉代县级以下的下层官员家庭所建造的。由于模块方法的应用降低了制作所需石板条的成本,有一定积蓄的地方家族是有能力来建造这种墓葬或祠堂的。[13] 逐渐地,东汉帝国的地方国王的高级官员们也采用了类似的葬式,只是他们的墓葬要更大且更复杂。但是,这些墓葬与西汉时期王侯贵族的墓葬不能相比。包华石还揭示,这些石头上的刻画形式风格表明一些"流派"的存在,而且这些流派的流行地域一般都比较小。这也说明了丧葬艺术是地域性的,它们反映了地方精英所秉持的社会价值和受教育的水平。[14] 实际上,对于建造这些墓葬和祠堂的家族而言,这些丧葬的设施是他们教育下一代的重要场所。

12
Powers, *Art and Political Expression in Early China*, pp. 2-5, 73-103.

13
Ibid., pp. 129-141.

14
Ibid., pp. 124-125.

这些遗址中最著名的是山东嘉祥的武氏家族墓地，建造完成于公元168年。这处墓地中的建筑既包括地下的墓室，也包括地面上的四座祠堂。在这处墓地中收集到的散落画像或刻铭石块有70块之多，其中属于武梁（即武氏的第二代）的石块曾经由巫鸿先生系统研究过。这座祠堂的内壁可分为四壁，其中两壁有山墙，屋顶内壁则装饰有象征天堂和长寿的吉祥图形。在从入口处可看到的三面墙壁上，刻画了大量的历史人物，分为四个单元，每个单元从西向东移动。[15] 它们构成了一个对过去历史的有组织的叙述。笔者认为，武梁祠图像的产生与促成司马迁撰写《史记》的原因是一样的，那就是利用历史事件来表达真理，只是在这里这些历史事件是被刻画在武梁的画像石上的。在武氏家族第一代埋入该墓地之后的20年乃至更长的时间里，武氏家族的成员和亲戚一定曾经频繁地访问这处墓地。对武氏家族的年轻一代来说，每次访问都会给他们一次难得的机会，一次视觉的旅行；穿过墓地到达这座祠堂，在那里他们可以领受一次有关人类历史和汉帝国之荣耀的内容丰富的教育。

从人类的祖先伏羲和女娲开始，他们将会很高兴地了解自己所生活的这个世界的起源。他们会读到古代圣王的故事，如黄帝和帝尧，这将会给他们一个文明历史以前社会的印象。然后他们会看到周公的故事，他是他们被父母要求遵守的礼仪规则的创造者。他们将会非常有兴趣地听取"荆轲刺秦王"（图14.5）这幅图画后面隐藏的惊险故事，也会被"二桃杀三士"图画中的情景所表达的义气和勇气所感动。到了汉代，他们会看到匈奴王子金日磾的故事，看到他怎样从一个俘虏变成汉帝国中一位道德行为的模范。从这个故事中，这些年轻一代可以领略到汉匈之战的历史背景以及汉朝以外的世界。

这样的一堂课必定会帮助年轻一代去重新领略自己家族的文化遗产，将自己沉浸于儒家的价值观里，并且更好地理解家族和帝国之间的关系，以及帝国和世界的关系。这不管是对于家族还是帝国来说，都是不能不给予的一堂必修课。

15
Wu Hung, *The Wu Liang Shrine: The Ideology of Early Chinese Pictoral Art* (Stanford: Stanford University Press, 1989), pp. 142-144.

第十四章　意识形态的变化及其在汉代文化和艺术中的反映　　285

图14.5
武梁祠的画像石拓片"荆轲刺秦王"

———————— **建议阅读** ————————

- Harper, Donald, "Warring States Natural Philosophy and Occult Thought," in *The Cambridge History of Ancient China: From the Origins of Civilization to 221 B.C.*, ed. Michael Loewe and Edward L. Shaughnessy, pp.813-884, Cambridge: Cambridge University Press, 1999.

- Peerenboom, R. P., *Law and Morality in Ancient China: The Silk Manuscripts of Huang-Lao*, Albany, NY: SUNY, 1993.

- Durrant, Stephen, *The Cloudy Mirror: Tension and Conflict in the Writings of Sima Qian*, Albany, NY: SUNY, 1995.

- Sima, Qian (ed. William H. Nienhauser), *The Grand Scribe's Records,* vol. 1, *The Basic Annals of Pre-Han China*, Bloomington: Indiana University Press, 1994.

- Ban, Gu (trans. Homer H. Dubs), *History for the Former Han Dynasty*, vol. 1, Baltimore: Waverly Press, 1938.

- Powers, Martin J., *Art and Political Expression in Early China*, New Haven: Yale University Press, 1991.

- Wu, Hung, *The Wu Liang Shrine: The Ideology of Early Chinese Pictorial Art*, Stanford: Stanford University Press, 1989.

- Wang, Zhongshu, *Han Civilization*, New Haven: Yale University Press, 1982.

地图目录

地图 2.1　中国主要的新石器时代考古遗址　14
地图 3.1　二里头文化遗址的分布　43
地图 3.2　二里冈和同时代或近乎同时代的青铜文化社会　59
地图 4.1　晚商时的外部世界　80
地图 6.1　先周文化遗址的位置和公元前 1045 年周伐商的路线　104
地图 6.2　周王朝中心地区：王畿范围　112
地图 6.3　周朝主要地方封国的分布　119
地图 8.1　春秋时期的主要国家　147
地图 9.1　战国时期图　164
地图 11.1　早期秦人的迁移路线　205
地图 11.2　秦帝国　218
地图 12.1　公元前 195 年的汉帝国　232
地图 12.2　公元前 108 年的汉帝国　234
地图 12.3　北方地区和匈奴帝国　235
地图 12.4　西域的城邦国家　239
地图 12.5　汉—匈奴帝国战争图　242

插图目录及来源

- 图 1.1 11,000 年以前至今日中国的温度波动变化 3
  (Shi Yangfeng, and Kong Zhaozheng *at al.*, "Mid-Holocene Climates and Environments in China," *Global and Planetary Change*, 7 [1993]: 219-233)
- 图 1.2 早期汉学研究的先驱：
  （a）沙畹（Édouard Chavannes），（b）王国维 7
  (*Bulletin Archéologique du Musée Guimet*, fascicule I, Paris: Librairie nationale d'art et d'histoire, 1921；王国维：《海宁王静安先生遗书》，上海：商务印书馆，1940 年)
- 图 1.3 安阳发掘者，头戴刚从 1004 号商王墓中出土的青铜头盔。照片摄于 1935 年第 11 次发掘 8
  (图片由台湾 "中央研究院" 历史语言研究所提供)
- 图 2.1 中国 "相互作用圈" 16
  (参考 K. C. Chang, *The Archaeology of Ancient China*, 4th ed., New Haven: Yale University Press, 1986, p.108)
- 图 2.2 裴李岗和贾湖（1-4 来自裴李岗，5-6 来自贾湖） 21
  (1、3 来自中国社会科学院考古研究所：《考古精华》，北京：科学出版社，1993 年，6 页；2、4 来自中国社会科学院考古研究所：《中国考古学：新石器时代卷》，北京：中国社会科学出版社，2010 年，图版 2；5 来自《文物》1989 年 1 期，彩色插页 1.2；6 来自《考古》1996 年第 12 期，图版 8)
- 图 2.3 中国南方最早的陶器残片 22
  (中国社会科学院考古研究所：《桂林甑皮岩》，北京：文物出版社，2003 年，图版 5.1-2、8.1-2)
- 图 2.4 仰韶文化的陶器类型 24
  (中国社会科学院考古研究所：《考古精华》，15、17、18、19、24、25、26 页)

- 图 2.5　姜寨聚落　25
  （Liu Li, *The Chinese Neolithic: Trajectories to Early States*, Cambridge: Cambridge University Press, 2004, p. 80）
- 图 2.6　杨官寨遗址新出土陶器底部人面　27
  （王炜林提供）
- 图 2.7　龙山时期的陶寺城址　29
  （Liu Li, *The Chinese Neolithic: Trajectories to Early States*, Cambridge: Cambridge University Press, 2004, p. 109）
- 图 2.8　陶寺城内发现的太阳观测台，山西，2003　30
  （*Chinese Archaeology* 5 [2005]: 54）
- 图 2.9　良渚古城　32
  （刘斌提供）
- 图 2.10　龙山和良渚文化遗物　33
  （1-2 来自中国社会科学院考古研究所：《考古精华》，67 页；3 来自《考古》1984 年第 12 期，图版 3；4-5 来自 Kwang-chih Chang et al ed., *The Formation of Chinese Civilization*, New Haven, Yale University Press, 2005，pp. 106, 133；6 来自中国文物交流服务中心等编：《中国文物精华》，北京：文物出版社，1990 年，图版 15）
- 图 2.11　西朱封遗址 M5 出土蛋壳陶杯　33
  （梁中合提供）
- 图 2.12　喇家的地震遗址和中国最早的面条　37
  （《考古》2002 年 12 期，图版 3）
- 图 3.1　二里头遗址及其宫殿区　43
  （上图来自 Liu Li and Chen Xingcan, *State Formation in Early China*, London: Duckworth, 2003，p. 61；下图来自 *Chinese Archaeology* 5 [2005]: 2）
- 图 3.2　二里头出土的青铜容器和绿松石物件　45
  （图 1-3, 5, 6 来自中国社会科学院考古研究所：《考古精华》，118-121 页；图 4 来自 *Chinese Archaeology* 5 [2005]: 11）
- 图 3.3　豳公盨和其内的铭文　49
  （《中国历史文物》2002 年第 6 期，4 页）
- 图 3.4　商王世系表　53
  （参考 David Keightley, "The Shang", in Michael Loewe and Edward L. Shaughnessy ed., *Cambridge History of Ancient China: From the Origins of Civilization to 221 B.C.*, New York: Cambridge University Press, 1999, pp. 234-235）

- 图 3.5　偃师商城　55

  （参考杜金鹏:《夏商周考古学研究》, 北京:科学出版社, 2007, 372, 376 页）

- 图 3.6　郑州商城　56

  (Liu Li and Chen Xingcan, *State Formation in Early China*, p. 94)

- 图 3.7　郑州出土的青铜器　56

  (《中国美术全集（工艺美术编：青铜器 1）》, 北京：文物出版社, 1985 年, 5 页）

- 图 3.8　江西铜岭发现的采矿遗存　61

  （江西省文物考古研究所等编：《铜岭古铜矿遗址发现与研究》, 南昌：江西科学技术出版社, 1997 年, 图版 3, 5, 15, 23, 40）

- 图 4.1　安阳殷墟　65

  （何毓灵提供）

- 图 4.2　安阳的商王宫殿区　66

  (K. C. Chang, *Shang Civilization*, New Haven: Yale University Press, 1980, p. 94)

- 图 4.3　商王陵区和 1001 号大墓　68

  （1 来自中国社会科学院考古研究所:《新中国的考古发现和研究》, 北京：文物出版社, 1984 年, 231 页；2 来自 *Cambridge History of Ancient China: From the Origins of Civilization to 221 B.C.*, p. 190）

- 图 4.4　作册般鼋　70

  (《中国历史文物》, 2005 年, 第 1 期前封面）

- 图 4.5　妇好墓出土铜器　73

  （中国社会科学院考古研究所:《殷墟妇好墓》, 北京：文物出版社, 1980 年, 彩图 1, 2.1, 3, 6, 7）

- 图 4.6　罗越提出的安阳时期的青铜器装饰风格类别　74

  （作者根据纽约 Asia Society 所藏青铜器编辑而成；参考 Max Loehr, *Ritual Vessels of Bronze Age China*, New York: Asian Society, 1968, pp. 23, 33, 45, 57, 87）

- 图 4.7　司母戊大方鼎　75

  (《中国大百科全书》, 北京：中国大百科全书出版社, 1986 年, 20 页）

- 图 4.8　安阳时期的划分　76

- 图 4.9　洹北商城的位置　78

  (*Chinese Archaeology* 4 [2004]: 2.)

- 图 4.10　洹北商城 F1 号宫殿基址　78

  (*Chinese Archaeology* 4 [2004]: 24)

- 图 4.11　台西 14 号房屋基址和从中出土的陶罐　80
  （河北省文物研究所，《藁城台西商代遗址》，北京：文物出版社，1985, 31 页）
- 图 4.12　江西新干出土的青铜器　82
  （《文物》1991 年第 10 期，彩色插页 1.1, 2.1）
- 图 4.13　四川三星堆的发现　82
  （中国文物交流服务中心等编：《中国文物精华》，北京：文物出版社，1990 年，图版 15；地图改编自 Robert Bagley ed., *Ancient Sichuan: Treasures from a Lost Civilization*, Seattle: The Seattle Art Museum, 2001, p. 24）
- 图 5.1　带有占卜记录的龟甲（HJ：06834）　88
  （中国社会科学院历史研究所，《甲骨文合集》，上海：中华书局，1978-1983 年，06834 号）
- 图 5.2　1991 年花园庄东地出土的刻辞龟甲　91
  （中国社会科学院考古研究所：《殷墟花园庄东地甲骨》，昆明：云南人民出版社，2003 年，40 页）
- 图 5.3　有关王室祭祀连续记录的例子（HJ：22779）　94
  （中国社会科学院历史研究所：《甲骨文合集》，22779 号）
- 图 5.4　商王卜问"四土"（HJ：36975）　100
  （中国社会科学院历史研究所：《甲骨文合集》，36975 号）
- 图 6.1　碾子坡出土的青铜器和甲骨　105
  （中国社会科学院考古研究所：《南邠州—碾子坡》，北京：世界图书出版公司，2007 年，图版 3, 4, 5, 6.2）
- 图 6.2　先周晚期的青铜器和陶器的例子　106
  （《考古学报》1991 年 3 期，272, 273 页）
- 图 6.3　周原甲骨　108
  （曹玮提供）
- 图 6.4　利簋和其上记载的周伐商的铭文　110
  （图片来自《中国美术全集（工艺美术编：青铜器 1）》，北京：文物出版社，1985 年，122 页；铭文来自《文物》1977 年第 8 期，2 页图 2）
- 图 6.5　西周早期铜器——卣　113
  （波士顿美术馆提供）

- 图 6.6　西周青铜器的风格演变　114

  （陕西省考古研究所等编：《陕西出土商周青铜器》，北京：文物出版社，1980 年，第 2 卷，3, 5, 13, 15, 21, 33, 36 页；1980 年，第 3 卷，32, 16, 118, 129 页，图版 8；1984 年，第 4 卷，82 页）

- 图 6.7　张家坡的标准随葬陶器组合　117

  （改编自《考古学报》1980 年 4 期，459, 484, 485 页）

- 图 6.8　宜侯夨簋及铭文　118

  （《中国美术全集（工艺美术编：青铜器 1）》，167 页）

- 图 6.9　琉璃河 1193 号大墓和从中出土的克罍及铭文　121

  （《考古》1990 年第 1 期，22, 25 页）

- 图 6.10　周原出土的骨雕　123

  （《文物》1986 年第 1 期，47 页）

- 图 6.11　小臣谜簋和其上记载东征事件的铭文　124

  （容庚：《善斋彝器图录》，北京：燕京大学，1936 年，图版 70）

- 图 7.1　周人宗庙系统　132

- 图 7.2　西周中期中央政府的组织　133

- 图 7.3　多友鼎和其铭文　136

  （Li Feng, *Landscape and Power in Early China: The Crisis and Fall of the Western Zhou 1045- 771 BC*, Cambridge: Cambridge University Press, 2006, p. 148）

- 图 7.4　周朝地方封国的存在状态　139

- 图 8.1　河北省燕下都 44 号坑内出土的铁制器具　151

  （《考古》1975 年第 4 期，图版 4-5）

- 图 8.2　侯马盟书 156: 20 号　157

  （山西省文物工作委员会：《侯马盟书》，北京：文物出版社，1976 年，141, 267 页）

- 图 9.1　宁夏回族自治区固原秦长城　166

  （作者摄）

- 图 9.2　领土国家　166

- 图 9.3　河南北部山彪镇出土青铜鉴上的水陆攻战场景　176

  （图片由台湾"中央研究院"历史语言研究所提供）

- 图 9.4　弩　177

  （改编自王振华：《商周青铜兵器》，台北：古越阁，1993 年，295 页）

- 图 9.5　曾侯乙墓中出土的尊、盘组合　180

  （凡国栋提供）

- 图 9.6　中山王墓出土的错金青铜虎　181
  （中国文物交流服务中心等编：《中国文物精华》，北京：文物出版社，1990 年，图版 68）
- 图 11.1　早期秦公（可能是襄公，约公元前 777—前 766 年在位）所铸的鼎　204
  （周亚提供）
- 图 11.2　凤翔 1 号墓的发掘——墓主人可能是秦景公（公元前 576—前 537 年在位）　206
  （焦南峰提供）
- 图 11.3　新近在秦始皇陵附近的 K0006 号坑内发现的文员俑　211
  （曹玮提供）
- 图 11.4　商鞅方升　212
  （国家计量总局等编：《中国古代度量衡图集》，北京：文物出版社，1981 年，图版 81）
- 图 11.5　始皇帝嬴政的现代画像　215
  （刘旦宅绘，郭志坤：《秦始皇大传》，上海：三联书店上海分店，1989 年）
- 图 11.6　陕西北部富县的秦"直道"　219
  （黄晓芬提供）
- 图 11.7　骊山综合设施　222
  （Ann Delroy ed., *Two Emperors: China's Ancient Origins*, Victoria, Australia: Praxis Exhibition, 2002, p. 46）
- 图 11.8　始皇帝的地下城市　223
  （Delroy ed., *Two Emperors*, p. 47）
- 图 11.9　为始皇帝建造的地下河流旁出土的青铜鹤　224
  （曹玮提供）
- 图 11.10　秦始皇陵 1 号兵马俑坑　225
  （曹玮提供）
- 图 12.1　帝都长安　231
  （Wang Zhongshu, *Han Civilization*, New Haven: Yale University Press, 1982, pl. 2）
- 图 12.2　陕西石峁新发现的青铜时代早期城址　237
  （孙周勇提供）
- 图 12.3　鄂尔多斯地区出土的青铜物件（约公元前 400—前 200 年）　237
  （田广金和郭素新：《鄂尔多斯式青铜器》，北京：文物出版社，1986 年，图版 12, 15）

- 图 12.4 山东孝堂山画像石上的汉-匈奴战争　239

  （Edouard Chavannes, *Mission archéologique dans la Chine*, Paris: Leroux, 1909, pl. 50）

- 图 12.5 位于长安城的王莽礼仪建筑平面图　245

  （Wang Zhongshu, *Han Civilization,* fig. 30）

- 图 13.1 张家山汉简　255

  （张家山二四七号汉墓竹简整理小组：《张家山汉墓竹简》，北京，文物出版社，2001 年，彩版一）

- 图 13.2 公元 2 年到 140 年汉帝国人口的下降　260

  （Hans Bielenstein, "The Census of China: During the Period 2-742 A. D.," *Bulletin of the Museum of Far Eastern Antiquity* [Stockholm] 19 (1947), pls. 2, 3）

- 图 14.1 洛阳发现的熹平石经残片　275

  （《考古学报》1981 年第 2 期，187 页）

- 图 14.2 满城中山王的金缕玉衣　280

  （中国文物交流服务中心等编：《中国文物精华》，北京：文物出版社，1990 年，图版 88）

- 图 14.3 长沙马王堆汉墓出土的漆器和帛画　280

  （傅举有、陈松长等编：《马王堆汉墓文物》，长沙：湖南出版社，1992 年，19、53、54 页）

- 图 14.4 新发现的海昏侯墓　282

  （杨军提供）

- 图 14.5 武梁祠的"荆轲刺秦王"　285

  （容庚：《汉武梁祠画像录》，北京：燕京大学考古学社，1936 年，11—12 页）

索 引

A

安特生 13，14

安阳

甲骨 64；发掘 65；面积 65；宫殿区 66-68；建造过程 67；祭祀活动 67；经济生活 71；制骨作坊 71；青铜器铸造遗址 71；青铜器风格 72-75，112；分期 75-79；甲骨文 76，104；文化网络 79-81

B

霸主 148，149

白鸟库吉 9

班超 262

班固 276，278

包山竹简 172

褒姒 143-144

北辛文化 23

豳 104

豳公盨 47-49

兵马俑 224

不窋 104

部落组织 18

C

长安 230，244

长城 165，217，220

长平之战 173，213

车战 175，178

城旦 256-257

成王 110，122，124，131

成周 111，146

楚国

县 150；律令 158；方城 165；法律程序 172；人口登记 172；令尹 174；考古学发现 195-196

《春秋》145，186，274

《春秋繁露》271

春秋时期

势力均衡 148；会盟 148-149，160；社会转型 152-153；卿士家族的崛起 152-153；农民 152，154；宗族制度的衰落 152-155；士 153，155；法律体系 155，158，159；"国人"的产生 158；盟誓制度 159；族群关系 159-161；军事力量 175-177；战争的性质 175

磁山文化 20

D

大骆 204

大秦 246-248

道家 184，191-193，195-197，200，267-269

道教 267

狄人 159-161

嫡长子继承制 95，128，131，263

帝国

定义 217；中国的定义 220；"领土国家" 164-165

东汉

皇位继承 263-264；宦官 264；贵族墓葬 283；丧葬艺术 283-284

东夷 123，147，186

董仲舒 267，271-274

董作宾 10，76，90

窦太后 269，271

敦煌 6

多友鼎 135，143

E

鄂尔多斯地区

鄂尔多斯 84，122；鄂尔多斯青铜文化 84；鄂尔多斯地区的考古学发现 234-236；鄂尔多斯地

区被秦征服 236-237

二里冈文化

　文化 55，58；扩张 58-61；青铜时代中心 59，61；对吴城文化的影响 81-83

二里头文化

　文化 40-46；考古学 41；遗址 41-44；墓葬 42-44；奢侈品 44；组织能力 44；作为国家级别的社会 44，46，51；青铜器 44，58；龙山文化的影响 46；同"夏"的关系 47，50-51；建筑排列 57-58；向偃师/郑州的转变 57-58

二年律令 254，257-258，270

F

法律（律令）

　春秋时期 155，158；青铜器铭文 158；楚国 158；晋国 158；郑国 158；成文法出现 158，167；秦帝国之前 171-172；秦帝国 210；汉帝国 253-258

法家 198-201，254，268-270

分立宗族制度 18，23，26-27，38

丰 109，111-112，115，129，139

"封建" 115，117-118，129-230

佛教 1，5-6，267

伏生 273

妇好墓 71-73

"复杂社会" 5，18-19，31

G

甘英 246-247

高本汉 7

公孙弘 271

古文经 274，276

顾颉刚 8-9，11

官僚化 133-134，136，173-174

官僚机构 153，172，174，219，230，233，249

鬼方 101，122，236

郭店楚简 195-198

郭沫若 9

国家

　含义 39-40；形成问题 40；王权国家体制的建立 47；邑制国家 138-139，164；"领土国家"的概念 164-167

虢 119，146，151

H

镐 111-112，115，139

海昏侯刘贺墓 281-282

韩非 145，174，191，198-200，214-215

韩国 165，174，177，198，215

汉代

　西汉的建立 228-229；王朝更替 243-246；东汉的建立 245-246

汉帝国

　都城 230；地方诸侯王国 231-233；"推恩令" 233；官僚机构 233，249-251，252-253；"和亲"政策 237-238；军事创新 238；弓弩 238；对抗匈奴的战略 238-241；大将军 243；和罗马帝国的关系 246-248，251；人口 249，259-260；丞相 250；太尉 250；御史大夫 250；"九卿" 250；"三公九卿" 250；行政机构 250-251；官员数目 251-252；官员俸禄 252；"孝廉" 253；九章律 253；《复律》254；《贼律》254，256-257；律令 254-258；社会 256-257；《户律》257；土地税 259；社会问题 259-261；豪族 259-261；中亚地区 261；边疆 261-263；防御系统 262；边境控制 262；通关文牒 262；继位规则 263；儒学化 271-273；太学 274-275；史官 278-279；墓葬 279-284

《汉书》251，276，278

汉文帝 233，238，254，263，269

汉武帝 233，243，267，269，271-273，276-278

汉学 6-7，9-12

汉昭帝 243

河姆渡文化 23

红山文化 23

侯马盟书 154，156-159

《后汉书》279

"后早期文明"时期 185

虎方 101，125

华夏 147-148，159-161，173，207

淮夷 124-125

洹北商城 77-79，96

黄帝四经 269

皇帝制度 220

黄老哲学 269-271，273

霍光 243

霍去病 241-243，261

J

吉德炜 4，10，51，86，90，98-99，133

稷下学宫 189

甲骨

龟甲 6，90-92；商代 7，47；甲骨文 76，85-87，99-102，104，107；最早的书写系统 85；周 108

姜寨 23，25-26

金缕玉衣 279-280

今文经 274

晋国

作为周的地方诸侯国 119-120，160；县 150，152；政治斗争 153；宗族体系的终结 153；律令 158；常设军队 177

井田制 169-170

晋文公 148，153，177，206

居延汉简 262

军队

六师和八师 123，125，134，175；战国时期军队的构成 177；汉代的创新 238；赤眉军 245

郡 218，251

郡县制 149-152

K

康王 122-123，131

考古学

中国考古学的诞生 7；"复杂社会"的概念 18-19；断代标准 75-76，106；周代地方封国（诸侯国）119-122；人口迁徙 160-161；中国北方文化的混合 160-161；鄂尔多斯地区的发现 234-236；

孔子 141-142，145，154-155，183，186-189

L

喇家遗址 36-37

老子（《道德经》）191-193，196-197，268-270

骊山秦始皇陵 221-224

李悝（《法经》）167，170-172

李斯 198，214-215

里耶秦简 220

利仓家族墓地 281

利簋 109-110

良渚文化 31-35

领土国家 164-167，173

刘邦 229-232，237，253，263，269

刘鹗 64

刘秀 245-246，259-260，263，276

琉璃河 120-121

龙山文化 14，28，46

龙山千年期

社会阶层化 31-32；高质量陶器 32；冶金术 34；酋邦社会 35-38

鲁国 119，145-146，153，186，194

《论语》187-188

罗越 72

罗振玉 64

吕不韦 214

吕后 232，254，270

M

马王堆 186，195，269，280-281

蒙恬 217，220-221，237

孟子（《孟子》）155，169-170，173，185，189-191，196，200，216

名家 201

漠北之战 242-243

冒顿 237

墨家 200

墨子（《墨子》）185，200

牧野之战 109

墓葬

    商代 71-72；草原文化 236；崖墓 279；汉代墓葬 279-284

N

南鄂尔多斯 83-84，101

碾子坡 105-106

农业

    新石器时代的社群 19-22；在公元前 6000–前 4000 年之间的华北地区 20；魏国的生产 167；战国时期 169-171；小农家户 170

农民

    春秋时期 152，154；战国时期 171，173，175；卖身 259；汉帝国 259-260

弩 177-178，238

P

盘龙城 58-60

裴李岗 19-21，34

平粮台 28

Q

齐国

    作为周的地方封国 118，137；齐长城 165；公元前 4–前 3 世纪的战争 168-169；军队规模 177

齐桓公 147-149

骑兵 177-178，238，241，262

岐邑 107，111-112，131-132，139

契（商人祖先）52，92

羌方 101

秦

    县 150；"连横"策略 168；在战国时期崛起成为超级大国 168；公元前 4 世纪的战争 168-169；小农家户 170；征兵制度 173；县令 174；都尉 174；军队规模 177；秦人的起源 204；早期文化 204-205；同周王室的关系 207；天命 207；都城迁至栎阳 207；商鞅变法 207-213；"五家为伍" 208；商鞅对县的改革 208-209；论功行赏 209；爵位系统 209；土地私有化 209；税收 209；睡虎地秦律 210；以咸阳为都城 212；修筑长城 213；

秦帝国

    县 205，208-209，218，221；度量标准 212，219；道路系统 217；长城 217，220；北部边界 217，220；郡 218；文职官员 218-219；行政机构 218-219；统一货币 219；书写系统 219-220，273；作为汉帝国的基础 249，270

秦景公墓 206

秦始皇帝 213-216，220-225，228

卿事寮 133

青铜器

    安阳时期的风格 72-75，112；大洋洲的发现 81；周代和商代风格对比 112-113；西周中期的变化 113-115；周代地方封国和中心地区 120；宗族祭祀 132

青铜器铭文

    商 7，87；西周 7，87，127，130；成王东征 109-110；周公征奄和薄姑 110；地方封国的建立 117；周王分封燕国 120；康王北征 122；周人在山东半岛的扩张 123-124；宗族 129；册命金文 134-135；读写能力 140；法律事务 155；战争 175；秦国受天命 207

青铜文化

    西周中期 113-115；铸铭 127；周人世界的维系 180；分范技术 181；失蜡法 181；刻铭 181-182；错金银技术 182；现实世界中的形象 182

酋邦

    和国家的比较 35-38；龙山社会 35-38；国家的出现 39，51；

"区系类型"理论 15-16

R

人方 101，109

人口的迁移 159-161
戎人 159-161
儒家 141，186-189，271-275

S
三体石经 275
三星堆 82-83，101-102
商代
　　温度骤降 3；年代 47；建立 51-52；汤 52；上甲 52；王亥 52；王室世系 52，53，64，98；迁都 52，64；商王 53；中丁 57；建筑方向 57；安阳 63-66；甲骨 64；人牲 67；青铜器 72-75；读写能力 85-87；占卜 87-92；信仰 92；王室祭祀 92；祭祀活动 92-95；宇宙观 93；土地神、河神和山神 93；宗教崇拜 94；宗教祭品 94-95；嫡长子继承制 95；王室宗族 95；继位规则 95-96；政府 98；萨满的力量 98；作册 99；商王保持权力 100
商代国家
　　政治网络 79；原初官僚政治 98；"四土" 99，100；地理范围 100；田猎 100；被称为"方"的敌国 101；文化网络 101；军事活动 101；商朝在山东地区的军事活动 109；与周的关系 107；被周征服 107，109
商鞅（《商君书》）207-209
上帝 92-93，129-131
《尚书》141-142，274-276
申不害 198-199
《诗经》141-142，274-276
石峁遗址 235，237
史 133
《史记》276-278
士 152-155
书写 34-35，63-64，85-87，127，140，219-220，276
睡虎地秦律 208，210
《说文解字》276
司马迁 186，276-278
司母戊鼎 75

颂鼎 135
苏秉琦 15
《孙子兵法》178-179

T
台湾 4
太史寮 133-134
《太一生水》196-197
碳化样本 20
陶器
　　甑皮岩陶器的发展 20，22；陶器的发明 20-22；陶寺 31；高质量的龙山陶器 32-33；先周 105-106，115；商周时期的陶器组合 105-106，115-116，120；西周时期的陶器 115
天命 129-130，184，190，207
铁器 151
铜岭 59-60
铜绿山 60
土地税 209，259
土地所有权 137,170

W
王国维 7，9
王翦 215-216
王莽 227，244-245
王懿荣 63-64
魏国 167-168，207-208
文化特殊论 18
文字
　　隶书 219-220，275；小篆 219-220，275；石经 275
吴城文化 59-60，81，83，101
吴国 124，148
吴起 167-168
五帝 46，145
武丁 69，71，96，100
"五经博士" 274
武梁祠 284-285

五行理论 201，268

五邑 111

X

熹平石经 275

西北岗的商王陵墓 67-69

西汉墓葬 279-281

西周

温度下降 3；陶器 105-106；战事和战争 109-110；王朝的建立 109，111；王室中心城市网络 111；都城 111-112；青铜器 112-115；文化发展 115；地方诸侯 117，119；宗族 118；关联先祖 132；社会秩序 132，148；官僚化过程 133-134；法律事务 134；转变 136；读写能力 140；文献 140-142；威胁 143；灭亡 143-144；五等爵问题 149；法律体系 158；官僚制度 173

西周国家

陕西中部的周王室王畿 112，139；"封建" 115，117；地方封国 117，119，122；地方封国名单 117；防御 119；衰落 119；政府和社会发展 137；地缘政治描述 139

"夏代"

争论 46，50；世系表 46-47；起源 47；与二里头文化的关系 47，50

夏含夷 111

先周 103-108

猃狁 135，143-144

县

县的起源和含义 149；税收 150；服兵役 150；历史和地缘政治背景 150；一些主要国家的县的数目 150；对宗族体系的削弱 152；从边缘转向国家内部 154；领土国家的建筑模块 165；官僚机构的监管机制 174；非世袭的 174；秦征服的土地 205；县的角色 208-209；秦帝国 218；汉帝国 251

小盂鼎 236

新朝 244-245

新进化论 15，18，35

新石器时代的中国

特定区域的产物 13；新石器时代文化 13；文化发展 13-17；双极模式 14；多区域发展模式 15；"区系类型" 15-16；"中国相互作用圈" 15-16；马克思主义理论 17；西方理论 17-19；社会发展 17-19；三个至关重要的发明 19；早期农业 19-20；作为早期书写的刻画符号 34

匈奴

匈奴帝国 234-235；来源 236；为东方五国而战 236；匈奴联盟 237；捕获张骞 238-239；被汉朝军队击败 240-242；汉与匈奴的战争 240-243；汉对抗匈奴的战略 242；王降级为"公" 244

荀子 189，198

Y

偃师商城 54-55，57-58

燕国 120，147，151，168，181，215-216

杨朱 191-192，200

仰韶文化

仰韶时代 23；文化的发现 23；社会 23；陶器 23，24；姜寨 23，25，26；村落社会组织 26；西坡 27；铸鼎原 27

冶金术 32，34，44

疑古运动 8-9，11

宜侯夨簋 117-118

益门村墓葬 160

义渠 168，213，236

《易经》（《周易》）141，195

阴阳家 201，267-269

银雀山军事典籍 179

尹湾汉简 250，252-253

嬴政（始皇帝）213-217，220

雍 206，214

禹 46-48

元君庙墓地 26

越国 148，177

云梦秦简 210

Z

早期"丝绸之路" 4，246

早期中国

年代 1；重要性 1；冲积平原 2；古气候学 2-3；作为中国历史上的一个独立时期 4-5；在北美的研究 10-11；采矿业 60；哲学 183-201

早期中国文明 63，183，277

曾侯乙墓 181

占卜

使用的材料 87；过程 87，89；商代 87-92；王室的 89-90；非王室卜辞 90-92；商人以外的占卜 92；陕西地区 92

战国时期

概览 163；"领土国家" 164-165；战争的频率 167；魏国的霸权 167；战争的变化 168；"合纵" 168-169；"连横" 168-169；盟国 168-169；外交 168-169；秦崛起成为超级大国 168-169；军事 169；小农家户 169；农业 169-172；国家控制农民 170-171；农民 171-173，175；土地税 172；上计 174；官僚化 174；功能性官职 174；君王的绝对权力 175；士兵的组成 175；军队的组成 175，177；哲学 183，195-198；法家思想 198-199

张光直 15，40，97-98

张家山汉简 253-258，279

张骞 238-239

赵国 177-178，213-215，229

郑国 146,158,

郑玄 276

中国考古学的诞生 7，63

中山王墓 181-182，279

中商的发现 75-79

中亚 122，238-239，246，261

哲学概念

德 184；礼 187-189；仁 188-190，193；智 189；人性 189；义 189-190，193；仁政 190；个人主义 192；道 192-193；忠 193；孝 193；无为 193；自然 193-194；"有用"和"无用" 194；巧 197；利 197；辩 197；泛爱或兼爱 200；阴阳 201；教化 272；元 272

周

朝代概述 103；青铜器 103，105-107；祖先不窋 104；历史方位 104-107；先周文化 104-107；甲骨 105，107-108；陶器组合 105，115-116，120；人群的混合来源 106；公元前 1059 年天象 107；与商王国的关系 107-111；地方和中心地区的青铜器 120；地理边界 122；对北方草原地区的征服 122；与中亚的联系 122；与西亚的联系 122-123；与印度的联系 122-123；对山东半岛的扩张 123；与淮河流域的联系 124；在淮河流域的战争 124；与长江三角洲地区的关系 124；周王和地方诸侯之间的血缘关系 127-129；天 129；天命 129；信仰 129-132；宗庙 131；祖先祭祀 131-132；土地的授予和纷争 137；书写文化 140；公元前 771 年西周的崩溃 143；王室东迁 143-144；边缘政体 147-148；渭河河谷的族群 160；与鬼方的斗争 236

周代地方封国 119-122

周人精英 122，140

周文王 109-111，130，184

周武王 109-111，131

周幽王 143-144

"轴心时代" 185，188

《竹书纪年》47

庄子（《庄子》）191，193-196，201

宗庙

周 111，132；五庙制度 131；太庙 131；康宫 131；周庙 131；周代的宗庙建筑群 131-132；宗族 132

宗族体系

周朝贵族 127-129；土地管理 128；法律体系 129；大宗和小宗 129；宗族分化 129；"五世而迁"规则 129；宗庙 131；祭祀用青铜器 132；战争 137；衰弱 152-154，158

《奏谳书》258

祖先祭祀 97，131-132，138

《左传》145

作册般鼋 69-70